原理原本 理解

원리원본 이해

정진완 지음

선문대학교

서 언

서 언

최근에 와서 「원리원본」에 대한 필사 작업이 대내 학술단체에 의해 전개되었다는 소식을 전해 듣고 문득 석사학위 논문 <<원리원본에 대한 개괄적 고찰>>에 시선이 가 찬찬히 읽어 내려갔다. 부족한 학문적 실력이 느껴져 씁쓸한 미소와 함께 이것을 수정 보완해야 할 필요성이 느껴졌다. 그리고 그간 틈틈이 「문선명선생말씀선집」[1]을 공부하며 발견하게 된 「원리원본(原理原本)」 관련 말씀들, 특히 논문의 연구과제로 남겨둘 수밖에 없었던 '유실부분' 말씀들이 있어 미흡한 논문을 보완하고 싶다는 마음이 있었던 차였다. 그러나 「원리원본(原理原本)」에 대한 최초의 연구 문헌을 세상 앞에 내놓는 것이 여러 면에서 떨리는 일이서 쉽게 결심을 하지 못하고 있었다. 그러던 중 2020년이 선문대학교 설립자 문선명 선생의 탄생 100주년이 되는 해이라 이 해를 기념하면서 그분의 생애와 뜻을 기리자는 마음으로 그분이 직접 하늘로부터 계시 받은 진리를 기록한 「원리원본(原理原本)」에 대한 학적 연구 작업의 결과인 본서를 조심스럽게 출판하게 되었다.

본서가 학위 논문인 관계로 논리적 체계로 구성되어 있어 「원리원본」에 대한 기초적 이해를 가지는 데에 어려움이 없으나, 매우 딱딱하여 단순한 정보를 전달해 주는 느낌이 강해 독자 입장에서는 쉽게 손이 가지 않을 것 같다는 지인의 평이 있었다. 비록 전문서적이라 할지라도 가급적 독자들이 좀 더 친근감 있게 읽혀질 수 있도록 하자는 생각에 내용 구성 등을 재편집하고, 본서의 제목들과 관련된 「문선명선생말씀선집」의 내용도 첨가하였다. 그리고 책 제목도 「원리원본 이해」로 바꾸기로 했다. 세상의 독자들에게 「원리원본」의 가치를 온전히 소개해 주고 싶다는 욕심이 없지 않아 있지만, 미흡하고 부족한 학문적 실력은 감출 수 없음을 고백하지 않을 수 없다. 이에 가급적 「원리원본」의 본문을 많이 소개하여 독자들로 하여금 직접 탐독하며 그 가치를 느끼게 해 주고자 하였다.

본서는 총5장으로 구성되어 있다. 제1장에서는 통일신학적 관점에서 본 '말씀(진리)을 중심으로 본 하나님의 구원섭리[2)]'를 개괄적으로 살펴봄과 동시에 「원리원본」의 출현 배경과 집필과정 및 「원리원본」의 의의와 가치에 대하여 간략히 논하였다. 제2장에서는 서지학적 관점에서 「원리원본」의 물리적 형태와 요소 등에 대한 실질적인 「원리원본」 책에 대한 기초적 정보를 제공하고 있다. 「원리원본」은 하나님의 말씀이며 동시에 인간의 언어를 통해 문서화된 바, 「원리원본」의 문헌학적 정보 역시 중요한 내용이 아닐 수 없기 때문이다. 제3장에서는 「원리원본」의 구성과 내용에 대하여 살펴보았다. 먼저 구성에 대해서는 전체적 구성 기준과 특징 그리고 각 권의 구성과 특징을 간략히 구분하여 살펴보았고, 내용에 있어서는 내용상과 표현상의 특징을 중심으로 구체적인 「원리원본」의 본문 내용을 예로 들어가며 자세히 소개해 놓았다. 제4장에서는 독자들이 직접 「원리원본」의 본문을 탐독하며 그 의미와 가치를 느껴볼 수 있도록 각 권에서 일부 본문들을 고루 실어 놓았다. 그리고 독자들의 이해를 위해서 그 본문 바로 아래에 본문을 저자가 현대어로 해석한 문장도 연이어 담았다. 제5장은 「원리원본」의 전사본과 유실부분에 대한 내용이다. 경전에 담겨 있는 진리를 진실한 믿음으로 자신의 마음에 새기고자 한 자 한 자 자신의 육필로 베껴 쓰는 전사 작업은 신앙생활의 독특한 문화이다. 통일교회의 초창기 식구들도 「원리원본」을 자신의 친필로 베껴 쓰며 그 귀한 진리의 말씀을 깊이 이해하는 움직임이 적지 않게 있었다. 이에 본장에서는 저자가 수집한 「원리원본」을 직접 필사한 전사본(傳寫本)에 대해서 개괄적으로 간략히 그 특징들을 중점으로 소개하였다. 그리고 「원리원본」의 전승과정에 있어서 어떠한 이유로 인해 일부분이 유실되었다. 이에 유실부분에 대해서 성경연구방법론과 「원리원본」의 전사본들 비교 연구 등을 통해 복원 가능성과 유실부분에 대한 정확한 파악 및 복원 관련 작업 등에 대한 내용을 자세히 다루었다. 마지막 결언에서는 「원리원본」 연구 결과를 총 정리하여 제시함으로써 독자로 하여금 「원리원본」 이해에 도움을 주고자 하였고, 향후 「원리원본」 연구의 발전을 위해서 연구과제들을 제시하였다.

본서에서 사용된 기본 자료는 역사편찬위원회의 협조를 받아 문선명 선생께서 직접 기록하신 「원리원본」 전체를 한 쪽 한 쪽 스캔한 CD 자료이다. 본 자료를 3회 이상 정독하며 「원리원본」을 전사(傳寫)하며 연구하였다.

본서는 「원리원본」에 대한 시초적(始初的) 연구 작업의 결과물로서 「원리원본」에 대한 개론적 연구의 성격을 갖고 있으며 「원리원본」이해에 필요한 기초 학문적 자료의 성격을 갖는다. 기성신학의 토대가 성서였다면 통일신학의 정립은 그 텍스트인 「문선명선생말씀선집」(이하 「말씀선집」)과 「원리강론」[3]의 연구에서부터 시작되어야 한다. 통일신학의 텍스트(「원리강론」과 「말씀선집」) 자체에 대한 심도 있는 연구 작업은 통일신학 발전에 기본 토대가 된다. 통일신학의 뿌리가 되는 통일원리[4]의 최초 문헌인 「원리원본」에 대한 연구는 무엇보다도 선행되어져야 할 중요한 과제라는 점에서 본서의 의미와 가치가 있다고 본다. 더욱이 「원리원본」 자체에 대한 최초 연구 결과 보고서의 성격을 갖는 본서는 원리 연구의 활성화와 통일신학의 정립을 위한 가장 중요하고도 기초적인 학문적 자료가 될 것이다. 본서는 처음 시작되는 연구 작업이라 여러 부족한 점들이 있다. 이러한 부족한 점들은 추후 보다 심도 있고 전문적인 연구들을 통해 점진적으로 보완되어야 할 것이다.

본서를 출판할 수 있도록 후원해 준 선문대학교와 실무 작업을 진행한 출판부 관련 직원 분들 모두에게 감사를 드린다.

천지인참부모님께 미흡한 본서를 삼가 봉정하옵니다.

천지개벽선문학당에서

저자 정 진 완

목차

제 1 장

「원리원본」의 의의와 가치

제1장

「원리원본」의 의의와 가치

기독교의 성서연구사와 불교의 경전연구사를 살펴볼 때, 그 종교의 창시자가 돌아가신 후, 수 세기(약 300-400년)가 지난 이후 여러 단계(구전-문헌화-문헌수집-정경완성의 단계)를 거쳐 정경이 확정되었다. 이러한 정경화 과정 중 가장 큰 문제로 나타나는 점은 그 종교 창시자 말씀 기록의 완전성 문제이다. 성서는 예수님의 말씀을 직접 필사한 원본의 존재성 문제는 논외 하더라도 구전으로 전승된 말씀을 원저자가 친필로 기록한 신약의 원본조차 현재 남아있는 것이 하나도 없다고 한다. 다만, 사본들에 의존하여 성경 연구 비평적 방법을 통해 성서의 원문을 회복시킨 자료들을 정경으로 삼았다. 즉, 원저자가 친필로 기록한 신약의 원본이 하나도 없는 상황 속에서 여러 개의 사본들을 토대로 잃어버린 원문을 찾는 작업을 통해 만들어진 것이 현재 사용하고 있는 신약의 본문 내용이라는 것이다.[5] 불교 경전사를 살펴보더라도 성서 경전사와 비슷한 시간의 흐름을 통해 경전이 확립되었다. 불교의 원시경전인 아함경도 부처님 사후 300-400년 이상을 거쳐 현재의 형태로 정비되었기 때문에 엄밀한 의미에서는 부처님 설법 그 자체는 아니라는 점이다. 왜냐 하면, 그 경전 형성 과정상 문제들, 즉 구전단계에서는 부처님 설법이 완전히 그대로 기억되어 전달되지 못하는 문제와 문헌화 단계에서는 필사상의 오류 등의 문제들이 있기 때문이다.[6]

이처럼 종교의 경전이 정경으로 확립되는 과정에서 나타나는 한계성은 무엇보다도 그 종교 창시자의 말씀 정립이 창시자들의 사후에 진행되었다는 데에 기인

한다. 이러한 사실을 통해 볼 때, 통일신학[7]에 있어 하나님의 말씀이 직접 문선명(文鮮明) 선생의 친필로 문헌화된 「원리원본(原理原本)」이 존재한다[8]는 사실 그 자체 하나만으로도 정경 확립의 한계성을 극복할 수 있게 된다.

모든 종교의 가르침은 그 종교의 경전에 담겨져 있기 때문에 경전의 의미는 종교의 본질과 직결되어 있음을 알 수 있다. 종교를 알고 이해하기 위해서는 그 종교의 경전과 가르침에 대한 이해가 선행되어야 하는 이유도 여기에 있다.

1. 말씀(진리)을 중심으로 본 하나님의 구원섭리[9]

현실세계는 하나님이 창조하시고픈 세계가 아니다. 그 세계는 하나님의 자녀로 창조된 최초의 인간 조상, 즉 남성인 아담과 여성인 해와가 하나님의 3대 축복의 말씀대로 하나님을 중심하고 개성완성을 이루고, 결혼을 하여 자녀를 낳아 가정과 세계를 이루어 기쁨을 느끼며 사는 지상천국을 말한다. 그러나 아담과 해와가 '선악과를 따먹지 말라'는 하나님의 말씀을 불신하고 '선악과를 따먹음'으로 타락되어 하나님의 창조이상이 실현되지 않은 죄악의 세계가 되었던 것이다. 비록 인간의 잘못으로 초래된 이 결과에 대해서 절대 선의 주체이신 하나님은 창조주로서의 책임을 지시고, 이 타락세계를 타락하기 이전의 세계로 구원하시기 위한 섭리를 하실 수밖에 없다. 하나님이 인간을 창조하셨기 때문에 인간의 타락이라는 결과도 발생했기 때문이다.

이러한 하나님의 구원섭리는 인간의 타락으로 인해 실현되지 못한 창조이상을 실현시키는 것이다. 하나님의 창조이상은 3대 축복 말씀, 즉 진리의 완성을 의미하며, 그것은 인간을 통해서 실현된다. 이것은 곧 인간이 말씀의 실체로 완성되어

질 때 비로소 하나님의 창조이상이 실현됨을 의미한다. 그러나 인간은 말씀을 불신하고 말씀을 실천하지 못함으로써 타락되어 하나님의 말씀을 잃어버렸기 때문에 타락한 인간을 구원하시려는 하나님은 가장 먼저 잃어버린 말씀을 찾아 세우시는 섭리를 전개하시며 말씀의 완성을 고대하신다. 이것은 하나님의 구원섭리가 말씀, 즉 진리를 중심으로 이루어지며 완성된다는 것을 의미하기도 한다.

하나님은 원리의 본체이시므로 원리를 창조하시고 그 원리에 입각하시어 섭리를 펼치시므로 타락한 인간의 구원섭리도 원리에 의하여 섭리하신다. 그런데 타락한 인간은 하나님도 대할 수 있고 사탄도 대할 수 있는 비원리적인 입장에 떨어졌기 때문에 원리에 의해 섭리하시는 하나님은 이러한 인간을 놓고 섭리를 하실 수는 없다. 그렇기 때문에 하나님은 비원리적 입장에 있는 타락인간을 원리적 입장에 세우시고 섭리를 하신다. 이에 하나님은 가장 먼저 타락한 인간들(타락한 아담가정) 중에서 하나님만이 대하실 수 있는 섭리의 중심인물(아벨)을 택하시어 원리적 입장에 세우시고 구원섭리를 시작하신다.

그리고 하나님은 절대자이시므로 하나님의 뜻은 절대적인 것으로 반드시 실현되나, 그 뜻 성사는 절대적이지 않다. 하나님의 뜻 성사는 하나님의 책임분담뿐만 아니라 인간 책임분담 완수가 되었을 때 이루어지기 때문이다. 왜 하나님의 뜻 성사에 인간 책임분담 완수가 필요한 것인가? 그것은 인간이 하나님의 뜻인 그 말씀을 믿고 실천함으로써 실현되는 것이기 때문이다. 이것이 인간의 책임분담 완수가 하나님의 뜻 성사에 반드시 필요한 이유이다. 그러나 비록 하나님의 뜻을 이루기 위해 선택된 섭리의 중심인물이 책임분담을 다 완수하지 못함으로 말미암아 그 뜻이 이루어지지 않았더라도 하나님의 뜻은 절대적이므로 하나님께서는 반드시 시대를 달리하여 새로운 중심인물을 세워서 다시 하나님의 뜻을 이루어 나아가신다.

이러한 구원섭리 원리에 의하여 하나님께서는 타락으로 인해 하나님의 말씀인 진리를 잃어버림으로 말미암아 무지에 떨어진 인간들 가운데 중심인물 한 사람을 택하시고, 그 인물에게 하나님의 뜻을 알려주시어 그 중심인물이 자신의 책임분담을 완수하게 함으로써 점진적으로 하나님의 뜻을 실현 시켜 나오게 하셨던 것이다. 이렇게 하나님으로부터 선택받은 섭리의 중심인물들이 자신에게 맡겨진 책임분담을 완수함으로써 하나님의 구원섭리가 발전됨에 따라 새로운 하나님의 말씀들이 인류에게 선포되었던 것이다.

말씀을 잃어버렸던 구약 이전의 시대, 아벨이나 노아 그리고 아브라함 때에는 말씀대신 제물을 하나님의 뜻에 맞게 드리게 함으로써 구원섭리를 펼치셨다. 야곱이 이르러서야 비로소 야곱이 책임분담을 다하여 구원섭리가 발전됨에 따라 직접 말씀을 받을 수 있게 된 후 모세 때에 십계명이라는 말씀(구약)을 직접 내려 주셨고, 예수님 때는 예수님을 통해서 새로운 말씀(신약)을 주셨던 것이다.

이러한 구원섭리의 목적을 궁극적으로 이루시기 위하여 하나님은 말씀의 실체되신 예수님(요 1:14)을 보내시어 말씀을 중심한 구원섭리를 완성하시려고 하셨던 것이다.[10] 그러나 하나님 구원섭리의 완성자, 메시아로 오신 예수님께서 유태교와 이스라엘 민족의 불신으로 십자가에 돌아가심으로 말미암아 하나님의 구원섭리는 완성되지 못하고 재림으로 연장되었다.

예수님은 비록 십자가에 돌아가셨지만, '다시 온다'는 재림을 약속하셨기 때문에 지금의 기독교 신앙의 목적은 예수님의 재림을 갈망하고 있는 것이다. 안타까운 일은 예수님께서 언제 어떻게 어디로 재림하시는 지에 대해서는 아무도 모르고, 누구도 알 수 없다는 것이다. 그런데 하나님의 섭리가 말씀(진리)을 중심으로 펼쳐진다는 점에 주목해 볼 때, 어떤 이가 하나님 섭리의 새로운 중심인물인가의 여부를 판단하는 기준 중의 하나는 그 인물이 선포하는 말씀(진리)이라고 볼 수 있다. 그렇다면 언제, 어떻게, 오실 줄 모르는 재림주님을 기다리는 것은 재림주가 선포할 새로운 말씀(진리)을 기다리는 것으로 이해해도 무방한 것으로 보인다.

왜냐 하면, 재림주도 반드시 새로운 말씀을 갖고 오셔서 새로운 섭리를 펼치실 것이기 때문이다. 그렇기 때문에 구약시대의 종말기였을 때에 신약시대의 새로운 섭리의 중심으로 예수님이 오셔서 새로운 말씀(신약)를 선포하셨던 것과 마찬가지로 재림주도 신약시대가 끝나기 전에 구원섭리의 완성자로 오셔서 새로운 말씀(성약)를 선포하실 것이라는 점은 어렵지 않게 추론되는 바이다.[11]

여기서 한 번 생각해 봐야 할 점은 왜 새로운 말씀(진리)을 선포하신 예수님께서 유대교와 이스라엘 민족에게 십자가 죽음의 길로 내몰렸던 이유가 무엇인가 하는 것이다. 예수님 초림 당시 이스라엘 민족과 유대교는 메시아 강림을 학수고대하고 있었지만, 그들은 메시아가 언제 어떻게 오는지 모르고 있었다. 다만, 말라기 선지자의 예언에 입각하여 메시아가 강림하기 전에 재림한다는 '엘리야의 재림'을 고대하고 있었다. 그들은 엘리야가 구름을 타고 승천했기 때문에 지상에 다시 올 때도 구름을 타고 재림할 것으로 기대하고 있었다. 그런데 '엘리야의 재림'하기 전에 돌연히 예수님이 나타나서 '내가 메시아다'라고 선포하며 모세의 율법을 어기고, 모세의 율법(구약)과 질적으로 차원이 다른 새로운 말씀(신약)들을 전파하셨다. 이러한 모습은 유대교의 입장에서 볼 때, 율법을 파괴하는 사탄이 접한 자의 행위로 인식되었던 것이다. 기존의 신앙과 진리의 관점에서 본다면, 새로운 섭리의 중심인물이신 예수님의 행위와 말씀은 예수님이 결코 메시아로 인식될 수 없을 뿐만 아니라, 오히려 자신들의 진리와 신앙적 전통을 파괴시키는 이단자의 모습으로 인식되었던 것이다. 그 결과 예수님을 로마법정에 세워 십자가 죽음의 길로 내몰았던 것이다.

우리는 하나님의 새로운 섭리는 기존의 시대가 완전히 끝난 후에 시작되는 것이 아니라 기존 시대의 종말기 환경 속에서 시작된다는 점과 새로운 진리가 기존 시대의 진리를 뛰어 넘는 진리인 관계로 기득권으로부터 많은 핍박을 받는다는 점을 발견할 수 있다. 이러한 점은 인류 역사 속에서 세계 3대 종교 창시자들이신 부처님과 공자님 그리고 마호메트님도 기존 종교의 가르침과는 다른 면이 많은 새로운 진리를 전파한다는 이유만으로 기득권의 종교로부터 심한 핍박을 받았다는 사실을 통해서도 확인이 된다.

이러한 관점에서 볼 때, 한 종교의 경전을 이해한다는 것은 그 진리를 선포한, 종교를 창시한 분의 존재적 가치와 사명에 대해 이해하는 것을 뜻하기도 한다.「원리원본」을 연구하는 작업의 의미는 이 말씀이 과연 새로운 시대를 펼쳐 나아갈 새로운 진리의 말씀인가를 확인하는 작업이며, 동시에 이 말씀을 선포하신 분의 섭리적 정체성을 아는 작업이기도 하다.

2.「원리원본」 출현배경

「원리원본」 출현의 역사적 과정을 그 말씀을 선포하시기 전까지의 문선명 선생의 생애를 중심으로 좀 더 구체적으로 살펴보도록 하겠다.

한국의 일제 치하시대였던 1920년 평안북도 정주군 덕언면 상사리 2221번지에서 문선명 선생은 탄생하셨다. 이 당시 세계적 정세는 제2차 세계대전이 기독교 국가들인 미-영-불 3개국 중심으로 구성된 연합국의 승리로 끝남으로 말미암아 기독교를 중심으로 한 전 세계가 움직일 수 있는 환경이 조성되어 있었다. 역사 이래 기독교문화권을 중심삼고 통일세계가 조성된 것이다.[12] 한국에서는 1930년대를 전후해서, 특히 1930년대와 1940년대를 넘어가면서 신비주의를 중심으로 한 신흥교단들이 대거 출현하였다. 그 교단들의 출현으로 일제 강점기의 억압과 핍박의 고통스러운 식민지 시대에 광명에 찬 새로운 소망의 시대를 갈구하는 움직임이 급속도로 번져가기 시작했다.[13] 이러한 사실은 이스라엘민족이

로마제국의 통치를 받던 식민지 상황에서 예수님이 메시아로 강림하셨고, 세례요한과 같은 영적 지도자가 나타나 새로운 말씀을 통해 이스라엘 민족에게 희망을 제시했다는 역사적 사실과 비교해 볼 때 매우 유사하다.

문선명 선생은 소년시절부터 인생에 관해 많은 고민들, 즉 나는 누구일까, 나는 어디서부터 왔을까, 인생의 목적은 무엇일까, 죽은 후에 우리의 생명은 그대로 계속되는 것일까, 또 하나님은 과연 존재하시는가, 이 지구상에는 왜 수많은 고통이 존재하는가, 등등에 대해서 어린 나이에도 불구하고 깊이 고민을 하셨다고 한다. 이러한 고민 속에서 당신의 생애의 미래를 어떻게 갈 것이냐 하는 문제를 놓고 담판하던 중 16세가 되던 1935년 4월 17일 부활절 새벽 묘두산(猫頭山)[14] 기도 때 예수님을 만나는 놀라운 영적 체험을 하였는데 그것이 바로 계시의 시작이었다고 한다. 그 만남이 있은 후부터 문선명 선생은 항상 하나님과 예수님과 생활하시며 많은 진리의 내용을 받으셨다고 한다. 또한, 여러 차례에 걸쳐 영계에 들어가 하나님과 예수님 그리고 많은 성현들과 일문일답을 나누셨으며 점진적으로 하나님으로부터 놀랄 만한 진리를 받았다고 한다.[15] 문선명 선생은 예수님으로부터 섭리적 사명을 인수인계 받으신 후 9년 동안 스스로 재림주의 첫 사명으로서 하나님의 새로운 말씀(진리)을 찾으셨다고 한다. 즉 통일원리 규명을 위한 혼신의 노력을 다하신 기간이 있었다는 것이다.

그분은 일본으로 유학을 가서 전기공학을 전공하시며 과학부분을 공부하셨는데 그 공부한 것이 새로운 종교이념을 세우는 데에 상당한 도움을 받았다고 하신다. 또한 이 기간에는 성경만을 보고 원리를 찾은 것이 아니라 성경 이외의 종교서적이나 철학서적 등의 책들을 탐독하며 원리 체계화를 위해 더욱 노력하셨다고 한다. 사실 원리를 찾기 위해 많은 정성과 기도의 시간을 몇 년씩 드리며 원리규명을 위해 하나님을 중심삼은 피나는 노력을 한 그 자체가 문선명 선생에게는 최대의 신앙적 삶이었다.

「원리원본」의 체계는 우주의 근본에 대해서 하나님이 계시는가 하는 문제로부터 파헤쳐 나아가 창조원리의 체계를 만들기 시작하였다는 것이다.[16] '우주의 근본이 무엇이냐' 하는 문제는 9년 동안이나 이 문제의 해결을 위해 몸부림을 치셨을 정도로 난해하였으며, 원리의 체계를 세우는 데에 있어서 가장 기초가 되는 문제였다고 한다.[17] 또한, 동경유학시절에 규명하신 중요한 내용은 바로 타락론 내용이었는데 이 문제는 소명을 받은 이후 7년 이상의 세월 동안 해결하기 위해 애쓰셨던 난제 중의 하나였다고 한다. 그것은 사탄의 정체와 인간 시조 타락의 내용이었다. 이 문제를 해결하기 위해 목숨까지 건 영적 투쟁을 감내하셔야 했고 찾아낸 그 내용을 하나님 앞에 올려 하나님의 인정과 판정까지 받게 되었다고 한다.[18] 원리를 찾기 위해 고민하신 문제들을 어떠한 것들이 있는지 다음 말씀에 잘 정리되어 있다.

"자신은 어디서 왔을가, - 중략 - 인간의 시초는 어떻게 되어 있을까? - 중략 - 정말로 하나님이 창조하신 걸까? - 중략 - 하나님과 자신과의 관계를 맺는 데는 어떤 관계 아래서 맺는가? - 중략 - 하나님을 알면 자신의 위치와 가치를 알게 된다. 하나님이 계신다면 하나님 자체는 뭘까? 하나님의 희망은 뭘까? 하나님의 소원은 무엇일까? 우리 생활처럼 하나님에게도 사정이 있을 것이다. 하나님의 사정은 무엇일까? 하나님이 기뻐하시는 세계의 심정은 무엇을 중심한 것일까? 하나님의 목적은 무엇일까? 이 희망이나 심정 등의 문제를 모두 총합해 결론을 내리면 '인간'이라는 것이 됩니다. 그럼 사람과 하나님과의 관계는 무엇으로 인하여 연결되는 것일까? 그것은 심정기준을 통과해 가지 않으면 모릅니다. - 중략 - 우주의 근본은 무엇인가? '父子'이다. - 중략 - 하나님을 확실히 알면 창조원리가 자연히 나오게 됩니다. '나의 마음과 몸은 이러한 관계로 되어 있다. 하나님을 중심한 상대기준을 조성하여 사위기대를 유지할 수 있다. 그것을 영속적으로 유지하기 위하여 수수작용을 하지 않으면 안 된다."[19]

문선명 선생은 원리규명의 기간에 위와 같은 이론적인 원리 체계화 작업에만 몰두하신 것이 아니라 찾아내신 원리의 말씀들을 자신의 삶을 통해 확인하시고 자신의 것으로 체화(体化)시키며 자신이 원리말씀의 실체가 되시기 위한 실천적 삶을 영위하셨다. 그렇기 때문에 원리책은 단순히 이론서가 아닌 문선명 선생의 경험이며 삶 자체가 될 수 있는 것이다.[20)]

문선명 선생께서는 1945년 8월 15일 대한민국이 해방되기 전까지 모든 원리의 체계를 마무리하고 하늘의 섭리를 펼치고자 계획하시고 전개하셨다는 점이다. 제2차 세계대전이 기독교 국가들인 미·영·불의 연합국이 승리로 끝났다는 사실은 그 당시의 환경적 여건은 하늘편이 주도권을 가지고 있어 재림주가 현현할 수 있는 토대가 마련되었던 것으로 해석이 된다.[21)] 인류 역사이래 전 세계가 그렇게 강력한 기독교문화권을 중심삼고 하나 되어 있던 때가 실제 없었다.[22)] 대한민국 해방 직후 문선명 선생은 기독교를 중심한 하나님의 섭리를 이루시기 위해 기독교 인사들이나 여러 기독교 단체들을 접촉하시며 여러 활동 등을 하셨는데 기독교의 지도자들은 선생과 그 말씀을 받아들이지 않았다고 한다.[23)] 준비된 기독교가 반대하는 입장에 섬으로 말미암아 최고의 기준에서 섭리를 경륜하시려고 했던 하나님의 뜻은 최하의 자리로 떨어지게 되어 문선명 선생의 이북섭리(평양행)가 펼쳐지게 되었다는 점이다.

> "여러분 그런 거 생각해 봤어요? 생각해보라구요. 남한이 반대하니 할 수 없이 선생님이 이북으로 간 거예요. 그것은 원리가 그렇다구요. 끌려가기 마련이예요. 그래서 감옥살이를 한 거예요. 감옥살이를 통해서 이북에 들어간 거예요. 지하운동 하는 거예요. 싸워 가지고 남한이 잘못한 것을 탕감복귀하는 거예요. 예수님이 열두 제자를 잃었던 것 이상의 것을 탕감해야 하니까 감옥생활을 해 가지고, 거기서 몇몇 식구를 중심삼고 사선을 넘어 남한 땅에 1951년에 내려와 가지고 원리원본을 만든 것입니다.

그다음부터 이남 땅에 내려와 통일교회를 재편성한 거예요. 남북이 갈라진 이러한 환경에 있어서 다시 남북을 통일하기 위해서…. 이것은 세계적이예요, 세계적. 그냥 남북통일이 안 되는 거예요. - 중략 -그게 원리관이예요."[24]

문선명 선생은 이북섭리를 펼치시기 전에 이미 원리내용을 기록한 '회계책'을 갖고 계셨다고 한다.[25] 이것은 문선명 선생께서 1946년 6월 평양에 오셨을 때 이미 「원리원본」의 前身이 되는 책을 가지고 계셨다는 사실을 평양에서 전도된 수제자 김원필 전사자(金元弼 傳寫者)의 증언을 통해서 분명하게 확인이 되는 바이다.[26] 그 책명은 '회계책'[27]이라고 불렀으며, 그 책은 문선명 선생께서 흥남감옥을 가실 때, 신도 차상순(車相淳)한테 맡기셨는데 차상순이 북한 공안부의 집 수색과 감시 등 그 당시의 상황이 어려워 그 책을 불태워 없앴다고 하였다. 「원리원본」은 아니지만 「원리원본」의 전신이라고 볼 수 있는 중요한 사료인 '회계책'이 전승되지 못하고 소멸되었다는 것은 매우 큰 섭리적 아픔이다.

또한, 이 '회계책'이외에 또 다른 책이 있었다는 사실이 박정화(朴正華)의 증언[28]에 의해 밝혀졌다. 그의 증언에 의하면 참아버님께서 흥남감옥시절에 '원화원 이상(圓和苑 理想)'이라는 제목으로 자신에게 지금의 원리적 내용을 많이 말씀하셨다고 한다. 박정화 본인이 기록하고 문선명 선생이 말씀하시는 방식으로 기록된 이 책은 후에 정리했는데 그 분량이 약 1,200매가 되며 그것을 자신이 갖고 있다고 했다. 그는 문선명 선생께서 '원화원 이상'에 대하여 다음과 같이 말씀하셨다고 증언하였다.

"앞으로 '원화원 理想'이 이루어지게 되면 회원이 된 사람은 국경의 차이가 없고, 언어의 차이가 없고, 우리 한국의 원화원 회원이 일본에 가서 구경하고 싶으면 일본 원화원 회원의 집에 가서 한달 묵고 싶으면 한달, 열흘 있고 싶으면 열흘, 쭉 1년 있고 싶으면 1년 있을 수 있다. 또, 아프리카에 가 있던 사람이 우리 한국에도 오고 우리 한국에 있던 사람이 아프리카에도 가게 되고 전 세계에서 이제 원화원 회원 이상이 실현될 것이다. - 중략 - 그리고 모든 교통도 지구 끝에서 끝까지 하루에 갈 수 있고 마치 번개가 번쩍이는 속도로 변한다. 즉, 세계가 한 집안, 한 울타리가 돼서 마음대로 되는 세상이 된다."[29]

박정화는 그 책을 본인이 갖고 있으며 '원화원 이상'의 내용을 지금 전부 발표할 수 없는 문제가 있다고 한다. 그런데 그 책은 일부 외에는 전부 다 원리에 다 나와 있으며 40년 전이었던 그 당시에는 비밀로 했지만 지금은 원리에 다 나와 있다고 한다. 창조원리, 타락원리, 복귀원리 그리고 재림주가 어떻게 올 것인가 하는 것까지 말씀하셨다고 증언하였다.[30]

그의 증언을 토대로 유추해 볼 때, '원화원 이상'이라는 책은 방대한 내용을 갖추고 있음을 짐작할 수 있다. 그러나 안타까운 사실은 박정화의 사후 그 '원화원 이상'이라는 책을 '역사편찬위원회'에서 인수하지 못한 관계로 현재 그 책의 소재를 파악조차 못하고 있다는 점이다. 다만, 추정해 볼 수 있는 것은 그의 유가족이 관리하고 있을 것이라는 점이다. 이 책을 찾는 작업은 추후 풀어야 할 역사적 과제인 셈이다.

이처럼 북한 공산치하에서도 하나님의 말씀을 전하시다가 문선명 선생은 흥남감옥소까지 가시게 되었던 것이다. 흥남감옥소에서 나오셔서 두 명의 제자를 데리고 이남으로 피난하시어 부산에 도착하셨다.

부산에 도착한 당시의 상황은 준비한 집단과 인물들이 책임을 못함으로 말미암아 하늘이 준비한 기대를 모두 잃어버린 처참한 상황이었다. 피난지의 열악한 환경, 즉 주거지가 불분명한 상황 속에서 면식 있는 사람들의 집을 전전하시며 어렵게 피난생활하시던 때가 1951년 1월에서 5월까지 「원리원본」 집필 직전의 상황이었다.[31]

이러한 사실들을 볼 때, 말씀을 실체적으로 문서화시켜 지상에 남기시려고 했던 문선명 선생의 노력을 엿볼 수 있다.

3. 「원리원본」의 의의와 가치

무엇보다도 「원리원본」의 의의는 하나님의 불변의 진리라는 점이다. "통일원리는 하나의 철학도 아니고 학설도 아니고 말 그 자체처럼 하나님의 원리입니다. 이것은 하나님의 불변의 진리입니다."[32]라고 문선명 선생이 분명하게 말씀하셨다.

이러한 점에서 「원리원본」의 의의를 논한다는 것이 하늘과 역사 앞에 참으로 두렵다는 심정이 든다. 그러나 신학이란 그러한 하나님의 말씀의 의미를 곱씹으며 타락한 인간 세상에서 어떻게 실현시킬 것인가 등을 연구하며 그 가치를 깨닫는 지적 작업으로 인식하고 있기에 용기를 내어 「원리원본」을 연구했을 때 느끼고 발견했던 그 의의와 가치를 조심스러운 마음으로 정리해 본다.

저자에게는 「원리원본」은 재림주의 새 진리 선포에 대한 최초의 심정적 표현을 이해할 수 있는 가장 귀한 매개체로서 통일신학의 원초적 뿌리로 이해된다. 하나님의 뜻 완성을 위해 한 평생을 헌신해 오신 온 인류의 구세주이며 재림주요 참부모이신[33] 문선명 선생을 이해하고 그분의 사명과 가치를 깨달을 수 있는 근본적 사료가 통일원리의 말씀이다. 그 통일원리 말씀 가운데서도 문선명 선생이 직접 친필로 하나님의 원리 말씀을 최초로 문헌화시킨 「원리원본」, 이 책은 하나님의 심정의 진수를 담고 있는 원초적 샘터다. 더욱이 가장 비참한 자리에서 섭리를 재출발하셔야 하는 그 시점에서 오직 지극 정성을 다하시며 세상 앞에 내 놓으신 새 진리 「원리원본」은 문선명 선생의 심정이 녹아져 있을 수밖에 없다. 다음과 같은 말씀은 그러한 심정의 한 편을 전해 주는 듯하다.

> "범일동에 있을 때에는 옷도 변변치 못하게 입고 더벅머리를 한 채 총각 둘이서 토굴 같은 집에서 지냈습니다. 남들이 볼 때에는 처량하게 보였겠

지요. -중략- 그 당시에는 내가 원리원본을 쓰고 있었는데 동지가 얼마나 귀하고 따르는 사람 하나가 얼마나 귀했는지 모릅니다. 여러분도 이렇게 사람에 대한 맛을 알아야 합니다. 그렇기 때문에 원필이가 회사에 나가게 될 때는 반드시 1킬로미터 이상 따라 나가곤 했는데 그렇게 해야 마음이 편안했습니다. 또 저녁이 되어 돌아올 때가 되면 반드시 마중을 나갔는데 그 만나는 맛이란 이루 말할 수 없다는 것입니다. 그렇게 와 가지고 밤에 잠을 자는데 이불이 없어서 포대기 한 장만 덮고 자곤 했습니다. 그때에는 그렇게 살았습니다."[34]

지적으로 본다면, 「원리원본」은 통일원리를 연구함에 있어서 그 토대를 마련할 수 있는 원전(原典)이며, 통일원리 연구 분야의 제1차적 문헌이고 가장 중요한 진리서이다. 종교와 과학을 통일된 관점에서 논하고자 하는 혁명적 발상으로 종교통일과 언어통일 그리고 세계통일을 주창하며 새로운 세계를 지향하고 있다. 하나님의 존재성을 과학과 수학의 관점에서 논리적으로 설명하고, 힘과 에너지 그리고 열의 개념으로도 설명하며 하나님이 모든 존재의 근원적 존재이심과 동시에 과학의 하나님이심을 역설하는 면이 새로운 진리의 성격을 온전히 보여주고 있다.

구원섭리사적으로 볼 때 「원리원본」은 재림주를 중심한 하나님의 새로운 구원섭리의 '출발을 위한 섭리'의 말씀이기도 하다. 즉 말씀으로써 장자의 입장에 있는 사탄편을 쳐서 탕감복귀하는 조건을 세우기 위함이며, 말씀을 들은 자들로 하여금 사탄 세상에 대한 미련을 끊고 다시는 그곳으로 되돌아갈 수 없는 입장에 서게 하기 위함이고, 한국민족과 기독교인들로 하여금 말씀을 선포하는 자를 재림주로 믿게 하기 위하여 '말씀'을 중심하고 제3차 세계적 가나안 복귀노정의 '출발을 위한 섭리'를 하시는 것이다.[35] 그렇기 때문에 '말씀'이 갖는 성격은 세상의 모든 인생관과 사상 및 종교의 가르침을 압도하는 새로운 진리의 힘을 갖게 되며,

모든 사상은 그 진리의 '말씀' 앞에 녹아나는 것이다. 그리고 그 새 진리를 듣고 자신의 가치관으로 받아들이는 사람들은 그 이전의 삶과는 전혀 다른 삶, 즉 그 새 진리의 실현을 위한 삶을 살아간다는 것이다. 또한, 재림주는 제3차 세계적 가나안 복귀노정의 중심인물로서 구원섭리를 완성해야 하는 원리적 책임이 있기 때문에 구원섭리를 완성지울 수 있는 완성급 진리를 선포하셔야 한다. 그러므로 「원리원본」은 완성급 진리[36]의 말씀이다. 예수님 초림 때에는 기사이적으로 인류 구원섭리의 '출발을 위한 섭리'를 하셨지만, 재림 때에는 그의 내적인 '말씀'을 중심하고 '출발을 위한 섭리'를 하시는 것이다. 그렇기 때문에 문선명 선생은 어디를 가시더라도 말씀 전파에 총력을 기울이셨으며, 전도로서 새로운 섭리를 시작하셨다.[37] 다만, 섭리사의 관점에서 볼 때 기독교가 문선명 선생이 전하는 새로운 진리, 즉 「원리원본」에 기록되어 있는 통일원리를 진지하게 탐독하여 문선명 선생을 재림주로 인정했더라면, 이 「원리원본」은 집필되지 않을 것이라는 점이 읽혀진다. 이것은 어찌 보면 「원리원본」 문헌 자체는 결코 나타나서는 안 되는 하나님 섭리의 통한의 아픔과 한이 서려 있는 문헌으로도 이해가 된다.

하나님은 인간의 심령과 지능의 발달 정도에 맞는 계시와 가르침으로서 섭리하신다는 것은 성경에 나타난 하나님의 구원섭리사를 면밀히 살펴보면 어렵지 않게 발견되는 점이다. 이것은 종교사 흐름 속에서도 발견되고 있다. 본서를 통해서 소개되는 「원리원본」이 과학문명이 최고도 발달된 이 시대에 적합한 진리인가를 확인해 보는 것도 매우 흥미로운 일일 것이다.

작품은 작자의 보이지 않는 성품의 실체적 전개이기 때문에 작자의 분신체라고 말할 수 있다.[38] 세계 수십여 개국의 언어로 번역된 「원리강론」과 615권의 「문선명선생말씀선집」의 뿌리이며 효시인 「원리원본」은 학문적·경전적 가치를 넘어 새로운 성약시대의 섭리 사명자로 오신 재림주, 참부모이신 문선명 선생의 피와 땀과 눈물이 엉클어져 있는 저서이며 젊은 청춘을 희생시키며 투입시킨 삶 그 자체이다.[39] 이는 "어떤 면에서 통일원리는 내 생애의 기록이기도 합니다. 그것은 나 자신의 생활 경험입니다. 이 통일원리는 내 속에 있고 나는 통일원리 속에 있습니다."[40]라는 말씀을 통해서도 알 수 있다. 「원리원본」은 내적으로는 하나님의 불변의 진리의 말씀이면서, 외적으로는 그 말씀을 실체로 이루시며 창조본연의 인간의 가치를 완성하신 문선명 선생의 친필로 쓰여진 유일한 저서로서 분신체적 사료라는 사실은 「원리원본」이 천주사적(天宙史的) 가치를 지닌 이유 중에 하나이기도 하다.

문선명 선생께서 강조한 말씀의 한 구절을 통해 그 가치적 내용을 정리한다.

> "책이 한 권밖에 없다고 생각해보라구요. 그러니 선생님이 이 책의 원고를 초 잡을 때, 그 원고의 관리를 얼마나 심각하게 했겠는가 생각해보라구요. 만일 그게 없어지고, 내가 죽으면 어떻게 되겠느냐? 세계가 왔다갔다 한다구요. ...이 원리책 한 권으로 .... 영원한 생명들이 왔다갔다한다는 것을 생각해 본 적이 있느냐구요."(74.7.29)

제 2 장

「원리원본」의
물리적 형태와 요소

제2장

「원리원본」의 물리적 형태와 요소

1. 명칭과 분량

서지학에서는 '원본(原本)'과 '고본(稿本)'은 책의 종류를 일컫는 용어인데 '원본'은 단순한 기록 또는 증거용으로 필사한 것을 일컫는 것이고 '고본'은 저자가 글 내용을 엮거나 고안하여 처음으로 쓴 책을 일컫는 것을 말한다.[41] 현재 명칭상 「원리원본」은 '원본'으로 되어 있지만 그 내용 성격상 '고본'의 성격도 지니고 있음을 알게 된다.

「원리원본」이라는 명칭은 문선명 선생이 명명(命名)하신 것이다.[42] 그러나 문헌상의 원 명칭은 한자로 「記錄 第壹卷」, 「記錄 第貳卷」, 「記錄 第參卷」, 「記錄 第四卷」, 「記錄 第五卷」이다. 즉 「기록 제일권」, 「기록 제이권」, 「기록 제삼권」, 「기록 제사권」, 「기록 제오권」이 문헌상의 명칭이다. 이하 본서에서는 편의상 문헌상의 원 명칭 「記錄 第壹卷」을 한글 「제일권」이나 한글(한자) 「제일권(第壹卷)」으로 약칭하여 사용하였고, 원 명칭 그대로 사용할 경우에는 원 명칭 다음에 가로를 치고 한글로 번역한 방식, 즉 「記錄 第壹卷(기록 제일권)」 같이 사용하였다.

「원리원본」의 기록매체는 불투명한 갱지와 투명한 종이의 두 종류가 사용되었다. 주재료는 갱지이며 투명한 종이는 「제일권」의 두 번째 겉표지와 「제삼권」의 겉표지 그리고 「제오권」 후반부의 일부분에 사용되었다.

기록도구는 연필과 파랑색과 갈색 그리고 검정색 잉크 펜 및 빨강색연필이 사용되었다. 갈색은 검정색이 변해서 그렇게 보이는 것인지 아니면 갈색잉크가 사용되었는지 정확히 알기가 힘들어 보다 전문적인 조사를 해야 식별이 가능할 것 같다. 연필은 주로 본문 내용을 쓰는 데 사용되었고, 기타 잉크 펜들은 쪽 번호 기록과 글자 교정 및 내용 교열 때 주로 사용되었다. 빨강색연필은 많이 사용되지 않았고, 극히 일부분에서 밑줄 치는데 사용되었다. 특별한 점은 중간 약 10쪽(pp. 291-300) 분량과 쪽 번호 기록은 파랑색 잉크 펜으로 써졌다는 것이다.

사용된 기록도구들을 통해서 원고의 교정과 교열이 최소 2-3회 이상 진행되었다는 것을 추정해 볼 수 있다. 그 이유는 본문 기록한 도구(연필)와 글자 교정과 내용 교열 시 사용하였던 기록도구들(잉크 펜들)이 다르다는 점과 교정과 교열했을 때 사용했던 기록도구들(잉크 펜들)도 각기 다른 색, 즉 검정색과 파랑색 및 갈색 잉크 펜들을 모두 한 페이지에서 사용했다는 점이 발견되기 때문이다.

「원리원본」의 형태는 코덱스(codex)의 형태로서 8절 중절지를 반으로 접어 끈으로 묶어 놓은 형태의 모습을 띄고 있다. 즉 「원리원본」의 형태는 '선장(線裝)의 형태로서 책장의 글자가 밖으로 나오도록 정습(正習)하여 가지런히 중립하고, 가운데에 비벼 꼰 종이끈으로 간략하게 철하는 책 제본 형태'[43]를 갖추고 있었다. 「원리원본」 각 권의 크기는 4*6판 8절 중절지 크기이다.[44]

「원리원본」의 분량은 기록 각 권 분량의 총합이다. 「제일권(第壹卷)」의 분량은 177쪽, 「제이권(第貳卷)」은 152쪽, 「제삼권(第參卷)」은 130쪽, 「제사권(第四卷)」은 102쪽, 「제오권(第五卷)」은 134쪽 분량으로서, 각 권 분량의 총합은 695쪽 분량이지만, 실질적인 「원리원본」의 총 분량은 숫자 겹침과 '공백 쪽 번호' 등의 이유로 약간의 차이가 있다. 이 문제는 쪽 번호 표기문제와 연관이 있어 아래에서 좀 더 자세히 논하겠다.

쪽 번호 표기문제는 쪽 번호의 표기 시기 문제와 쪽 번호 오기(誤記)와 훼손 문제 및 쪽 분량 문제 등이 있다.

쪽 번호 표기 시기는 쪽 번호의 표기가 연필이 아닌 파랑색 잉크 펜과 검정색 잉크 펜으로 써져 있다는 점에서 본문 내용 기록 작업 완료 후에 진행되었음을 알 수 있다. 그리고 쪽 번호 오기(誤記)는 쪽 번호의 분량과는 상관없는 단순한 쪽 표기 오류가 두 군데 있다. 즉 '495쪽'이 '497쪽'으로 표기되어 있고, '498쪽'이 '458쪽'으로 표기되어 있다. 쪽 번호 오기 문제는 「제사권(第四卷)」에서만 발견된다. 「제삼권(第參卷)」에서는 쪽 번호가 써져 있는 윗부분이 낡아 찢겨져 나가 쪽 번호 훼손 문제가 있는데 그 부분은 '321쪽', '322쪽', '325쪽', '326쪽', '328쪽' 다섯 군데이다.

표기된 쪽 번호로 「원리원본」의 전체 분량을 계산해 본다면, 겉표지들을 제외하고 총 675쪽[45] 분량이다. 그러나 다음과 같은 경우들이 있어 실질적인 분량은 다르다.

첫째. 쪽 번호 기록 상 몇 군데에서 몇 개의 번호를 겹쳐서 쓴 경우 : (+ 3쪽)

제4권 : p. 497과 p. 498이 두 번 기록되어 있다.

즉 496-497-498-497-498-499-500으로 되어 있다.

제5권 : p. 661이 두 번 기록되어 있다.

즉 660 - 661 - 661 - 662 - 663

둘째. 쪽 번호 기록만 되어있고 내용은 없는 공(空) 백지(白紙)인 경우 : (- 4쪽)

제3권 : p. 398, p. 458.

제4권 : p. 513.

제5권 : p. 562.

셋째. 공(空) 백지(白紙)이면서 중간에 유실된 경우 : (- 3쪽)

제4권 : p. 511, p. 512, p. 514.

넷째. 쪽 번호 수가 기록되지 않은 경우 : (+ 20쪽)

제5권 : 맨 마지막 부분 전체 "웨 타락케 하고 섭리하는가?" 20쪽 분량

* ( )안의 수는 가감해야 할 쪽 번호 수

위의 네 가지 경우를 모두 정리하여 계산하면 「원리원본」의 실질적인 총 분량은 691쪽이 된다.

여기서 맨 마지막 부분에 대해서 쪽 번호를 기록하지 않은 이유는 무엇이며, 공백에 쪽 번호만을 기록 한 이유는 무엇인지 의문이 든다. 쪽 번호는 상단에 표기되어 있는데 홀수는 오른쪽에, 짝수는 왼쪽에 기록되어 있다.

2. 저자와 기록시기 및 집필 장소

「원리원본」의 저자는 세계평화통일가정연합 창시자이시며, 온 인류의 구세주요, 재림주요, 참부모이신 문선명(文鮮明) 선생이시다. 문선명 선생은 1920년 음력 1월 6일(양력 2월 25일) 평안북도(平安北道) 정주군(定州郡) 덕언면(德彦面) 상사리(上思里) 2221번지에서 탄생(誕生)하셨다.

문선명 선생의 생애는 인생과 우주의 근본을 구명하고 천도를 따라 베풀고 위하는 생활로 본을 보이면서 지도하는 일로 일관하셨다. 오직 하나님의 뜻을 이루어 드리는 외길 인생을 걸어 나오시며 천의에 따라 절대신앙, 절대사랑, 절대복종의 기준으로 세계평화를 위한 놀라운 실적기반을 세우셨다.[46]

「원리원본」을 집필하기 시작한 날짜는 1951년 5월 11일이며 이는 「원리원본」 「제일권」의 겉표지에 「제삼권」까지 집필을 마친 날짜까지 기록되어 있고, 「제오권」까지 집필을 마친 날짜는 기록되어 있지 않다. 다만, 「제오권」까지 집필을 마친 날짜는 강현실 전사자가 증언[47]한 1952년 5월 10일로 되어 있다.

통일교회에서는 일반적으로 「원리원본」은 범냇골 토담집에서 집필된 것으로 이해되고 있다. 그러나 실질적인 「원리원본」의 집필 장소는 한 곳이 아니라 여러 곳이다. 「원리원본」의 집필은 한 곳이 아닌 여러 장소를 거치며 이루어졌기 때문이다. 그리고 문선명 선생은 원리를 쓰시는 기간에 범냇골 토담집을 짓기 위한 준비를 하셨고 집필기간에 토담집을 완공하셨으며 집필 끝날 무렵에는 미군부대의 목공일도 하셨다.[48] 그 기간 문선명 선생은 내적으로 사람을 그리워하고 동지를 그리워하시는 사무친 심정이셨다. 다음 말씀에 그 심정이 잘 나타나 있다. "그 당시에는 내가 「원리원본」을 쓰고 있었는데 동지가 얼마나 귀하고 따르는 사람 하나가 얼마나 귀했는지 모릅니다."[49]

이에 「원리원본」의 기록 장소변경에 대한 내용을 정확히 이해하기 위해서 문선명 선생의 1951년 1월 이후 부산노정을 통시적(通時的)으로 자세히 살펴보면 다음과 같다.

1951년 1월 27일 : 부산(釜山)시 초량약(草梁驛)에 도착. 대합실에서 기거하다.

1951년 1월 28일-31일 : 곽노필(郭魯弼)氏(흑석동시절의 학우) 집에서 3일 기거하다.

1951년 1월 31일-3월 6일 : 엄덕문(嚴德紋)氏(일본유학시절 학우) 부민동에 있는 집에서 약 두달간 기거하다.

1951년 3월 6일-4월 초 : 엄덕문씨 친척집. 남부민동에서 1개월 기거하다.

1951년 4월 초순경부터 반달간 : 부산시 제3부두에서 부두 노동하시다. 이 때부터 초량에 있는 하지하급 노무자 숙소에 드시어 약 10일간 지내심. 김원필(金元弼)氏는 선생의 주선에 의해 범냇골 어귀에 있는 하숙 집(長屋-일정 때에 전기회사의 직원사택)에 따로 들어가 있었다.

1951년 4월 하순쯤 약 반달간 : 부산시 괴정동(槐井洞)에 있는 김원덕(金元德)氏(흥남감옥시절의 제자)집에 머무르다.

1951년 5월 어느 날 : 김원필씨를 만나자 거기(범냇골 어귀에 있는 장옥) 방이 또 없겠느냐고 물으셨다. 때마침 방이 있어서 그 방으로 두 분이 옮겨 그 후 약 4개월간 함께 지내다.

1951년 8월 : 범냇골 토담집으로 이사하다.[50]

위 내용들을 정리해 본다면, 초량역(역대합실과 곽노필씨집) → 부민동(엄덕문씨) → 남부민동(엄씨 친척집) → 제3부두(초량 노동자 숙소) → 괴정동(김원덕씨집) → 범냇골 장옥(長屋) → 범냇골 토담집이 부산에서의 1951년 1월에서부터 동년 8월까지 기거하셨던 장소 경로이다.

「통일교회사」 상권에 괴정동에 있는 김원덕 씨 집에서 최초로 「원리원본」을 집필하셨다고 언급되어 있는 점을[51] 근거로 생각해볼 때, 최소한 세 장소(김원덕씨 집과 범냇골 장옥 및 범냇골 토담집)에서 집필되었음이 어렵지 않게 발견이 된다.

그런데 여기서 「원리원본」이 최초로 집필된 장소가 어디인가 하는 문제를 짚어 봐야 한다. 왜냐 하면, 최초의 집필 장소에 대해서 「통일교회사」 상권에서는 괴정동에 있는 김원덕씨 집으로 설명하고 있는 반면에, 「원리원본」의 집필 장소와 관련한 다음의 문선명 선생 말씀을 살펴보면 그것과는 차이가 있기 때문이다.

“내가 피난을 내려와 가지고 여기 초량 부산진 4부두에 일하러 다니고, - 중략 - 또 초량에 노동자 수용소가 있어 가지고 그 조그만 방에서 내가 「원리원본」을 쓰던 것이 생각난다구요. 요만한 방에서 바로는 못 누워요. 그렇기 때문에 엑스(X)로 누워야 하는데....”[52)]

위의 말씀을 근거로 1951년 1월 부산 초량역 도착하신 후부터 동년 8월 범냇골 토담집까지의 부산 노정을 재조명해 볼 때, ‘초량 지역에 있는 노동자 수용소’는 「통일교회사」 상권에서 「원리원본」의 최초 기록 장소로 소개된 ‘괴정동의 김원덕씨집’보다 먼저 문선명 선생이 기거하셨던 장소임이 발견된다. 이에 다시 「원리원본」을 기록한 장소들의 변경 경로를 정리해보면, 초량의 노동자 수용소 → 괴정동 김원덕씨집 → 범냇골 장옥 → 범냇골 토담집 순서가 된다. 문선명 선생의 말씀을 근거로 볼 때, 초량 노동자 수용소가 「원리원본」을 최초로 기록했던 장소가 됨과 동시에 그곳에 기거했던 시기가 바로 「원리원본」을 최초로 기록한 시기가 된다.

그러면 또 여기서 최초의 집필 시기문제가 발생하게 된다. 즉 최초의 기록장소인 초량 노동자 수용소에 기거했던 시기는 1951년 4월 초순경으로서 「원리원본」(記錄 第一卷)에 기록되어 있는 최초의 날짜 1951년 5월 11일과 차이가 나타난다.

말씀을 근거로 본다면, 실질적인 최초의 기록 시기는 「원리원본」에 기록된 날짜1951년 5월 11일보다 약 한달 가량 빠른 1951년 4월 초순경이 된다. 즉 실질적인 최초의 기록 시기가 1951년 5월 11일이 아니라, 1951년 4월 초순경이 된다는 점이다. 문선명 선생의 말씀에 의한 최초 집필 장소를 근거로 산출한 최초 기록 시기와 문선명 선생이 직접 기록하신 「원리원본」 문헌상의 최초 기록 시기 사이에 발생하는 시간차의 문제점은 고증되어야 할 연구과제이나 안타깝게도 문선명 선생을 통해서 고증되지 못했다.

이에 저자가 기록 시기의 차이가 발생하게 된 연유에 대해서 유추해 보았다. 「記錄 第壹卷(기록 제일권)」의 겉표지 '註'에 기록되어 있는 최초 기록 날짜인 '51년 5월 11일'은 실질적으로 「원리원본」을 다 집필하신 후나 「記錄 第參卷(기록 제삼권)」의 '창조성 복귀로 된 이상론'(51.6.30)부분까지 기록을 다 마친 후에 작성된 것으로 추정된다. 그 이유는 먼저 「記錄 第壹卷(기록 제일권)」과 「記錄 第參卷(기록 제삼권)」의 '이상론'까지는 거의 날짜 기록이 없다는 점과 그 본문 내용이 연속으로 이어져 있다는 점에서 그렇다. 그리고 두 번째 이유로는 겉표지와 '註'의 내용은 일반적으로 글 작성이 다 끝난 후 탈고할 때 작성한다는 점에서 그러하다. '註'의 내용[53]을 찬찬히 읽어 볼 때 이러한 점이 읽혀질 수 있다. 무엇보다도 집필 당시 상황의 열악한 환경과 여건의 영향으로 인해 문선명 선생께서는 오로지 「원리원본」의 본문 내용을 기록하시는 데에 몰두하시어 처음 기록하신 날짜를 기록하지 못하시고, 보다 안정된 환경인 51년 5월 제자 김원필과 함께 기거하셨던 장옥(長屋)[54]이나 51년 8월경 범내골 토담집에서 겉표지를 만드시면서 최초의 기록날짜를 '51년 5월 11일'로 쓰신 것으로 짐작된다. 다만, 구두로 말씀하신 내용과 문헌으로 기록하신 내용이 다르다는 점에서 무엇을 더 공식적인 최초의 집필시기로 정해야 할 것인가 라는 질문에는 개인적 소견으로는 직접 문헌으로 기록한 날짜가 최초의 집필시기가 되어야 한다는 생각이다. 그 이유는 대중 앞에 과거를 회상하시며 구두로 상황을 설명하신 말씀보다 「원리원본」 집필 그 당시 직접 역사 앞에 남기신 기록이 객관성과 역사성이 더 있다는 생각에서이다.

「원리원본」 본문에는 한 제목 한 제목의 기록을 끝낸 날짜가 기록되어 있는 곳도 있는데 그 날짜 기록이 「원리원본」의 처음부터 끝까지 되어 있는 것이 아니라, 「제삼권(第參卷)」 "복귀역사로 된 인류발전역사" 제목부터 시작해서 「제오권(第五卷)」 "하나님 아바지만으로 모시는 영인은 미완전성" 제목까지만 되어 있다. 날짜 기록은 대부분 그 제목이 끝나는 마지막 문장 뒤에 있는데 아래의 번호 3번 제목의 날짜 기록은 제목 옆에 되어 있고, 18번과 19번 제목의 날짜 기록은 특이하게도 본문 중간에 되어 있다. 그리고 「제일권(第壹卷)」과 「제이권(第貳卷)」의 대부분에는 날짜기록이 거의 없고, 「제오권(第五卷)」의 마지막 두 제목에도 집필을 마친 날짜기록이 없다. 그런데 「제이권(第貳卷)」에서는 다만 "지상섭리노정에 대한 근본의의"(p.192)[55]라는 제목과 동권 "천사장에 나팔솔리와 재림과 이 근본의의"(p.290)라는 두 제목에만 날짜 기록이 있다. 특히 "지상섭리노정에 대한 근본의의"(p.192)제목에 기록된 날짜는 연필로 쓰여 있는 것이 아니라 파랑색 잉크 펜으로 쓴 보충된 문장 끝에 역시 파랑색 잉크 펜으로 쓰여 있다. 날짜 기록이 왜 이렇게 불규칙적으로 이루어졌는지는 풀어야 할 숙제이다. 날짜가 기록된 제목들과 기록을 마친 날짜들을 정리해 보면 다음과 같다.

1) 지상섭리노정에 대한 근본의의(p.192) - 51. 9. 5
2) 천사장에 나팔솔리와 재림과 이 근본의의(p.290) - 51. 6. 19
3) 복귀역사로 된 인류발전역사(p.329) - 51. 6. 29
4) 창조성복귀로 된 이상론(유실) - 51. 6. 30
5) 재림주는 이상론 완성의 기본존재(유실-p.371) - 51. 10. 19 (김전사본은 10.18로)
6) 40일 복귀코저한 섭리노정 근본의의(p.397) - 51. 10. 25
7) 역사적 실두루마리의 원리적 해결은 한국에서 시작(유실) - 51. 11. 18 (김전사본 참조)
8) 한국 기후은 세계문명에 표본될 상증(p.412) - 51. 12. 10/12
9) 한국은 지리적으로 세계의 중심지(p.422) - 51. 12. 14
10) 존재의 기원은 하나에서부터 대상목적으로 하야 시작함(p.480) - 51. 12. 17

11) 신앙이 요구본경도 원리를 위하여(p.496)	- 51. 12. 18
12) 만유인력은 만유원력으로 하여만 그 원력은 전부에 작용한다(p.510)	- 51. 12. 18/19 (안보임)
13) 존재물에 원력과 중심에 대하여(p.530)	- 51. 12. 19
14) 원력으로 본 삼위격일체(p.544)	- 51. 12. 20
15) 삼권분립과 당에 대한 원리적 기원(p.574)	- 51. 12. 28
16) 원리복귀세계란 창조기본 자아완성세계(p.586)	- 51. 12. 29
17) 창조세계가 진화적 논리에 적용된은 근본의의(p.602)	- 51. 12. 31 (51년초를 보내면서)
18) 반대성 작용은 각자가 원리완성를 위하여 존재함(p.618)	- 52. 1. 1
19) 분립과 합체은 기본원리완성를 위하여(p.644)	- 52. 1. 2 새벽
20) 하나님 아바지만으로 모시는 영인은 미완전성(p.652)	- 52. 1. 12

* 제목 ( )안에 있는 쪽 번호는 날짜기록이 있는 쪽 번호이다.

위 내용을 살펴보면서 「원리원본」의 집필과정은 단계적 과정을 거쳤다는 점이 읽혀진다. 그 이유는 「제삼권(第參卷)」의 '창조성 복귀로 된 이상론'에 기록된 날짜가 6월 30일이고, 그 다음 연이어 나오는 제목인 '재림주는 이상론 완성의 기본 존재'에 기록된 날짜가 10월 19일로서 그 사이에 상당한 기간이 있기 때문이다. 즉 연이어 있는 제목들 사이에 집필 기록 날짜의 차가 약 3달이나 되기 때문인데, 이 점은 6월 30일까지 집필하신 후 약 10월 19일 전까지 집필을 하시지 않았다고 볼 수 있는 충분한 근거가 된다. 더욱이 그 기간 사이(1951.6.30-10.19)에 교정과 교열작업이 진행되었다는 증거가 분명하기 때문이다. 즉 「제이권(第貳卷)」 "지상

섭리노정에 대한 근본의의"(p.192) 제목에 기록되어 있는 날짜가 1951년 9월 5일이라는 점이 그러하다. 더욱이 이 날짜는 「원리원본」 본문 안에 가장 먼저 기록되어 있는 날짜로서 본문을 기록한 필기도구 연필이 아닌 보충문장과 같은 파랑색 잉크 펜으로 삽입된 보충문장 끝에 기록되어 있다는 점이다. 이것은 그 날짜가 보충문장과 함께 기록되었다는 사실과 그 날짜 전후로 해서 교정·교열작업이 전개되었다는 점을 입증해 주는 확실한 증거다. 왜냐 하면, 첫째 본문을 기록한 필기도구와 날짜 기록한 필기도구가 다르고, 둘째 그 기록된 날짜가 앞에서 언급한 연이어 나오는 제목들의 집필 기록 날짜 사이, 즉 1951년 6월 30일에서 1951년 10월 19일 사이인 1951년 9월 5일이고, 셋째 날짜 기록된 부분이 다른 것과는 다르게 본문 내용의 맨 끝이 아니라 중간에 삽입되어 있는 보충문장 끝이라는 점이기 때문이다. 그리고 1951년 6월 30일에서 1951년 10월 19일까지의 그 기간은 범냇골 토담집으로 이사한 기간이기도 하다는 점에서 그러한 생각이 더욱 든다.

위의 내용들을 종합하여 추론되는 「원리원본」의 전체 기록 과정은 「원리원본」은 2-3단계의 기록 과정과 2단계의 교정과 교열작업이 있었다는 것이다. 1단계 기록 시기는 1951년 4월 초순경이나 동년 5월 11일에서부터 동년 6월 30일까지이며, 1단계 교정·교열 작업 시기는 1951년 7월에서 동년 10월초까지로 추정해 볼 수 있다. 그리고 2단계 기록 시기는 1951년 10월 초나 18일부터 1952년 1월 12일까지이며, 2단계 교정·교열 작업은 1952년 1월 13일 이후부터 5월 10일까지이다. 그 이유는 「제오권(第五卷)」에 표기된 마지막 날짜가 52년 1월 12일이기 때문이고, 1952년 5월 10일에 「원리원본」 집필이 모두 끝났다고 증언되었기 때문이다. 마지막 교정·교열 작업 기간에는 교정·교열 작업뿐만이 아니라 날짜 기록이 없는 「제오권(第五卷)」의 마지막 두 제목의 내용에 대한 집필과 겉표지 제작 및 쪽 번호 기록 등 기타 작업 및 제본까지 모든 작업을 마치는 기간이었을 것이다.

3. 전승과정

「원리원본」이 우리 앞에 드러난 것은 1990년대 후반이었는데 집필 완성 이후부터 우리 앞에 드러날 때까지의 전승과정은 아직까지 자세하게 파악되지 못하고 있다. 현재까지 저자가 조사한 증언과 자료에 의하면, 1952년 5월 10일 집필완료 후 문선명 선생이 직접 관리하시다가 김원필 전사자에게 필사를 지시하셔서 필사를 위해서 김원필 전사자가 잠시 보관하고 있었을 것이다. 그리고 강현실 전사자가 동년 7-8월경에 필사를 위해 잠시 빌린 후[56] 필사 이후에 다시 문선명 선생께 돌려 드렸다고 한다.[57] 그 후는 故이봉운장로집에서 관리되었다는 사실이 故유효원협회장의 편지 내용과[58] 故이봉운장로의 회고록 내용[59]에 의하여 밝혀졌다.

그런데 그 이후부터 故유광렬 前역편위원장이 80년대 초 「원리원본」을 전해받기 이전까지의 중간 기간, 즉 약 54년도에서 80년대 초까지 해당되는 기간의 전승과정이 밝혀지지 않고 있다. 왜냐 하면 故유광렬회장이 80년대 초 「원리원본」을 누구로부터 전해 받았는지를 기억하지 못했기 때문이다.[60] 「원리원본」이 유실되었을 가능성이 있기 때문에 이 기간의 전승과정을 살펴보는 문제는 중요한 과제가 아닐 수 없다. 그러나 안타까운 점은 그 과정을 밝힐 수 있는 故유광렬 前역편위원장이 세상을 떠나게 되어 그 실마리를 찾기가 매우 어렵게 되었다는 것이다. 그러므로 이 부분에 대한 역사적 고찰 작업은 보다 적극적으로 전개되어야 할 것이다. 「원리원본」은 80년대 초부터 2001년까지 세계평화통일가정연합 역사편찬위원회에서 보관하고 있다가 서울에 있는 모 은행금고에 보관되어 관리되었다. 그 후 2008년 천정궁 박물관으로 이관되었다. 이와 관련된 말씀 일부 내용을 소개해 본다.

“선생님의 원본 책은 하나밖에 없습니다. 「원리원본」 쓴 것이 5권으로 7백 페이지에 가까운 것인데, 은행에 두어둔 것을 어제 찾아왔어요. 여기 박물관에 보관해야 되는 거예요. 선생님이 남기신 귀한 말씀은 이와 더불어 연결돼 있으니까 관계돼 있는데, 한 데 모아 가지고 세계 최고의 학자들이 집중적인 연구를 해야 된다구요.”[61)]

제 3 장

「원리원본」의 구성과 내용

제3장

「원리원본」의 구성과 내용

1. 「원리원본」의 구성

1) 전체구성과 그 특징

「원리원본」은 독특한 구성을 갖추고 있다. 그 전체 구성은 총 5권으로 되어 있는데 그 내용상으로 볼 때는 5권 전체 구성을 크게 두 부분으로 구분할 수 있기 때문이다. 즉 「記錄 第壹卷(기록 제일권)」에서 「記錄 第參卷(기록 제삼권)」까지를 한 부분으로, 그리고 「記錄 第四卷(기록 제사권)」과 「記錄 第五卷(기록 제오권)」을 다른 한 부분으로 구분해 볼 수 있다. 전자는 전체 내용 구성이 '창조 - 타락 - 복귀 - 이상론'이라는 이론적 체계를 갖추고 있는 반면에, 후자는 전체 내용이 이론적 체계성으로 연결되어 있지 않고 각각 독립적 성격을 띤 내용들, 즉 창조원리에 관한 내용, 현실의 신앙과 삶에 대한 원리적 설명, 그리고 타락에 관한 보충적 내용 등등으로 구성되어 있다는 점이다.

이러한 특징은 「원리원본」의 선포시기에 대한 강현실 전사자의 증언을 통해서도 확인이 된다. 즉 강현실 전사자는 문선명 선생께서 자신에게 "과학적인 부분은 때가 되면 나중에 발표할 것이다."라고 말씀을 하였으며, 그 부분은 자신이 나중(1953년 12월경)에 필사한 부분, 「제사권」과 「제오권」의 내용이라고 증언하였다.[62] 또한, 「제사권」과 「제오권」은 각 제목이 끝나는 문장 끝에 날짜가 각각 기록되어 있는 특징에서도 그러한 점을 읽어낼 수 있다. 또 「원리원본」 선포 직후 당시 「원리원본」을 상·하권으로 구성되어 있다는 증언[63]이 있는데 아마도 이러한 특징에서 연유된 것으로 보인다.

총 다섯 권으로 구성되어 있는 「원리원본」을 살펴본 결과, 구성 상 여러 특징들이 있다는 사실을 발견하게 되면서 그 구성 원칙과 방법에 대해 여러 궁금증이 든다. 먼저 「원리원본」이 왜 다섯 권으로 나누어 구성되어 있는가 하는 점이다. 내용상으로 살펴본다면, 크게 상·하권으로 분류하여 두 권으로 나눌 수 있는 데 어떠한 연유에 의해서 다섯 권으로 구성되어 있는가? 꼭 다섯 권으로 나누어야 하는 원리적 이유는 무엇인가?

이런 의문이 드는 이유는 「제삼권」, 「제사권」, 「제오권」들은 새로운 제목으로 시작되는 데 비해 「제이권」은 새 제목으로 시작되는 것이 아니라, 「제일권」의 마지막 문장과 연결되어 시작되기 때문이다. 이것은 곧 「제이권」이 「제일권」의 연속된 내용임을 의미하는데, 왜 굳이 별도의 「제이권」으로 분류하였는가 하는 점이다. 그러면서 각 권별로 분류한 기준은 무엇인가 하는 의문이 연이어 든다.

다만, 기록된 날짜들에 유의해 본 결과, 「원리원본」의 구성은 기록된 날짜대로 짜져 있는 것으로 보여 진다. 즉 「記錄 第壹卷(기록 제일권)」의 겉표지 하단의 '주(註)'의 " 執筆은 一九五一年 5月 11日서부터 始作하여 第壹卷 ~ 第參卷 理想論까지 6月 30日 終함(page로는 1~357)"[64]라는 내용과 실제 그 사이에 날짜 표기가 거의 없다는 점, 그리고 「제사권」과 「제오권」은 대부분의 제목들이 각각 그 내용이 끝나는 맨 마지막 부분에 기록한 날짜가 표기되어 있다는 점과 그 기록된 날짜들 순서와 제목의 순서가 거의 일치되어 있다는 점에서 그러하다. 물론 그 가운데 교정·교열 작업하는 날짜가 기록되어 있긴 하지만 날짜 순서대로 구성되어 있다는 점은 부정할 수 없는 사실이다.

그런데 「제삼권」의 "역사적 실두루마리의 원리적 해결은 한국에서 시작"이라는 부분의 순서 문제가 '날짜 중심의 구성 원칙'이라는 추정에 대해 작은 의문을 던진다. 즉 기록된 날짜 순서대로 구성되었다면, 기록된 날짜가 1951년 11월 18일인 "역사적 실두루마리의 원리적 해결은 한국에서 시작"이라는 부분은 보다 이른 1951년 10월 26일에 기록된 "40일 복귀코저한 섭리노정의 근본의의"라는 부분 뒤에, 그리고 1951년 12월 12일에 기록된 "한국기후은 세계문명에 표본될 상증" 이라는 부분 앞에 있어야 한다. 그런데 「제삼권」의 순서는 그렇게 되어 있지 않다. 즉 1951년 10월 26일에 기록된 "40일 복귀코저한 섭리노정의 근본의의"라는 부분 바로 뒤에는 1951년 12월 12일에 기록된 "한국기후은 세계문명에 표본될 상증"이라는 부분이 있다. 그리고 1951년 11월 18일에 기록된 "역사적 실두루마리의 원리적 해결은 한국에서 시작"이라는 부분은 유실된 "한국은 제종교에 총결실지" 라는 부분 다음에 구성되어 있다. "역사적 실두루마리의 원리적 해결은 한국에서 시작"이라는 부분은 기록된 날짜와 상관없이 한국과 관련된 3개 제목[65] 뒷부분에 구성되어 있다는 점이 「원리원본」의 구성 기준에 대한 의문을 계속 던지게 한다.

정리해 보면 다음과 같다.

날짜 순 :

1) 40일 복귀코저한 섭리노정의 근본의의 - 51년 10월 25일
2) 역사적 실두루마리의 원리적 해결은 한국에서 시작 - 51년 11월 18일 (김전사본 참조) - 유실
3) 한국기후은 세계문명에 표본될 상증 - 51년 12월 10일 또는 12일
4) 한국은 지리적으로 세계의 중심지 - 51년 12월 14일
5) 한국은 제종교의 총결실지 - 유실 - 김전사본에 날짜 기록 전사 안 되어 있음

「원리원본」에 구성된 순서 :

1) 40일 복귀코저한 섭리노정의 근본의의 - 51년 10월 25일
2) 한국기후은 세계문명의 표본될 상증 - 51년 12월 10일 또는 12일
3) 한국은 지리적으로 세계의 중심지 - 51년 12월 14일
4) 한국은 제종교의 총결실지 - 유실
5) 역사적 실두루마리의 원리적 해결은 한국에서 시작 - 51년 11월 18일 (김전사본 참조) - 유실

* 연도는 1951년도를 뜻한다.

여기서 "기록된 날짜의 순서와 함께 논리 전개 기준을 고려하여 구성되지 않았을까?" 라는 생각이 조심스럽게 든다. 「제사권」과 「제오권」의 맨 마지막의 한 부분들이 「제삼권」과 「제일권」의 어느 한 제목에 보충되어지는 내용이라는 점에서 그렇다. 그리고 제목 가운데 비슷한 제목이 두 개가 있다. 예를 들면, 「제일권」의 "웨 타락케 하였는가"(p.56)와 「제오권」 맨 마지막 부분의 제목인 "웨 타락케 하고 섭리(攝理)하는가"(p.687)이다. 이 두 부분을 제목으로만 살핀다면 서로 다른 부분으로 이해될 수 있으나, 내용으로 볼 때 실질적으로 같은 부분임이 발견된다. 더욱이 맨 마지막 부분인 "웨 타락케 하고 섭리하는가"의 내용 중에 "'웨 타락케 하였는가'의 계속이다"라는 註가 있어 이것을 입증하고 있다.

기본적으로 「원리원본」에는 전체 목차가 별도로 정리되어 있지 않고, 각 권별로 겉표지에 「記錄 第壹卷(기록 제일권)」, 「記錄 第貳卷(기록 제이권)」, 「記錄 第參卷(기록 제삼권)」, 「記錄 第四卷(기록 제사권)」, 「記錄 第五卷(기록 제오권)」으로 표기되어 있을 뿐이다. 각 권의 목차도 특이하게 「記錄 第五卷(기록 제오권)」을 제외하고는 없다. 즉 「記錄 第五卷(기록 제오권)」에만 첫 페이지에 그 목차가 있고, 다른 권들은 목차 없이 본문 안에서 '제목'으로 표기되어 있다.

그런데 본문 안에 있는 제목들도 그 위치가 고정되어 있지 않고, 번호도 기록되어 있지 않아서 제목이라고 규정할 수 있는 명확한 공통된 기준을 찾아보기 어렵다. 그래서 간혹 본문 가운데 제목처럼 보이는 어구나 문장들이 있는데 그것을 제목으로 혼동하기가 쉽다. 예를 들면, ①"협조행동하니 하나님께서는 지극한"이라는 어구(p.104)와 ②"◎ 예지예정은 근본를 두고 하신 말이란 뜻이 근본(根本)이다"라는 문장(p.218) 그리고 ③"(예수 삼년 공생애의 노정은 뜻 성사의 터를 찾기 위함)"이라는 문장(p.231) 등이다. 이것들이 제목처럼 보이는 이유를 좀 더 자세히 살펴본다면, 먼저 "협조행동하니 하나님께서는 지극한"이라는 어구는 p.104의 첫 줄에 쓰여 있으면서 제목들처럼 3-4칸 안쪽으로 들어 쓰여 있고, "◎ 예지예정은 근본를 두고 하신 말이란 뜻이 근본이다"라는 문장은 문장 앞에 제목을 나타내는 표시와 같아 보이는 '◎'가 있기 때문이다. 마지막으로 "(예수 삼년 공생애의 노정은 뜻 성사의 터를 찾기 위함)"의 문장은 전후에 '( )'표시가 있기 때문이다.

이러한 어구나 문장들은 「원리원본」 본문 탐독 시 제목으로 혼동할 수 있는 가능성이 있다. 실제로 이와 같은 어려움 때문인지 이러한 문장들에 대한 전사본(傳寫本)들의 기록도 각기 다르게 되어 있다. 즉 어떤 전사본 중에서 어떤 문장은 제목으로 되어 있으나, 어떤 문장은 제목으로 선정되어 있지 않다는 것이다.

이에 저자는 「원리원본」 제목들이 띠고 있는 공통점들을 정리하여 그것을 제목의 기준으로 제시해 보고자 한다. 그 공통점들은 첫째 본문 내용 자체가 제목 중심으로 서술되었기 때문에 제목을 중심으로 전후 문장의 내용이 달리 전개된다는 것이고, 둘째는 제목에는 어떠한 표시나 번호, 그리고 그 위치가 페이지의 중앙이나 앞부분에 있다는 점, 셋째는 명사나 동사 그리고 부사 형태로 끝난다는 점이다. 이러한 공통된 조건들을 모두 가지고 있다면, 그것은 제목으로 봐야 할 것이다.

이러한 기준으로 위 사례들의 제목 여부를 판단해 본다면, ①은 제목이 아니고, ②는 두 번째와 세 번째의 기준 내용을 충족하지만 제일 중요한 첫 번째 기준을 갖추지 못하므로 제목이 될 수 없다. ③은 비록 「유효원전사본」에는 제목으로 취급되지 않고 있으나 「강현실전사본」과 「김원필전사본」은 제목으로 삼고 있다. 그리고 위 3가지 기준을 모두 충족하기 때문에 제목으로 보아야 한다.

또 제목의 순서에 관한 문제점은 유실된 부분에서 발견된다. 전사본들의 유실된 제목의 순서들이 모두 다르기 때문이다. 또 그것이 「원리원본」 자체에서도 기록 집필 완료 날짜 순서대로 구성되어 있지 않다는 점이다. 이 문제에 대한 자세한 내용은 뒤에서 언급할 '유실부분 연구'에서 논하기로 하겠다.

2) 각 권별 구성과 특징

(1) 「記錄 第壹卷(기록 제일권)」

「記錄 第壹卷(기록 제일권)」 겉표지에 "執筆(집필)은 一九五一年 5월 11日서부터 始作(시작)하여 第壹卷(제일권)~第參卷(제삼권) 理想論(이상론)까지 6月 30日에 終(종)함(page로는 1-357)"라는 문구가 종(縱)으로 기록된 「제일권」 권명 밑에 횡(橫)으로 써져 있다. 여기서 「제일권」에서 「제삼권」까지의 총 분량이 357쪽임을 알 수 있다. 이 중 「제일권」의 분량은 1쪽에서부터 176쪽까지이다.

그리고 기록에 대한 보충 설명이 "速記(속기)로 依(의)하여 諺文綴[66)]字(언문철자)에 留意(유의)치 않음"이라는 문구로 오른쪽 부분에 종(縱)으로 써져 있다.

겉표지는 두 장으로 되어 있으며 첫 장은 투명한 종이이고, 두 번째 장은 불투명한 종이다. 두 장 모두 똑같은 내용이 쓰여 있다.

「제일권」은 하나님의 존재성과 각 존재세계의 존재원리에 대한 내용, 즉 창조원리의 내용과 타락 및 아벨에서부터 모세/예수 전까지의 복귀섭리역사에 대한 전반적인 내용으로 구성되어 있다.

「제일권」에 있는 모든 제목은 총 19개로서 다음과 같은 제목들이 있다:

1. 하나에서부터 전존재로
2. 생의 발원은 선유에서부터
3. 무형세계와 유형세계의 동화적 근본의의
4. 영인세계와 실체인세계와의 상대성 창조원리
5. 창조원리와 타락원리은 사랑에서 시작
6. 얻더케 지으셨나
7. 그러하면 타락의 시작을 알어보자
8. 웨 타락케 하였는가
9. 하나님은 나를 알므로 알 수 있음
10. 한나와 영은 경계를 정치 못함
11. 원리로 찾즈러니 성경은 직접 교시치 못함
12. 그러면 웨 모세부턴 직접 뜻 공작 못하였는가
13. 생명수에 대한 근본 뜻
14. 하나님은 아담부터 찾는 공작 못하고 아벨로부터 노아까지 사탄 대한 근본의의
15. 심판하고 나니 하나님은 통분
16. 하나님적 분담섭리기간
17. 노아부터 아부라함까지 섭리노정에 근본의의
18. 아부라함부터 예수까지 섭리하신 근본의의
19. 모세에게 대한 하나님의 역사의 노정 웨 예수의 노정 전모되는 이유.[67]

(2) 「記錄 第貳卷(기록 제이권)」

「제이권」도 「제일권」처럼 겉표지가 두 장으로 되어 있으며 처음 장은 투명한 종이이고, 두 번째 장은 불투명한 종이다. 그리고 「제일권」처럼 권 명 바로 아래에 '(177~328)'라고 분량을 나타내는 페이지 수가 기록되어 있다. 「제이권」의 분량은 p.177에서 p.328까지로서 총 152쪽 분량이다. 앞에서 이미 언급한 바와 같이 다른 권(卷)들은 모두 새로운 제목으로 시작하나, 「제이권」은 새 제목으로 시작되는 것이 아니고, 「제일권」의 마지막 내용과 연결된 문장으로 시작된다는 특징이 있다.

「제이권」은 예수님 노정에 대한 전반적인 내용과 섭리로 본 인류역사발전에 대한 내용이다. 특이한 점은 "지상섭리노정에 대한 근본의의"에서 날짜 기록이 처음으로 나타난다. 그리고 "천사장에 나팔솔리와 재림과 이 근본의의"에 날짜 기록이 두 번째로 나타난다.

제목은 총 17개가 있으며 그것들은 다음과 같다.

1. 제이차 하날 뜻 성사 책임사명자로 오신 예수
2. 예수적 책임분담 섭리기간에 대한 근본의의
3. 지상섭리노정에 대한 근본의의 - 51.9.5.
4. 세례요한의 엘니야 되는 근본의의
5. 세례요한 인간성 표준으로 예수를 대함
6. 복귀섭리표시로 된 예수 조상에 혈통
7. 예수 삼년 공생애의 노정은 뜻 성사의 터를 찾기 위함
8. 예수 십자가이 승리적 근본의의와 승리적 신앙자
9. 나를 더 사랑하라는 근본의의

10. 지옥가서 전도하는 예수의 근본의의
11. 예수 승천 후도 섭리하는 책임적 근본의의
12. 부활에 근본의의
13. 천사장에 나팔솔리와 재림과 이 근본의의 - 51.6.19.
14. 심판에 대한 근본의의
15. 인류역사발전과 하나님의 섭리로 본 변증
16. 역사발전한계를 복귀로 본 변증
17. 역사로 본 악이 선 대하여 승한 원리적 변증

(3) 「記錄 第參卷(기록 제삼권)」

「제삼권」은 겉표지가 투명한 종이로 되어 있고 표지 뒷면에 '板去分(판거분)'이라는 글자 아래에 파랑색 잉크 펜으로 쓴 숫자들이 나열되어 있다. 그 숫자의 의미가 무엇을 뜻하고, 또 누가 언제 기록한 것인지에 대하여 정확하게 알 수 없다. 그 숫자들 중 유실된 부분들의 페이지 수도 포함되어 있는 것을 보아, 그리고 '板去分(판거분)'의 뜻이 '판에서 제외한 분량'으로 해석될 수 있다는 점에서도 볼 때, 그 숫자들은 아마도 유실된 부분들을 뜻하는 것이 아닐까 라고 추정해 볼 수 있다. 「제삼권」은 329쪽에서 458쪽까지 총 129쪽 분량이다. 유실된 부분 총 50쪽 분량 중 42쪽 분량이 「제삼권」에 포함되어 있으며, 유실된 부분의 주요 논제들이 포함되어 있다.

「제삼권」은 복귀섭리의 관점에서 인류역사를 개괄하여 설명하는 내용과 '40일 복귀의 의의에 대한 내용', 그리고 '재림주와 재림과 관련된 내용' 및 '창조본연의 이상론'에 대한 내용이다.

「제삼권」의 마지막 부분(pp. 445-457)의 편집 구성문제는 상당한 흥미를 불러일으키는데 그 이유는 이 부분의 내용과 「제삼권」의 전체적인 내용에는 상당한 차이가 있기 때문이다. 그 차이점은 이 부분이 왜 「제삼권」의 마지막 부분에 위치하고 있는가 라는 의구심을 갖기에 충분하다. 또 이 부분이 어느 제목을 보충하는 내용인지, 아니면 새로운 제목의 내용인지 알 수가 없다. 왜냐 하면, 앞 페이지(p.444)가 유실되었고 그 내용이 3개의 모전사본들에도 모두 전사되어있지 않기 때문이다. 이 부분이 어떤 새로운 제목의 내용일 가능성을 배제할 수 없는 이유는 유실된 앞 페이지(p.444) 내용이 속해 있는 "역사적 실두루마리의 원리적 해결은 한국에서 시작"이라는 제목에 포함되어 있을 수 있지만, 유실된 부분(pp. 444-445)에 또 다른 제목이 있을 수 있기 때문이다. 만약 어떤 제목의 보충적인 내용이라면, 다른 보충적 내용처럼 '註(주)'가 있어야 하는 데 어떠한 '註(주)'도 없다는 점에서 그 가능성을 배제할 수 없게 한다.

이 부분의 내용을 개괄적으로 살펴본다면, "종교와 과학이 합해져야 하며 기독교는 과학을 주관해야 하는 것이 기독교의 지적 분야의 책임이다. 새로운 원리의 발표는 全原理(전원리)를 합하게 하기 위함이다. 힘과 수수작용에 대한 내용으로서 존재원리는 대상완성에서 시작한다"는 등의 내용들이다. 이러한 내용은 창조원리적 내용에 대한 설명이다. 그리고 창조원리의 대상원력, 상대위치의 개념, 대상근본원리기대 등등에 대한 내용들도 설명되어져 있다. 논리적인 면에서 본다면, 이 부분은 「제사권」과 「제오권」의 서론적 성격으로 강하게 읽혀진다.

「제삼권」에는 총 10개의 제목이 있으며 다음과 같다.

1. 복귀역사로 된 인류발전역사
2. 아담-노아-아부라함시대
3. 원시분별시대인 동시원시공생주의시대
4. 창조성 복귀로 된 이상론

5. 재림주는 이상론 완성의 기본존재(유실부분)
6. 40일복귀코저 한 섭리노정 근본의의
7. 한국기후은 세계문명에 표본될 상증
8. 한국은 지리적으로 세계의 중심지
9. 한국은 제종교에 총결실지(유실부분)
10. 역사적 실두루마리의 원리적 해결은 한국에서 시작(유실부분)

(4)「記錄 第四卷(기록 제사권)」

「제사권」은 459쪽에서 560쪽까지 총 102쪽 분량이다.「제사권」부터 새로운 내용들이 시작된다. 주로 창조원리적 내용들이 합리적이고 논리적으로 자세히 설명되어 있다.

구성상의 특징은 마지막 부분(pp. 545-560)에 있다. 이 부분은 유실된 4쪽 분량(pp. 545-548)을 포함하고 있다. 내용 순서로 볼 때 이 부분은 "원력으로 본 삼위일체"라는 제목에 해당된다. 그러나 앞 쪽(p.544)에 '끝'이라는 단어와 '12/20'이라는 날짜 기록이 있는 것으로 보아 "원력으로 본 삼위일체"의 내용은 544쪽에서 끝난다는 사실을 알 수 있다.

그렇다면 이 부분의 내용은 어디에 속하는가? 그것은 마지막 560쪽 하단에 있는 "p.139 page 복귀역사로 된 인류발전사에 계속이다."라는 문장을 통해 알 수 있다. 즉 유실된 부분을 포함한 이 부분, 545쪽에서부터 560쪽까지의 내용은 새로운 내용이 아니라 "복귀역사로 된 인류발전역사"의 계속된 내용이다. 이 사실은「김전사본」과「유전사본」을 통해 확인이 된다. 두 전사본의 "복귀역사로 된 인류발전역사"의 내용을 살펴보면, "복귀역사로 된 인류발전역사"의 마지막 부분에 이어서「원리원본」의 '註(주)' 내용대로 545쪽에서 560쪽까지 해당되는 내용이 전사되어 있다. 그리고 「원리원본」의 549쪽의 문장들이 「김전사본」과 「유전사본」의 "복귀역사로 된 인류발전역사"라는 제목의 중간부분[68]에 나타나 있으며 그 이후 문장들은 「원리원본」의 549쪽 이후의 내용들과 일치한다. 이 부분의 앞부분인 유실부분 'pp. 545-548'과 또 다른 유실부분 'pp. 553-556'의 내용은 "복귀역사로 된 인류발전역사"의 부분에 포함되어 있다.

「제사권」 총 제목은 5개이며, 그 제목들은 다음과 같다.

1. 존재의 기원은 하나에서부터 대상목적으로 하야 시작함
2. 신앙이 요구본경도 원리를 위하여
3. 만유인력은 만유원력으로 하여만 그 원력은 전부에 작용한다
4. 존재물에 원력과 중심에 대하여
5. 원력으로 본 삼위격일체

(5) 「記錄 第五卷(기록 제오권)」

「제오권」은 561쪽에서 675쪽까지 총 115쪽 분량이나, 여기에다 쪽 번호가 기록되어 있지 않은 마지막 부분 20쪽 분량을 더한 실질적인 총 분량은 135쪽 분량이다.

다른 권은 목차가 없는 데에 비해 이 마지막 「제오권」은 겉표지 뒤에 목차가 기록되어있다. 그 목차는 장절로 구별되어 있는 것이 아니라 단순히 그 제목들이 순서대로 쓰여 있는 것이다. 그러나 마지막 부분의 제목, "웨 타락케 하고 섭리하는가"는 이 목차에 들어있지 않다. 이 마지막 부분("웨 타락케 하고 섭리하는가")의 특이한 내용은 먼저 페이지 수가 기록이 되어 있지 않으며 기록된 날짜도 없다는 점이다. 다만, 맨 마지막 장에 '註(주)'가 크게 화살표 표시와 함께 다음과 같이

기록되어 있다. “그러면 以上(이상)를 簡單(간단)의 다시 말하여 보자 繼續(계속) 原稿(원고) 28 웨 타락케 하엿는가 문제은 쓰지 말 것 → 하나님이 本來 →”라는 내용이 종(縱)으로 쓰여 있다.

이 부분이 왜 「원리원본」의 맨 마지막에 기록되어 있고, 기록을 마친 날짜는 왜 표기되어 있지 않는지 의문이 든다.

「제오권(第五卷)」의 전체 제목은 다음과 같다.

1. 삼권분립과 당에 대한 원리적 기원
2. 원리복귀세계란 기본자아완성세계
3. 창조세계가 진화적 논리에 적용된은 근본의의
4. 반대성작용은 각자가 원리완성를 위하여 존재함
5. 분립과 합체은 원리완성 위하여 시작함
6. 하나님 아바지만으로 모시는 영인은 미완전생
7. 존재구성과 대상원력에 범위
8. 웨 타락케 하고 섭리하는가

위 제목 2는 목차에 기록돼 있는 제목명과 본문 안에 기록된 제목명이 약간 다르다. 목차에는 그냥 “원리복귀세계란 <기본>자아완성세계”라고 되어 있지만, 본문에는 “원리복귀세계란 <창조> 기본자아완성세계”라고 되어 있다.

2. 「원리원본」의 내용

「원리원본」 내용을 살펴봄에 앞서 본서에서 인용한 '「원리원본」의 본문' 전체를 이해하는 데에 알아야 할 사항들을 언급하고자 한다. 아래 사항들을 참고하여 「원리원본」의 본문을 이해하기 바란다.

첫째, 인용한 본문 중 '< >'표시 안에 있는 내용은 「원리원본」의 원문에 보충되어 삽입된 부분을 의미하며, 그 위치도 「원리원본」의 원문에서 보충된 문장이 삽입된 위치와 똑같은 곳이다.

둘째, 인용한 본문 중 '진하게 표시된 부분'은 「원리원본」의 원문이 교정된 부분임을 뜻하며, 연필이 아닌 다른 필기도구로 써진 부분으로서 글자 중 단 한 자나, 한 획이라도 교정한 흔적이 있는 부분들을 표시한 것들이다. 단, 지면 관계상 기록도구의 색깔까지는 구분하지 않았다.

셋째, 인용한 본문 중 밑줄 친 부분이나 기타 표시('가로'나 '※'등)가 있는데 그것은 「원리원본」의 원문에도 쓰여 있는 부분이다.

넷째, 인용한 본문 중 철자법에 어긋나는 글자들이 많이 나타난다. 이러한 점들은 「원리원본」의 원문 내용 그대로를 인용하였기 때문이다. 이러한 본문들을 통해 표현상의 특징들이나 내용상의 특징들을 좀 더 자세히 살펴볼 수 있을 것이다.

다섯째, '- 중략 -'이라는 부분은 「원리원본」의 원문 내용 중간부분을 논의의 편의상 저자 임의로 생략한 것이다.

여섯째, 인용한 본문 중 '(?)'표시는 「원리원본」의 원문 글자가 무엇을 뜻하는지 정확히 판독하기 어려워 저자의 개인적 추측으로 판단한 글자로서 추후 정확한 판독 확인 작업이 필요한 글자임을 뜻한다.

일곱째, 한자(漢字)가 틀렸을 경우와 기타 보충 설명은 '( )'안에 설명하였다.

여덟째, 독자의 이해를 위해서 인용한 본문 바로 아래에 인용한 본문을 현대어로 해석한 저자의 번역문을 줄 바꿈 없이 덧붙였다.

본서에서 인용한 「원리원본」의 본문 역시 저자가 전사한 내용이기 때문에 「원리원본」의 원문과 100% 똑같다고 말할 수 없다. 왜냐 하면, 저자 역시 전사자의 오류를 범할 수 있기 때문이다. 다만, 3회 이상의 필사과정을 거쳐 전사된 내용임을 강조하는 바이며, 그 정확도에 있어서 95% 이상은 될 것으로 조심스럽게 판단해 본다.

「원리원본」의 내용 소개는 다음 장에서 본문을 통해서 직접적으로 하고자 하고, 다만, 여기서는 내용상과 표현상의 특징들을 살펴보았다. 내용상의 특징은 어휘(원리용어), 논리전개방식, 예언적 내용, 제학문의 포괄성, 인용된 성경구절 등이 있고, 표현상의 특징은 한자와 한글의 혼용, 한자 사용상의 특징, 흘림체 사용, 단어와 조사 사용의 특징, 문장 표현상의 특징, 기타 표현상의 특징 등이 있다. 이러한 특징들에 대한 진전된 이해를 가져보자.

1) 내용상의 특징

(1) 독특한 원리용어들

"「원리원본」을 보게 되면 대상의 가치니, 대상이니 하는 내용까지도 전부 다 달리 해석하고 있다는 거예요."[69]라는 말씀이 있는 것처럼 「원리원본」에는 현재 「원리강론」에 사용되지 않고 있는 원리용어들이 많이 나타나며 그 내용면에 있어서도 상당히 다르다.

어떤 사상이나 철학에 있어서 그 사상가나 철학자의 중요한 사상은 자신이 창조한 전문용어로서 설명한다. 그렇기 때문에 철학과 사상 연구에 있어서 그 철학과 사상 안에 있는 새롭고 독특한 어휘(전문용어)의 개념을 이해하지 않고서는 그 철학과 사상의 주요 내용을 이해할 수 없다. 그러므로 철학과 사상 연구 중 전문용어의 개념 연구는 아주 중요한 작업의 하나이다. 통일원리는 하나님으로부터 계시된 새로운 진리로서 응당 그 내용과 용어 등에서 새로운

면이 많을 것이다. 특히, 어휘적 측면에서는 기존의 사전에서 찾을 수 없는 새로운 전문용어들(저자는 이것을 '원리용어'라고 명명하고 싶다.)이 상당히 있어 그 독특함을 더 하고 있다. 통일원리의 주요 원리용어는 모두 「원리원본」에 소개되어 있을 것으로 추정된다.

「원리원본」에 나오는 독특한 원리용어들을 간단히 예를 들어 살펴보면 '공리(公理)', '대상원리(對像原理)', '근본생력(根本生力)', '본경세계(本境世界)', '이상애(理想愛)', '본성애(本性愛)', '완전애(完全愛)' 등이 있다. 또한, 「원리원본」은 1993년 7월 세상 앞에 선포하신 '참부모' 의 단어가 55쪽과 574쪽 그리고 651쪽 세 부분에서 나온다. 「원리원본」 46쪽에서는 '상대성(相對性)'과 '음양성(陰陽性)'을 별도의 개념으로 설명하고 있다. '성신(聖神)'의 의미를 '해와의 신'으로 설명하는 등 상당히 많은 여러 개념들을 「원리강론」보다 더 자세히 설명하고 있다. 그 중 몇 개의 중요한 단어를 예로 들어 살펴보겠다.

① 하나님

무엇보다도 원리규명에 있어서 가장 중요했던 문제는 하나님의 실존성 문제였으며, 이를 통해 모든 원리의 체계를 세우셨다고 한다. 「원리원본」의 첫 문단 내용이 '하나님'에 대한 내용으로 시작된다는 점에서도 확인할 수 있다. 다음은 '하나님'을 규정하고 있는 내용들 중 일부를 살펴보면 다음과 같다.

"太初은 卽 하나의시다. 의 하나가 卽 太初의 根本이다. 의 根本의 卽 하나님이시다. 이 하나의 存在야 말로 無限 小에서 無限 大의 存在에 根本이다. 이 하나의 根本의 全体에 根本의요 또 全体에 中心이요 또 全作用에 外力에 對한 平衡에 起本持点이다. -중략- 의 根本의 卽 外部에 動作를 自由軌度로 옴겨주는 中心點의다. 이 中心点의 公式의 根本單位며 他 事物体에 및처주는 第一存在이다."(p.1)
"태초는 즉 하나이시다. 이 하나가 즉 태초의 근본이다. 이 근본이 즉 하나님이시다. 이 하나의 존재야 말로 무한 소에서 무한 대의 존재의 근본이다. 이 하나의 근본의 전체의 근본이요, 또 전체의 중심이요, 또 전작용의 외력에 대한 평형의 기본지점이다. -중략- 이 근본이 즉 외부의 동작을 자유궤도로 옮겨주는 중심점이다. 이 중심점이 공식의 근본단위며 타 사물체에 미쳐주는 제일존재이다."(1쪽)

"良心의 발아는 바는 自体 個性存在와 他性的 存在間에 絶大的인 單位의 平衡線 軌道를 通하여 共同한 理想体를 向하여 얻던 使命的 責任感를 추궁식켜주는 큰 힘의 흘르는 것은 事實이다. 이 事實 本体를 人間의 根本單位本體라고 할 수 있는 細密하고 高尙한 存在의 根本의라는 것을 論할 수 있다. 이 存在을 말하기를 良本 根本이라고 하거나 또은 絶大善이라고 하<거>나 또는 하나님의라고 하거나 名稱의 問題가 안이고 存在의 決定的 事實의 問題이다. 다시 말하면 내 良心의 얻던 最善에 目的를 達成하기 爲하여 絶大的 共通單位와 갈튼 公式原理를 向하여 음직여지는 事實이 卽 絶大中心의 力이요며 理想完成를 向하여 나아가는 道中에 서 있다는 事實를 알 수 잇다. 이 絶大的 力를 第一 存在라 할 수 있다. 卽 하나님이라 할 수 있다."(pp. 4-5)

"양심이 바라는 바는 자체 개성존재와 타성적 존재 간에 절대적인 단위의 평형선 궤도를 통하여 공동한 이상체를 향하여 어떤 사명적 책임감을 추궁시켜 주는 큰 힘이 흐르는 것은 사실이다. 이 사실 본체를 인간의 근본 단위본체라고 할 수 있는 세밀하고 고상한 존재의 근본이라는 것을 논할 수 있다. 이 존재를 말하기를 양본 근본이라고 하거나 또는 절대선이라고 하거나 또는 하나님이라고 하거나 명칭의 문제가 아니고 존재의 결정적 사실의 문제이다. 다시 말하면, 내 양심이 어떤 최선의 목적을 달성하기 위하여 절대적 공통단위와 같은 공식원리를 향하여 움직여지는 사실이 즉 절대중심의 힘이며, 이상완성을 향하여 나아가는 도중에 서 있다는 사실을 알 수 있다. 이 절대적 힘을 제일존재라 할 수 있다. 즉 하나님이라 할 수 있다."(4-5쪽)

"즉 絶大理想과 創造理想를 完成케 하여 主管하는 그 存在가 神이라고 하며 또한 하나님의라고도 한다."(p.13)
"즉 절대이상과 창조이상을 완성케 하여 주관하는 그 존재가 신이라고 하며 또한 하나님이라고도 한다."(13쪽)

"<u>하나님은 生物의 中心生物에 本體이메</u>"(p.16)
"하나님은 생물의 중심생물의 본체이며"(16쪽)

"하나님은 唯一이며 永遠이며 不變이 存在이였다. 그러무로 하나님은 眞理의 根本이며"(p.44)
"하나님은 유일이며, 영원이며, 불변의 존재이다. 그러므로 하나님은 진리의 근본이며"(44쪽)

"하나님은 絶大有에서 絶大無의 基本存在이무로"(p.75)
"하나님은 절대유에서 절대무의 기본존재이므로"(75쪽)

"하나님은 絶大有의 存在며 絶大無에 存在이 主人公이 卽 하나님이 시다." (p.79)
"하나님은 절대유의 존재며 절대무의 존재의 주인공이 즉 하나님이시다." (79쪽)

"하나님 自体<가> 原理 基本이며 모든 中心에 根本이며 作用에 基本이면서 평행에 根本인 円和理想에 한 中心 本部라는 總定(義)이 成立를 보는 바는 自然原理인바다. 天宙에 자랑 할 바는 이 한나인 <完全>存在면서 이 한나로서만이 理想基點됨은 事實"(pp. 460-461)
"하나님 자체가 원리 기본이며 모든 중심의 근본이며 작용의 기본이면서 평행의 근본인 원화이상의 한 중심 본부라는 총 정의의 성립을 보는 바는 자연원리인 바다. 천주에 자랑할 바는 이 하나인 완전존재면서 이 하나로서만이 이상기점 됨은 사실"(460-461쪽)

"하나님은 原理 主人公이다."(p.614)
"하나님은 원리 주인공이다."(614쪽)

② '圓和世界(원화세계)'

이 단어는 하나님의 이상세계로서 창조이상세계를 뜻한다. 중요한 개념으로서 천주주의를 뜻하기도 한다. 앞에서 이미 언급한 바가 있는 흥남감옥에서 박종화가 받아 쓴 <<원화이상세계>>의 책 제목과 유사하다.

"卽 하날과 땅이 한나되는 理想圓和世界가 된다. 圓和世界란 것은 하날과 땅 어데나 和合하여 한 圓形体를 完成하여 다시는 衝突업는 自由란 뜻이다. 온 天宙가 和하여 圓一하는 共 世界가 圓和世界다. <**또 이 세계를 天宙主主義 세계라고도 한다.**> 이 世界를 造成하기 爲한 目的이 하나님의 創造目的이면서 復歸目的이다. 圓和世界은 全 世界가 一되는 時다. 共 段階까지 나아가는 데은 共義主義라하여 나아가 圓和世界로 完成를 볼 바다."(p.338)
"즉 하늘과 땅이 하나되는 이상원화세계가 된다. 원화세계라는 것은 하늘과 땅 어디나 화합하여 한 원형체를 완성하여 다시는 충돌 없는 자유란 뜻이다. 온 천주가 화하여 원일하는 그 세계가 원화세계다. 또 이 세계를 천주주의세계라고도 한다. 이 세계를 조성하기 위한 목적이 하나님의 창조목적이면서 복귀목적이다. 원화세계는 전 세계가 하나되는 때다. 그 단계까지 나아가는 데는 공의주의라 하여 나아가 원화세계로 완성을 볼 바다."(338쪽)

③ '核体(핵체)'와 '附体(부체)'

매우 독특한 이 단어들의 의미는 현재 사용하고 있는 '주체'와 '대상'의 의미와 유사하다. 「문선명선생말씀선집」에서는 아주 드물게 발견되는 것을 보아서 문선명 선생은 이 단어들을 가끔 사용하셨다는 것을 알 수 있다.

"創造받은 사람은 肉身 몸 속에 하나님 몸 中에 있는 基本 男性女性에 核体로써 너어 둔 것이 <**아담 해와이**> 生心存在이였다."(p.653)
"창조받은 사람은 육신 몸 속에 하나님 몸 중에 있는 기본 남성 여성의 핵체로써 넣어 둔 것이 아담 해와의 생심존재였다."(653쪽)

"그러니 對상目的의 成立를 볼려면 卽 얻던<한> 存在가 한 中心格形를 取하게 된다며 其 相對位置로 된 存在은 被動格 立場이 成立를 要하여야만 對상目的이 成立되는 바이다. 서로 動的 立場이나 被動的 立場이나 같이 取하고저 하는 데는 對상 目的은 根本的으로 具成할 수 없는 바이다. 이겄를 **다른** 名詞로써 記錄하면 動的 存在形를 核体라 하고 被動的 存在形을 附体라 하여서 <**나는**> 말할러 한다. 그러니 對상存在하면 받드시 核体와 附体를 合한 存在라는 바로 된다."(p.661)
"그러니 대상목적이 성립을 보려면 즉 어떤 한 존재가 한 중심격형을 취하게 된다면 그 상대위치로 된 존재는 피동격 입장의 성립을 요해야만 대상목적이 성립되는 바이다. 서로 동적 입장이나 피동적 입장이나 같이 취하고자 하는 데는 대상목적을 근본적으로 구성할 수 없는 바이다. 이것을 다른 명사로써 기록하면 동적 존재형을 핵체라 하고 피동적 존재형을 부체라 하여서 나는 말하려고 한다. 그러니 대상존재하면 반드시 핵체와 부체를 합한 존재라는 바가 된다."(661쪽)

"萬一이 對상位置를 잡은 存在가 其 한 **核体**나 **附体**를 取할 수 없다면은 其 存在 始作한 核体나 附体도 점次로 없서 지는 바가 創造的 原理인 바다."(p.661)
"만일 이 대상위치를 잡은 존재가 그 한 핵체나 부체를 취할 수 없다면 그 존재 시작한 핵체나 부체도 점차로 없어지는 바가 창조적 원리인 바다."(661쪽)

④ '對像原理(대상원리)'와 '對像目的(대상목적)'

이 단어들은 여러 부분에서 나온다. 정확하게 그 의미를 설명하고 있는 부분은 없으나 '대상원리'는 '창조원리'와 같은 의미로서 '이성성상(二性性相)'의 내용을 뜻하고, 모든 존재가 상대를 취하여 주고받으며 대상목적을 향하여 나아간다는 창조원리의 핵심내용을 압축하여 담고 있다. 또 '대상목적'은 모든 존재가 갖고 있는 존재목적을 말한다. 왜냐 하면, 모든 존재는 하나님의 대상적 존재로 창조되었기 때문이며, 자신보다 더 큰 존재의 대상적 존재이기 때문이다. 그렇기 때문에 모든 존재는 이 목적을 달성할 때에만 존재의 가치가 있다고 언급되어 있다.

"하나님의 最高目的인 對像原理"(p.446)
"하나님의 최고 목적인 대상원리"(446쪽)

"내가 發表하는 對像原理 完成 표즌한 原理은 現 科學를 硏究하는 者들로써 新로 알아서 新 原理를 많이 發見하기를 발아는바이다."(p.446)
"내가 발표하는 대상원리 완성 표준한 원리는 현 과학을 연구하는 자들로서 새로 알아서 새 원리를 많이 발견하기를 바라는 바이다."(446쪽)

"本作用原理은 對像原理世界로서 한 새로 文明世界을 **볼** 바로 된다. 또 새로은 科學에 出發에 分岐點를 造成할 바다. 이러트시 世界<**가 창조**>原理 世界로 되면 對像目的 完成하기 爲한 **存在라바는** 自然 法理**와 같은 바다**."(p.453)
"본작용원리는 대상원리세계로서 한 새로운 문명세계를 볼 바로 된다. 또 새로운 과학의 출발에 분기점을 조성할 바다. 이렇듯이 세계가 창조원리 세계로 되면 대상목적 완성하기 위한 존재라는 바는 자연 법리와 같은 바다."(453쪽)

“이 모든 것은 原力<作用하게 하는> 對像原理로 依하여 解決된은 最高 科學原理로 된 原論인 바이다.”(p.507)
“이 모든 것은 원력작용하게 하는 대상원리로 의하여 해결되는 최고 과학원리로 된 원론인 바이다.”(507쪽)

“存在物은 얻던 存在物이나가 全部가 相對를 두고 始作하여 對像目的으로 向하여 完全 合하는 原力作用를 보는 데서 完全 存在位置를 定하는 바이다.” (p.661)
“존재물은 어떤 존재물이거나 전부가 상대를 두고 시작하여 대상목적으로 향하여 완전 합하는 원력작용을 보는 데서 완전 존재위치를 정하는 바이다.” (661쪽)

“地球上에 사람 代身構造形 世界를 造成하여 사람이 基本 相對形를 取하여 對像目的 完遂하면은 하나님은 사람 中心하고 온 天宙와 온 世界를 基本 創造本性 完成하여 原理主管를 始作할 바는 되여있다. 그리하<여> 萬物 合하여 사람 일우고 世上 對像되여야 合하여 하날 對像完成하여 땅이나 하날이 地上天口 目的을 完成하는 바이다. 그러니 하나님의 사람과 世界은 一体를 完成하는 바다.”(p.602)
“지구상에 사람 대신 구조형 세계를 조성하여 사람이 기본 상대형을 취하여 대상목적 완수하면 하나님은 사람 중심하고 온 천주와 온 세계를 기본 창조본성 완성하여 원리주관을 시작할 바로 되어 있다. 그리하여 만물 합하여 사람 이루고 세상 대상되어야 합하여 하늘 대상완성하여 땅이나 하늘이 지상천국목적을 완성하는 바이다. 그러니 하나님의 사람과 세계는 일체를 완성하는 바다.”(602쪽)

"地上口家은 하나님의 한 對像目的으로 된 사람를 **對하여 사람이** 한 **對像目的**으로 할려고 하여 있는 바는 **事實이다**."(p.568)
"지상국가는 하나님의 한 대상목적으로 된 사람을 대하여 사람이 한 대상목적으로 하려고 하여 있는 바는 사실이다."(568쪽)

⑤ '總和(총화)'

이 단어는 '中和(중화)'되어 작용이 없는 입장을 나타내는 정적인 의미가 아닌 지속적으로 수수작용을 하고 있는 역동적인 의미를 나타내는 개념이다.

"至今 科學世界에서 <**物質要素은**> 電子을 말하고 있**다**. **物質**은 電氣要素를 갖고 있**지만** 中和되어 作用없는 立場를 말하고 있**다**. **그러나** 原理的<**으로**> 보와 그러치 않은 바다. 卽, 모든 것이 作用하되 全体가 平衡를 取하는 授受的 立場를 取하고 있기에 作用的 感味를 늒기지 않은 바가 原理的 論理인 바이다. 이겄을 總和라고 말하고 싶다."(p.478)
"지금 과학세계에서 물질요소는 전자를 말하고 있다. 물질은 전기요소를 갖고 있지만 중화되어 작용 없는 입장을 말하고 있다. 그러나 원리적으로 보와 그렇지 않은 바다. 즉 모든 것이 작용하되 전체가 평형을 취하는 수수적 입장을 취하고 있기에 작용적 감미를 느끼지 않은 바가 원리적 논리인 바이다. 이것을 총화라고 말하고 싶다."(478쪽)

⑥ '萬有原力(만유원력)'

「원리강론」에서 설명하고 있는 내용과는 좀 색다르게 설명하고 있다. 그 내용을 살펴보면 다음과 같다.

"그러무로 이 引力과 授力 合하여서만이 位置를 定한 相對位置를 잡고는 그 自体은 對像를 完成하여았다. 그런 고로 相對位置를 잡고 주고받은 곳이 始作이니 完全 平衡存在位置를 定하여 나아간다. 그런키에 이 作用에 力를 나는 萬有原力이라고 말하고 싶다."(p.498)

"그러므로 이 인력과 수력 합해서만이 위치를 정한 상대위치를 잡고 그 자체는 대상을 완성하였다. 그런 고로 상대위치를 잡고 주고받는 곳이 시작이니 완전 평형 존재 위치를 정하여 나아간다. 그렇기에 이 작용의 힘을 나는 만유원력이라고 말하고 싶다."(498쪽)

이외에 상당히 많은 새로운 원리용어들이 있다. 추후 이에 대한 별도의 연구가 필요하다.

(2) 논리 전개방식

「원리원본」의 전체적인 논리 전개 방식은 크게 '창조원리를 설명하는 부분의 논리방식'과 '복귀섭리역사적 내용을 설명하는 부분의 논리방식' 두 가지로 분류해 볼 수 있다.

'창조원리를 설명하는 부분'의 논리 전개 방식은 먼저 '창조원리'와 '창조이상'에 대한 내용을 언급하고, 그 다음 현실세계가 그렇지 않은 사실과 그 원인이 타락에 기인하고 있음을 언급하고 있다. 그리고 그 타락 후의 상황과 이러한 것을 바로 잡고자 하는 것이 하나님의 섭리라는 점을 강조하고 있다. 마지막에는 결론적으로 창조원리의 내용을 정리하거나 그 책임을 져야 하는 이들 종교인, 특히 기독교인에게 권면하는 내용이 나온다.

위와 같은 논리전개 방식이 '창조원리를 설명하고 있는 부분' 전체에서 일률적으로 나타나는 것은 아니다. 위 방식의 단계적 내용이 하나 둘 빠져있거나 혹은 다른 내용이 첨가되어 있기도 하다. 가장 중요한 공통점은 '창조원리의 내용'으로 시작한다는 점이다. 특히, 이러한 특징은 과학적으로 창조원리를 설명하고 있는 「제일권」의 앞부분과 「제사권」과 「제오권」에서 잘 나타나고 있다. 「제사권」과 「제오권」의 첫 문장들은 거의 대부분 창조원리의 내용으로 시작된다. 예를 들면, 다음과 같다.

> "原理世界란 相對를 中心한 回路完成하여 주고받은 對像<目的>에서 始作이 根本됨은 事實인 바다."(「제사권」 "존재의 기원은 하나에서부터 대상목적으로 시작함"제목의 첫 문장. p.459)
> "원리세계란 상대를 중심한 회로완성하여 주고받은 대상목적에서 시작이 근본됨은 사실인 바다."(459쪽)

> "人間世界가 本來부터 完全完成하였다면은 信仰<이>란 名詞를 要求<치>도 안을 것은 事實로 되여있다. 信仰要求란 것은 墮落基源이 가저다 준 膳物인 바다. 그러무로 墮落없섰 뜬 그 世界은 亦是 信仰 안인 自然 現實的 理想境이<였다> 이곳을 墮落世界 人間으로 찾어 맛보고저 하여서 要求하는 것이 信仰이 生起은 中心目的인 바다."(「제사권」 "신앙이 요구본경도 원리를 위하야서" 제목의 첫 문장. p.481)
> "인간세계가 본래부터 완전 완성하였다면 신앙이란 명사를 요구치도 않을 것은 사실로 되어 있다. 신앙요구라는 것은 타락기원이 가져다 준 선물인 바다. 그러므로 타락 없었던 그 세계는 역시 신앙 아닌 자연 현실적 이상경이였다. 이곳을 타락세계 인간으로 찾아 맛보고자 하여서 요구하는 것이 신앙이 생기는 중심목적인 바다."(481쪽)

“存在物은 原力으로 因하여 其 位置를 定하고 있는 바는 勿論인데 各己 各自은 中心를 갖고 本 中心体와 向하여 連關적 位置로써 存在를 일우고 있다. 그러니 各自 各自 個体만 作用하는 存在은 本來부터 없는 바다. 그러니 한나 中心하고 그로 因하여 他我 自<体>中心으로 하고 있다.”(「제사권」 “원력으로 본 삼위격일체” 제목의 첫 문장, p.531)
“존재물은 원력으로 인하여 그 위치를 정하고 있는 바는 물론인데 각기 각자는 중심을 갖고 본 중심체와 향하여 연관적 위치로써 존재를 이루고 있다. 그러니 각자 각자 개체만 작용하는 존재는 본래부터 없는 바다. 그러니 하늘 중심하고 그로 인하여 타아 자체중심으로 하고 있다.”(531쪽)

“하나님은 사람 創造하심은 最高原理完成를<보아 一体로 하기>爲한 바가 本意였다. 사람이 本來은 하나님의 한 몸으로써 神位에 合한 重要한 目的를 갔고 지음 받았다. 사람의 墮落으로 因하니 사람은 未及的 位로써 退步하심이다. 卽 사람은 하나님의 完全對像位置까지 가지 못하고 相對位置서부터 完成를 向하여서 나가는 途中에서 墮落이 始作한 바다.”(「제오권」 “원리복귀세계란 창조기본자아완성세계” 제목의 첫 문장, p.575)
“하나님이 사람 창조하심은 최고원리완성을 보아 일체로 하기 위한 바가 본의였다. 사람이 본래 하나님의 한 몸으로써 신위에 합한 중요한 목적을 갖고 지음 받았다. 사람이 타락으로 인하니 사람은 미급적 위로써 퇴보하심이다. 즉 사람은 하나님의 완전대상위치까지 가지 못하고 상대위치서부터 완성을 향하여서 나가는 도중에서 타락이 시작한 바다.”(575쪽)

"創造原理的으로 보면은 本來은 하나님 한나에서부터 始作이다. 그러니 한나에서 分立性를 두워서 創造받게 됨에 目的은 다시금 한나를 合하기 爲하여서 始作인 바다. 그러니 하나님은 兩性 分立를 始作한 바는 自己 自体 <형상으로> 벌려 노은 겄이며 그겄이 한 完全自体들로서 各己 蘇生長成完成하여서는 다시금 合하여서 하날과 合하기 爲한 目的이다."(「제오권」 "분립과 합체는 기본원리완성을 위하여 시작함"제목의 첫 문장, p.627)

"창조원리적으로 보면 본래는 하나님 하나에서부터 시작이다. 그러니 하나에서 분립성을 둬서 창조 받게 됨의 목적은 다시금 하나를 합하기 위하여서 시작인 바다. 그러니 하나님은 양성 분립을 시작한 바는 자기 자체 형상으로 벌려 놓은 것이며 그것이 한 완전자체들로서 각기 소생 장성 완성하여서는 다시금 합하여서 하늘과 합하기 위한 목적이다."(627쪽)

'복귀섭리역사적 내용을 설명하는 부분'의 논리 전개 방식은 성경에 나타나 있는 역사적 사건을 원리적 관점에서 하나씩 하나씩 해설해 주는 이야기식이다. 뿐만 아니라, 그러한 사건들이 갖는 예시적 의미를 예수님의 사명과 대조 비교하여 설명하고, 또 현 우리의 신앙적 삶에 어떠한 교훈적 내용인가를 설명해 주고 있다. 궁극적으로 인류역사는 하나님의 복귀역사이며 그 목적지는 하나님의 뜻이 완성된 세계라는 점을 강조한다. 예를 보면, 다음과 같다.

"여호와 하나님은 모세다다 手에 杖로 紅海를 折라하심에 折신지라 紅海가 갈러저 陸地와 갗치 건어는지라. - 중략- 이겄은 우리 過去 信仰路程에서 있서 사탄 主管 下에 예수 픔으로 들러 올적에 사탄운 배로와 갗치 우리 뒤를 追兵하는 겄를 表徵하는 바와 예수를 依志하고 나아<가>

면은 卽 杖로 치면 紅海를 갈은 겄고 갓치 우리도 예수는 杖의 代身으로 우리애 紅海갈은 過去 世上에 苦海를 갈러서 紅海를 건너는 것와 한가지로 살 수 있다는 表示이였든 事實이 있는 바이다."(pp. 157-158)
"여호와 하나님은 모세에게 손의 지팡이로 홍해를 치라하심에 치신지라 홍해가 갈라져 육지와 같이 걸은 지라. -중략- 이것은 우리 과거 신앙노정에 있어 사탄 주관 하에서 예수 품으로 들어올 적에 사탄은 바로와 같이 우리 뒤를 추병하는 것을 표징하는 바와 예수를 의지하고 나아가면, 즉 지팡이로 치면 홍해를 가른 것과 같이 우리도 예수를 지팡이의 대신으로 우리의 홍해 같은 과거 세상의 고해를 갈라서 홍해를 건너는 것과 한가지로 살 수 있다는 표시였던 사실이 있는 바이다."(157-158쪽)

"하나님의 뜻 中에서 攝理를 받고 나온는 人類發展史은 全部가 復歸라는 뜻를 向하여서 나온 바는 事實이다. 사탄 對한 하나님은 至今까지 其 攝理를 完成치 못하고 찾어 나오는 途中인 바는 事實이다."(p.563)
"하나님의 뜻 중에서 섭리를 받고 나오는 인류발전사는 전부가 복귀라는 뜻을 향하여서 나온 바는 사실이다. 사탄 대한 하나님은 지금까지 그 섭리를 완성치 못하고 찾아 나오는 도중인 바는 사실이다."(563쪽)

"人類歷史은 全部가 사람끼리가 合하여서 發展하여 왓ᄯ ㅏ는 겄은 안의고 神 對한 사람들이 關係로써만의 歷史發展은 始作하여 한 目的를 完成 標準하고 나온 바은 잘 <알>바의다."(p.301)
"인류역사는 전부가 사람끼리가 합하여서 발전하여 왔다는 것은 아니고 신 대한 사람들의 관계로써만이 역사발전은 시작하여 한 목적을 완성 표준하고 나온 바는 잘 알 바이다."(301쪽)

"聖經에서 세례요한의 一大 失手의 行動를 暴露한 句節를 찾저서 解說하여보자. 至今가지 神學界에 難解 關門인 句節일 겄이다. 卽 마태福音 十一章를 보면 其 內容的 事實이 如實하개 들어나 있다."(p.206)
"성경에서 세례요한이 일대 실수의 행동을 폭로한 구절을 찾아서 해설하여 보자. 지금까지 신학계의 난해 관문인 구절일 것이다. 즉 마태복음 11장을 보면 그 내용적 사실이 여실하게 드러나 있다."(206쪽)

"뜻 中心하<고> 順從하면은 사탄은 떠러지고 하나님편으로 屬하는 겄이엿다. 그래 아부라함은 順從하여 代身 祭物를 일러 버린 겄을 實体로써 찾는 양으로 獻祭의 命令에 順從하게 되엿다. 이 대 아부라함은 이런 原理的 問題은 아지 못하엿다. 이와 같은 立場에 아부라함의 順從은 容易한 問題가 않이엿스나 豫約 代身 祭物를 獻祭 시 失敗 全 子孫에개 四百年 동안 이 苦役이 뜻를 알고 나니 이번 失敗면은 말 할 수 업는 큰 難한 問題가 生起이라는 겄를 아는 아부라함은 全的으로 하나님의 命令을 順從하개 되여 뜻대로 燔祭로써 子息를 들러는 確固한 그 立場에서"(p.127)
"뜻 중심하고 순종하면 사탄은 떨어지고 하나님 편으로 속하는 것이었다. 그래 아브라함은 순종하여 대신 제물을 잃어버린 것을 실체로써 찾는 양으로 헌제의 명령에 순종하게 되었다. 이때 아브라함은 이런 원리적 문제는 알지 못하였다. 이와 같은 입장의 아브라함의 순종은 용이한 문제가 아니었으나 예약 대신 제물을 헌제 시 실패하여 전 자손에게 4백 년 동안의 고역의 뜻을 알고 나니 이번 실패면 말할 수 없는 큰 어려운 문제가 생긴다는 것을 아브라함은 전적으로 하나님의 명령을 순종하게 되어 뜻대로 번제로써 자식을 드리는 확고한 그 입장에서"(127쪽)

(3) 예언적 내용

창조원리를 설명하며 그 결론적 부분에서 그 원리적 내용을 중심으로 앞으로 다가올 미래의 세상에 대해 예언한 내용들이 적지 않게 나타난다. 예를 들면, 현재 진행하고 계시는 'UN을 중심한 섭리'와 '초종교초국가연합활동 내용' 등이다.

> "最終物質要素은 熱과 갖은 動形으로 表現化될 겄을 科學은 證明할 바다. 그런 고로 物質에 根本 電子를 熱子로 한 新世界로 前展하는 바가 原理로 된다. 그런 고로 熱<子>世界가 되면 科學이 最高 文明과 함기 하나님 合하는 하나님에 對한 質疑없는 直接 對像世界로써 하고저 하는 바가 目的이다."(p.479)
>
> "최종 물질요소는 열과 같은 동형으로 표현화될 것을 과학은 증명할 바다. 그런 고로 물질의 근본 전자를 열자로 한 신세계로 앞으로 전개되는 바가 원리로 된다. 그런 고로 열자세계가 되면 과학이 최고 문명과 함께 하나님 합하는 하나님에 대한 질의 없는 직접 대상세계로써 하고자 하는 바가 목적이다."(479쪽)

> "原理 中心한 곳은 하나님이 계시니 그곳 사람은 한 家庭 食口면서 한 父母이 子女면서 한 兄弟인바다. 그런 고로 이 目的을 하나님은 目的하니 人種도 分別이 없게 할러니 近代에 口際結婚 等이 自然的으로 많아지게 하는 바도 原因가 있어 그리하여 한 祖口으로 한 言語으로 주고 바는 世界 建設이 現 信仰中心 口家 合한 UN의 責任인 바다."(p.496)
>
> "원리중심한 곳은 하나님이 계시니 그곳 사람은 한 가정 식구면서, 한 부모의 자녀면서, 한 형제인 바다. 그런고로 이 목적을 하나님은 목적하니 인종도 분별이 없게 하려니 근대에 국제결혼 등이 자연적으로 많아지게

하는 바도 원인이 있어 그리하여 한 조국으로, 한 언어로 주고받는 세계 건설이 현 신앙중심국가 합한 UN의 책임인 바다."(496쪽)

"앞날은 口際 統治時代가 반드시 온다. 그리하여 再臨理想를 <地球上> 한 中心地로부터 <始作하여> 한나로부터 全体로써 口際와 連하는 目的를 完成하게하고저 하는 바가 하나님이 <攝理하시는> 目的인 바다."(p.560)
"앞날은 국제 통치시대가 반드시 온다. 그리하여 재림이상을 지구상 한 중심지로부터 시작하여 하나로부터 전체로써 국제와 연하는 목적을 완성하게 하고자 하는 바가 하나님이 섭리하시는 목적인 바다."(560쪽)

"우리信者은 하날 中心하고 하나되여 口境를 넘고 民族를 超越하여서 合同한 統一戰線으로하여 사탄이 余命를 根絶하여 <全에게> 各自가 한 目的으로 向하여야 할 바가 目的으로 된다. 그런 고로 基督教은 現社會를 음직이는 中心動力으로 하여서 모든 未及的 部分를 完成에로 하여 하나님이 目的를 達成하여야 하은 바이다. 그리하여 永遠한 永生主義를 建設하여서 地上天口를 造成하여 再臨主와 合하여 하날 <全体>과 合하는 直接同居時代로 向하여야 하는 바이다."(pp. 558-559)
"우리 신자는 하늘 중심하고 하나 되어 국경을 넘고 민족을 초월하여서 합동한 통일전선으로 하여 사탄의 여명을 근절하여 전체에게 각자가 한 목적으로 향하여 할 바가 목적으로 된다. 그런 고로 기독교는 현 사회를 움직이는 중심동력으로 하여서 모든 미급적 부분을 완성에로 하여 하나님의 목적을 달성해야 하는 바이다. 그리하여 영원한 영생주의를 건설하여서 지상천국을 조성하여 재림주와 함하여 하늘 전체와 합하는 직접 동거시대로 향하여야 하는 바이다."(558-559쪽)

“그러니 돌로 찾으러니 받드시 基點上에 왓서야만이 始作하는 바다. 일어버린 그곳에 와야 돌로 찾갔스니 그 곳을 向하여 찾여오는 歷史은 무슨 目的이나 하면 다시금 찾기 爲한 바가 目的이무로 基礎를 向하여 原始時代形으로 돌아온 바이다. 그러니 이 돌아오는 것이 人間에게 깁분 것이여 幸福이 始作을 告하는 바는 勿論인 바다. 그러면 이러게 돌아오게 하신 바는 누구신가 하면 하나님이시고 예수와 聖神이 役事시고 하날 天使와 하날 使徒 以下 하날 食口이였다. - 중략 - 卽 하나님를 中心하고<창조 本完成人>理想으로 出發이란 結論이된다. **여기서부터**<가> 墮落없서서 出發할 바인 基本原理世界로 展開할 바다. 그러면 이 世界은 再創造世界<인 同時에 再出發世界>인 바다. **그러니 要求되는 바는 原理完成한 아담 해와가 하나님을 中心하고 生起여야 되는바다. 이 存在가 根本 人生 祖上인 바다. 이 存在가 完成아담으로 오는 再臨主다. 이로 因하여 天宙 中心 父母가 完成된다.**”(pp. 577-578)

“그러니 도로 찾으려니 반드시 기점상에 와서야 만이 시작하는 바다. 잃어버린 그곳에 와야 도로 찾을 수 있으니 그곳을 향하여 찾아오는 역사는 무슨 목적이냐 하면 다시금 찾기 위한 바가 목적이므로 기초를 향하여 원시대형으로 돌아온 바이다. 그러니 이 돌아오는 것이 인간에게 기쁜 것이며 행복의 시작을 고하는 바는 물론인 바다. 그러면 이렇게 돌아오게 하신 바는 누구신가 하면 하나님이시고 예수와 성신의 역사시고, 하늘 천사와 하늘 사도 이하 하늘 식구이었다. -중 략- 즉 하나님을 중심하고 창조 본 완성인 이상으로 출발이란 결론이 된다. 여기서부터가 타락 없어서 출발할 바인 기본원리세계로 전개할 바다. 그러면 이 세계는 재창조세계인 동시에 재출발세계인 바다. 그러니 요구되는 바는 원리완성한 아담 해와가 하나님을 중심하고 생겨야 되는 바다. 이 존재가 근본 인생 조상인 바다. 이 존재가 완성 아담으로 오는 재림주다. 이로 인하여 천주중심 부모가 완성 된다."(577-578쪽)

(4) 제학문의 포괄성

「원리원본」에서는 원리의 내용을 신학적인 관점, 철학적인 관점, 역사적인 관점, 과학적인 관점 등 다양한 학문의 관점에서 설명하고 있다. 「제사권」에서 이러한 점이 분명하게 잘 드러나 있다. 즉 첫 제목 "존재의 기원은 하나에서부터 대상목적으로 하야 시작함"은 철학적 관점에서 존재의 기원을 설명하고 있고, 두 번째 제목 "신앙이 요구본경도 원리를 위하여"에서는 신앙적 관점에서 원리를 설명하고 있으며, 세 번째 제목 "만유인력은 만유원력으로 하여만 그 원력은 전부에 작용한다"에서는 과학적 관점에서 창조원리를 설명하고 있다. 과학적인 관점에서는 물리학적 개념과 생물학적·화학적·전기학적·지구과학적 개념들이 모두 활용되고 있다.

> "基本 存在은 어기서부터 한나를 중심하고 多數로써 지음 받은 根本目的도 相對로 對像<目的으로>하는 位置를 定하고 全 原理基臺인 元點 한나로부터 始作보와 <第二>하나 ① 완전<對상> 존재로써 별려노앗다가 合하는 것이라는 겄으로 結論된다."(p.460)
> "기본 존재는 여기서부터 하나를 중심하고 다수로써 지음 받은 근본목적도 상대로 대상목적으로 하는 위치를 정하고 전 원리기대인 원점 하나로부터 시작보아 제이 하나 완전대상존재로써 벌려 놓아다가 합하는 것이라는 것으로 결론된다."(460쪽)

"存在物은 力에 作用<인> 運動이 始作된다. 運動하니 熱은 나타난다. 그러기에 全部은 한 原理性品를 發表한다. 그러무로 한 中心 原理存在은 相對로 對상으로 力으로 作用하는 運動으로써 熱으로 表現化 되여 作用한다."(p.470)
"존재물은 힘의 작용인 운동이 시작된다. 운동하니 열이 나타난다. 그러기에 전부는 한 원리성품을 발표한다. 그러므로 한 중심 원리존재는 상대로, 대상으로, 힘으로 작용하는 운동으로써 열로 표현화 되어 작용한다."(470쪽)

"한나에서 百 百에서 한나를 科學 現世界로서 論理를 세워서 科學的 世界 사람을 動員할 責任을 完遂하고저 함에서 이런 未知의 事實들을 發表한은 바이다. 그런 고로 宗教에 對한 全部도 未知만을 發表한은 同時<에> 科學的으로도 未知인 바를 發表하는 바이다."(p.478)
"하나에서 백, 백에서 하나를 과학 현세계로서 논리를 세워서 과학적 세계 사람을 동원할 책임을 완수하고자 함에서 이런 미지의 사실들을 발표하는 바이다. 그런 고로 종교에 대한 전부도 미지만을 발표하는 동시에 과학적으로 미지인 바를 발표하는 바이다."(478쪽)

"사람은 原理를 찾지 않으면 存在 根本를 完成못하갓끼에 사람에게 이런 信仰心를 세워서 다시 根本으로 回復코저 할여<서> 始作한<바가> 宗教라는 바는 事實이다."(p.482)
"사람은 원리를 찾지 않으면 존재 근본을 완성 못하기에 사람에게 이런 신앙심을 세워서 다시 근본으로 회복하고자 시작한 바가 종교라는 사실이다." (482쪽)

“其 位置를 定한다면 언제나 固着하는 모양으로 하여 安定位置에서 萬有原力<은> 作用를 한다. 그런니 이 點를 物質로 比하면 分子면 分子은 그 要素가 한 中心으로 向하여 固着되려는 것을 **<至今 物理學的으로 말하기를>** 附着力이라고 하고 있지만 그것 스사로 가한 要素와는 對像하여 原力作用 하에 있는 것를 말한 바를 안어야 한다.”(p.498)
“그 위치를 정한다면 언제나 고착하는 모양으로 하여 안정위치에서 만유원력은 작용을 한다. 그러니 이 점을 물질로 비하면 분자면 분자, 그 요소가 한 중심으로 향하여 고착되려는 것을 지금 물리학적으로 말하기를 부착력이라고 하고 있지만 그것 스스로 가한 요소와는 대상하여 원력작용 하에 있는 것을 말한 바를 알아야 한다.”(498쪽)

“모든 宗教的 見地와 哲學的 見地와 科學的 見地은 **<여기서>** 한 使命的 짐을 풀고 우슴으로 合할 바다. 그런 고로 이 모든 것은 原力 **<作用하게 하는> 對像原理로 依하여** 解決된은 最高 科學原理로 된 **原論인 바이다.**”(p.507)
“모든 종교적 견지와 철학적 견지와 과학적 견지는 여기서 한 사명적 짐을 풀고 웃음으로 합할 바다. 그런 고로 이 모든 것은 원력작용하게 하는 대상원리로 의하여 해결되는 최고 과학원리로 된 원론인 바이다.”(507쪽)

“이 原論으로 보면 存在物은 第一位置인 平衡位置을 잡고 安定를 要하여 變하지 않으려고 하고 있다. - 중략 - 이것을 化學的으로 慣性作用이라 하고 있다.” (p.508)
“이 원론으로 보면 존재물은 제일위치인 평형위치를 잡고 안정을 요하여 변하지 않으려고 하고 있다. - 중략 - 이것을 화학적으로 관성작용이라 하고 있다.” (508쪽)

“地球도 中心軸를 갓고 있다. 地軸를 南北으로 하고 있다. 그겄은 地球에 原力作用이 磁力線으로 보아도 알 수 있다. 이리하여 地球 自体가 對像形를 取하여 있다. 이 磁力線이 總合하는 位置로서 地軸은 삼고있다.”(p.519)

“지구도 중심축을 갖고 있다. 지축을 남북으로 하고 있다. 그것은 지구의 원력작용이 자력선으로 보아도 알 수 있다. 이리하여 지구 자체가 대상형을 취하여 있다. 이 자력선이 총합하는 위치로서 지축은 삼고 있다.”(519쪽)

(5) 인용된 성경구절

「원리원본」에서 인용된 성경구절은 총 54개 구절이다. 그 내용을 정리해 본 결과, 「제일권」과 「제이권」 및 「제삼권」에 집중적으로 인용되어 있다. 「제사권」에서는 성경구절이 인용되지 않았고, 「제오권」에서는 맨 마지막 부분(‘웨 타락케하고 섭리하는가’)에서 단 한 구절만을 인용하였다.

-「記錄 第壹卷(기록 제일권)」(총 23개 구절 인용)

창세기 3장 1절 (p.40), 요한복음 1장 2절(p.45), 창세기 1장 (p.46), 창세기 1장 27절(p.48), 창세기 1장 31절(p.49), 창세기 2장 9절(p.51), 요한복음 8장 44절(p.54), 로마서 8장19-27절(p.21), 창세기 22장 12절(p.128), 사사기 14장 18절(p.130), 창세기 6장 6절(p.148), 사사기 2장 18절(p.148), 요한복음 5장 19-20절(p.150), 고린도전서 10장 4절(p.170), 출애급기 8장 22절(p.50), 요한복음 16장 25절(p.90), 요한복음 16장 12절(p90), 창세기 3장 24절(p.93), 사도행전 2장 1-4절(p.94), 창세기 4장 7절(p.101), 신명기 10장 16절(p.143), 창세기 17장 7절(p.143), 레위기 19장 23절(.p143)

-「記錄 第貳卷(기록 제이권)」(총 17개 구절 인용)
고린도전서 15장 45절(p.182), 로마서 5장 14절(p.182), 말라기 4장 5-6절(p.195), 요한복음 1장 31,33절(p.196), 요한복음 1장 25절(p.197), 요한복음 1장 21절(p.200), 마태복음 11장 (p.206), 마태복음 11장 6절(p.213), 요한복음 3장 12-14절(p.244), 요한복음 8장 44절(p.248), 마태복음 23장(p.254)-원본에는 찢겨나감.「김전사본」참조. 베드로전서 3장 19절(p.273), 베드로전서 4장 6절(p.273), 마태복음16장 27절(p.281), 마태복음 27장 51-52절(p.286), 마태복음 18장 18절(p.288), 히브리서 11장 39-40절(p.288)

-「記錄 第參卷(기록 제삼권)」(총 13개 구절 인용)
로마서 8장 19절이하(p.348), 창세기 8장 7절(p.376), 창세기 8장 8-12절(p.377), 창세기 25장 23-24절(p.383), 창세기 23장 20절(p.385), 창세기 26장 34절(p.385), 창세기 31장 19절 (p.389), 창세기 31장 21-22절(p.389), 창세기 29장 28절(p.390), 사도행전 7장 23절(p.393), 출애굽기 7장 7절(p.393), 민수기 14장 30-34절(p.395), 누가복음 4장 13절 참조(p.397)

-「記錄 第五卷(기록 제오권)」(총 1개 구절 인용)
창세기 6장 6절(p.4)

2) 표현상의 특징

"문법으로 볼 때는 나도 아는 거예요. 문법을 알고 다 아니 말이에요. 언어체가 있고 문장체가 있어요. 그다음에 시문체가 있다구요. 감동적인 시문체에서는 주어가 동사가 되고 부사가 형용사가 되고 동사도 될 수 있어요. 위에 갈 것이 아래로 갈 때 슬퍼하지 않고 춤으로 박자 맞추면 휭 올라간다는 거예요. 그래서 시라는 것이 필요해요. 선생님이 원본(≪원리원본≫)을 쓸 때 시적으로 써서 한 장에 수십 장의 내용을 편성해 놓았어요. 일반 사람들은 이해 못 해요."[70]

"≪원리원본≫이 있는데, 그것은 전부 다 시(詩)적으로 쓴 거예요. 상당히 비약하고 압축해서 쓴 건데, 그 책을 보고 통곡을 한 거예요. 그런 내용의 사실에 감동받은, 아마 역사적으로도 통일교회의 원리를 접한 대표적인 사람이라고 봅니다."[71]

"선생님이 《원리원본》을 전부 영적으로 쓴 것입니다. 그건 해설하지 않으면 모르는 것입니다. 그런데 그걸 유 협회장이 이렇게 이렇게 썼으면 좋겠다고 해서 한번 써 보라고 했습니다. 그래서 써 가지고 왔는데, 내가 물었지요. '이건 어떻게 되어서 이렇게 되느냐?'고…. 그랬더니 한 줄도 못 가서 손들었습니다. '아이구, 잘못했습니다!' 하더라구요."[72]

"원리 책 쓴 것을 내가 전부 다 감수해 준 거예요. ≪원리원본≫을 중심삼고 자기가 할 때, 그건 시문서예요. 압축해서 쓴 거라구요. 자기 식으로 그거 한 페이지 번역하라니까 스물 일곱 페이지로 늘려 놨더라구요. 그렇게 압축한 거예요. 그것을 내가 세 페이지 이내로 딱 결론지으니까 '아이고 선생님, 알아 모시겠습니다.' 그러더라구요. 선생님의 말씀에는 함축성이 많아요. 함부로 이렇게 이야기하는 것 같지만 벌써 틀림없는 말이에요."[73]

언어 이해의 문제는 모든 문학해석에 있어서 본질적인 문제이다.[74] 하나님의 계시나 인간의 사상이 다른 이들에게 전달되기 위해서는 그것이 반드시 언어로 표현되어져야하기 때문에 성경이 하나님의 말씀인 동시에 인간의 말이라는 이중성을 지니고 있는 이유이기도 하다. 계시는 초자연적인 하나님의 언어활동으로서 보편적으로 경험할 수 있는 인간의 생각이나 사색과 동일한 것이 아니다. 하지만 반드시 인간의 생각과 사색, 그리고 경험이라는 매개체를 통해 말씀하신다는 것이다. 즉 계시는 사람들에게 전달된 하나님의 말씀이며 사람의 말로 표현된 것이다.[75] 그렇기 때문에 진리를 담고 있는 경전 연구에 있어서 문학적 측면의 연구가 필요하며 그 중요성이 비중 있게 대두된다.

「원리원본」 연구에 있어서도 그러하며, 더욱 이러한 연구가 요구된다. 「원리원본」은 전부 다 시적(詩的)으로 써졌으며 논리적으로 상당히 비약하고 압축해서 썼다는 그 표현적 특징[76]과 영적으로 쓴 내용들이라 해설을 통하지 않고서는 정확한 뜻을 이해할 수 없는 내용들이 많기 때문이다.[77] 그러므로 「원리원본」을 통한 원리말씀 선포가 진행되었을 그 당시에는 원리에 대한 말씀을 '원리강의'라고 하지 않고 '원리해설'이라고 말하였던 연유가 여기에 있다고 보여 진다.[78]

「원리원본」은 정확한 문법의 원칙이 깨어졌으며, 같은 의미를 나타내는 단어들의 형태가 서로 다르고, 조사의 활용법도 다른 등의 여러 가지 문법적인 오류들이 적지 않게 있다. 그러나 이러한 현상들이 단순히 「원리원본」의 계시성에 어떠한 영향을 줄 수 없음을 성서의 계시록 경우를 통해 잘 알 수 있다. 즉 계시록은 어색한 구문과 문법적인 오류들로 얼룩져 있지만 그런 문제들의 해결여부가 영감된 성서의 권위에 어떠한 영향을 줄 수 없었다는 사실이다.[79] 더욱이 「원리원본」에서는 이미 첫 표지에서 그러한 한계점을 명시해 두었다는 점이다.

이에 본서에서는 전문적인 문학적 비평연구보다는 일반적 차원에서 표현적 측면의 특징들이 어떠한 것들이 있는지 살펴보았다. 다만, 추후 이 분야의 심도 있는 전문적 연구가 꼭 진행되어야 함을 강조하고 넘어간다.

(1) 한자(漢字)와 한글의 혼용

「원리원본」은 전체적으로 한글과 한자가 혼용되어 있다. 한자를 모르는 경우 그 내용을 이해할 수 없을 정도로 한자가 많이 사용되었다. 여기서 새삼 문선명 선생께서 표의문자인 한자와 표음문자 한글 모두를 한국어로 인정하시며 강조하셨던 점이 떠오른다.

한자와 한글을 혼용하는 데에 있어서도 특이한 점이 있다. 즉 한 단어 자체 안에 한자와 한글을 혼용하여 쓰셨는데 다음과 같은 3가지 경우로 나타난다.

① 한자+한글 혼용 : '解결의'(p.2), '肉身의 要구'(p.17), '同치'(p.45) '證거하는'(p.115), '現아'(p.279), , '고役'(p.125), '對상存在'(pp. 627-633)
② 한글+한자(+한글) 혼용 : '근本'(p10), '대상 存在'(p.20), '가나안 復<귀>'(p.135), '그런 故로'(p.281), '재림主'(p.495)
③ 한자+한글+한자 혼용 : '最고理想'(p.311), '對상原理'(p.484), '對상存在'

특히, 다음과 같은 사례에서 알 수 있듯이 성경의 내용을 설명할 때는 한글적 표현들을 한자로 표현하여 그 내용을 이해하는 데에 적지 않은 어려움이 있다. 혹자는 이것을 한자 성경을 인용하였기 때문으로 보고 있다.

> "요한 福音 1章 第二節에 *言이란* 太初에 하나님과 *同치* *在서서* *言으로* 萬物의 *造한* 바 되였스니 *造한* *物의* *言이* 업시는 *造한신* 것의 *一도* *無니라* 하였다."(p.45)
> "요한복음 1장 제2절에 말씀이란 태초에 하나님과 함께 있어서 말씀으로 만물을 지으신 바 되었으니 만드신 만물의 말씀이 없이는 만드신 것이 하나도 없느니라 하였다."(45쪽)

"아부라함에 대하여 하나님의 하시는 말삼의 *爾의* 친자식으로 因하야 後嗣가 되리라 하서며 *携고* *外로* 나아가 갈아대 *天을* *仰러*, 보라 하며 *衆星를* 計數할 수 업는 바와 갖치 爾 子孫의 이와 갖치 되리라 하심에 아부라함은 이를 *信으니* *義로* 넉이시면서 하시는 말삼이 이 目的을 完成키 爲하여 *갈대아우루를* 引導하였다 하시면서 의 땅을 爾이게 *賜여* 基業이 되개 할리라 하시였다."(p.122)

"아브라함에 대하여 하나님이 하시는 말씀에 너의 친자식으로 인하여 후예가 되리라 하시며 데리고 밖으로 나아가 가라사대 하늘을 우러러 보라 하며 별들을 샐 수 없듯이 너의 자손도 이와 같이 되리라 하심에 아브라함은 이를 믿으니 의로 여기면서 하시는 말씀이 이 목적을 완성하기 위하여 갈대아 우루로 인도하였다 하시면서 이 땅을 너에게 주니 기업이 되게 하리라 하셨다."(122쪽)

* 위 두 부분에서 '한글적 표현을 한자로 표현한 부분'은 밑줄과 함께 약간 기울게 표시하였다.

(2) 한자(漢字) 사용상의 특징

일반적으로 한자 사용이 불규칙적이라는 점과 한자를 필기체로 흘려 썼다는 점이다. 이런 일반적 특징 위에 다음과 같은 독특한 특징도 나타난다. 첫째는 문장 안에서도 한 단어를 어느 때는 한자로, 어느 때는 한글로 사용하여 불규칙적으로 한글과 한자를 혼용한 점이다. 둘째는 어떤 한자는 정자(正字)와 오자(誤字)를 사용하였는데 그 오자(誤字)를 동음이의식(同音異義式)으로 사용하였다는 점이다. 예를 보면, '절대'의 한자를 '절대(絶對)'와 '절대(絶大)' 두 가지로 함께 사용했다는 점이다. 셋째는 약자(略字)와 초서체를 적지 않게 사용하였다는 점이다. 많은 부분에서 약자를 사용했으나, 경우에는 정자(正字)를 사용하기도 하였다. 주로 약자(略字)를 사용한 글자(字)들은 다음과 같다. '대(對)', '발(發)', '학(學)', '사(事)', '실(實)', '회(會)', '국(國)', '점(點)' 등이다. 이와 같이 글자 자체의 약자를 사용하기도 했는데 290쪽에는 특별하게 '再臨主'를 '再主'로 줄임말로 쓰기도 하였다.

(3) 흘림체 사용

가장 큰 특징 중의 하나가 본문 전체를 흘림체로 썼다는 점이다. 이 점 때문에 판독하기 난해한 부분이 본문 중에 많이 나타난다. 특히, 한글의 조사들 중 '도'와 '로', 그리고 '은'과 '요', '되'와 '피', 'ㅁ'과 'ㅂ'(p.147), '들'과 '를' 등의 글자들이 흘림체로 연속적으로 써져 있어 판독이 난해한 경우가 적지 않다. 이러한 경우는 해석상의 오류를 어렵지 않게 불러올 수도 있다. 예를 들어 살펴보면, "長子(장자)를 지심은 하나님과 사탄과의 對峙戰(대치선)에 展開(전개)에 敗(패)하은 終局(종국)에는 애급에 있는 長子(장자)에 대한 재앙을 내리심이였다."(p.157)의 문장 중 첫 부분인 '長子를 지심은'의 '지'字 부분이다. 문맥상으로 분명히 '치'字가 되어야 하나 기록 상 '지'字로 되어 있다는 사실이다. 이러한 예는 많이 나타난다.

또한, 한자도 흘림체를 쓸 때와, 초서(草書)나 약자를 흘림체로 썼을 때 판독하기가 매우 어렵다. 그 결과 한 글자가 다른 두 글자로 해석되는 경우도 있다. 예를 들면, 원본 132쪽의 '유(有)'字를 흘림체로 쓴 글자는 '유(有)'나 '존(存)'字로 보인다. 또 원본 12쪽의 '만(萬)'字와 '전(前)'字도 유사하게 보여 판독하는 데에 어려움이 있다.

(4) 단어와 조사 사용상의 특징

「원리원본」의 단어 사용의 특징은 크게 네 가지로 구분해 볼 수 있다. 첫째는 한 단어의 표현형태가 2-3가지 형태로 써졌다는 점이고, 둘째는 옛날 이중 받침을 사용한 점이다. 셋째는 이북방언들이 사용되었다는 점이고, 마지막 넷째는 접속사들이 많이 사용되었다는 점이다.

먼저 한 단어가 2-3가지 형태로 사용된 첫 번째 경우의 대표적인 단어들을 살펴보면 다음과 같다.

① 그러므로 : ㄱ. 그러무로(일반적 용법), ㄴ. 그러무러(p.13, p.21),
ㄷ. 그럼으로(p.22)

② 되었다 : ㄱ. 되엿다(일반적 용법), ㄴ. 되었다(p.20)

③ 같은 : ㄱ. 갖튼, ㄴ. 같은(p.28), ㄷ. 갖츤(p.142)

④ 어찌 : ㄱ. 엇이, ㄴ. 엇지(p.30)

여러 단어들이 하나의 의미를 나타내는 경우도 있다. 예를 들면 「제일권」 "아부라함부터 예수까지 섭리하신 근본의의"의 내용 중 '3대제물'을 뜻하는 단어들이 연속적으로 다음과 같은 다른 단어들로 표현되어 있다. 즉 '3대제물'(p.124) - '예약제물'(p.125) - '약속제물'(p.126) - '대신제물'(p.127) - '예약대신제물'(p.127) 등이다. 이같이 연속적으로 하나의 같은 의미를 뜻하는 단어들이 5가지의 다른 단어로 표현되기도 하였다.

그리고 문장 가운데 '나'라는 일인칭 표현이 있는 데 그것이 문선명 선생 자신을 표현하는 의미와 일반적인 사람을 뜻하는 두 가지 의미로 풀이되기도 하다. 예를 들면, 아래 문장의 1과 2의 '나'는 일반적인 사람의 의미로, 3의 '나'는 문선명 선생을 의미하는 것으로 이해된다. 이러한 경우도 적지 않게 나타난다.

"卽 第二位置로 한 最高善 相對位置부터 對像位置를 잡는 바를 알면서 1-나는 至今 完成하는 途中에선 存在라는 結論를 잡으니 2-나는 完全

完成이 作用的 良心的 作用은 原理的 作用인 바다. 그러니 3-내가 論한 <하나님은> 良心보아 알 수 있는 基本 答이 成立<를>본다."(p.505)[80)]
"즉 제이위치로 한 최고선 상대위치부터 대상위치를 잡는 바를 알면서 나는 지금 완성하는 도중에 선 존재라는 결론을 잡으니 나는 완전완성의 작용적 양심적 작용은 원리적 작용인 바다. 그러니 내가 논한 하나님은 양심보아 알 수 있는 기본 답이 성립을 본다."(505쪽)

두 번째 특징은 현재 전혀 사용치 않는 옛날 이중 받침 두 개가 사용되었다. 바로 'ㅄ (ㅅㅂ-ㅃ)'과 'ㅼ (ㅅㄷ-ㄸ)' 이다. 'ㅄ (ㅅㅂ)'의 예는 'ㅄ ㅐ앗아 낸'(p.121), 'ㅄ ㅐ아기여'와 'ㅄ ㅐ앗기는'(p.125), 'ㅄ ㅐ았서서'와 'ㅄ ㅐ앗습을'(p.132), 'ㅄ ㅐ앗서'(p.133) 등 많이 있으며, 'ㅼ'의 예는 '아담 ㅼ ㅏ매'(p.271), '그 ㅼ ㅐ 에서가'(p.388)등이 있다. 그런데 왜 이 두 개의 이중 받침만 사용되었는가 하는 의문이 강하게 든다.

문선명 선생의 고향은 평안북도 정주군이다. 따라서 그 지방 방언의 영향을 무의식적으로 받지 않을 수 없다. 그러한 사실을 여러 부분에서 발견할 수 있다. 예를 들면, '하늘'을 '하날'로 그리고 '몇 번씩'을 '멧 본식'으로 표현하고(p.188) 있다. 또한, '하가스니'(p.326), '야거워서가'(p.382), '하갓끼에'(p.419), '올사록'(p.570), 등이 있다.

많이 사용된 대표적인 접속사들은 '그러타면', '이와 갖치', '그런고로', '그러무로', '그러니' 등이 있다.

「원리원본」 본문의 특징 중 하나가 다음 글자들('의', '에', '이', '게', '과')의 용법이다. 이 글자들은 「원리원본」의 본문에서 2-3개의 의미로 사용되고 있어 본문을 읽을 때 어려움 주는 요인이다. 예를 들면 '의'라는 글자는 '이'라는 지시대명사의 의미와 '-이-' 연결조사의 의미 및 '-의'라는 본래의 의미인 소유격조사 3가지 의미로 사용되었다. 따라서 본문을 독해할 때 '의'라는 글자를 세 가지 의미 중 문맥에 맞는 하나의 의미로 해석해야 한다. 이러한 글자들은 몇 개 더 있다. 1) '에'(p.1) - '에'와 '의' 2) '끼'(p.130) - '게'와 '끼' 등이 있다. 여기서 가장 주의해야 할 글자들은 '의'와 '에' 그리고 '이'이다. 이에 대한 실례들은 본서에서 인용하고 있는 「원리원본」의 본문 내용들에서 잘 찾아볼 수 있어 여기서는 인용을 하지 않도록 하겠다. 이것은 전사자들이 필사를 할 때 오류를 범하거나 자의적 해석을 하게 되는 이유 중 하나이기도 하다. 어떤 부분에서는 가끔 같은 조사를 연이어 두 번씩 쓴 경우도 있다. 예들 보면 "其 使者(사자)들들에게 吩咐(분부)하야"(p.236)라는 부분이다.

(5) 문장 표현상의 특징

문장 표현의 특징은 크게 세 가지 측면으로 구분할 수 있다. 첫째는 여러 추상적인 내용이나 미지의 내용들을 설명할 때 객관적 사실로 확신하는 단정적 표현 양식을 사용하였다. 이러한 점이 바로 「원리원본」의 계시성을 잘 입증해 주는 부분이라고 볼 수 있다. 계시는 하나님 자신이 드러내시는 것이며 선포하는 것이므로 단정적이기 때문이다.

> "太初은 卽 하나의[81]시다. 의[82] 하나가 卽 太初의 根本이다. 의 根本의 卽 하나님이시다. 이 하나의 存在야 말로 無限 小에서 無限 大의 存在에 根本이다. 이 하나의 根本의 全体에 根本의요 또 全体에 中心이요 또 全作用에 外力에 對한 平衡에 起本持点이다."(p.1)
>
> "태초는 즉 하나이시다. 이 하나가 즉 태초의 근본이다. 이 근본이 즉 하나님이시다. 이 하나의 존재야 말로 무한 소에서 무한 대의 존재의 근본이다. 이 하나의 근본이 전체의 근본이요, 또 전체의 중심이요, 또 전작용의 외력에 대한 평형의 기본지점이다."(1쪽)

"그러니 決定的 論理를 나린다면 現 科學世界은 單位를 더대로 한 公式發*展世界다. 그런고로 事物의 存在를 認定할 진대 根本 하나의 單位로부터 增數的 單位까지가 一平線路程를 離脫할 수 업는 겄은 事實이다. 이 一平線路程이야 他 아닌 各 單位에 共通路程됨은 事實인 겄이다."(p.2)

"그러니 결정적 논리를 내린다면 현 과학세계는 단위를 토대로 한 공식발전세계다. 그런고로 사물의 존재를 인정할 진대 근본 하나의 단위로부터 증수적 단위까지가 일평선노정을 이탈할 수 없는 것은 사실이다. 이 일평선노정이야 다른 것이 아닌 각 단위의 공통노정됨은 사실인 것이다."(2쪽)

두 번째는 수리적 표현양식이다. 수리적 표현양식은 창조원리 내용 가운데에서도 하나님을 설명하는 "하나에서 전존재로"라는 첫 제목과 하나님과 나와 관계를 설명하는 "하나님은 나를 알므로 알 수 있음"(p.66)과 "한나와 영은 경계를 정치 못함"(p.72)이라는 제목 내용의 주된 표현 방식이다. 이 점도 「원리원본」의 특징 중의 특징으로 생각된다.

"무슨 存在의 根本를 세우기 위하여는 하나의 存在의 確定的 存立의 重大한 것의다. 의 存在가 決定되면 다시금 하나로부터 增數의 重大要素를 加減組合하여서 나의가는데 發展의 잇는 것의며 發達이 잇는 바이다."(p.1)

"무슨 존재의 근본을 세우기 위해서는 하나의 존재의 확정적 존립이 중대한 것이다. 이 존재가 결정되면 다시금 하나로부터 증수의 중대요소를 가감 조합해서 나아가는데 발전이 있는 것이며 발달이 있는 바이다."(1쪽)

"하나에서 始作하여 複數로서 되였고 의 複數存在은 다시금 完全한 本性인 完全單數로 歸因케하여 單一單數로부터 單位複數로서 繁殖增大케함의 根本 하남의 理想으로 되었다."(p.7)

"하나에서 시작하여 복수로서 되었고 이 복수존재는 다시금 완전한 본성인 완전 단수로 귀인케 하여 단일단수로부터 단위복수로서 번식 증대케 함이 근본 하나의 이상으로 되었다."(7쪽)

세 번째 측면은 수사학적(修辭學的) 표현양식이다. 이것은 「원리원본」의 전체적으로 나타나는 표현 양식이다. 주로 복귀섭리역사의 내용 가운데 하나님의 심정을 토로할 때와 복귀섭리를 책임진 자들의 책임실패를 논할 때, 그리고 앞으로 섭리를 책임져야 할 책임자들이나 단체를 향하여 권면할 때 많이 나타난다. 이런 특징은 바로 「원리원본」은 단순히 이성적으로 진리를 소개하는 진리서가 아니라, 하늘의 심정이 담긴 하늘의 메시지이며, 천륜의 비밀이 담긴 하늘의 말씀임을 느끼게 한다. 예를 들면 다음과 같다.

"이것이 人類가 발아든 理想이요, 歷史的 目的이요, 造物主와 예수의 目的이면서 사탄 根本 追放成事를 完成하는 바이다. 이런 重大한 立場를 아지 못하고 現社會를 抛棄하여 온 現 基督敎 信者은 果然 하날적으로 깁버하는 立場이라고는 할 수 없는 바는 事實이다. 이제는 알아스니 抽象的 信仰觀念에 잠을 까트리고 新 아츰이 消息에 合하여 全 世界를 하날 主管으로 나아가지 않으면 않이 되는 바이다."(p.559)

"이것이 인류가 바라던 이상이요, 역사적 목적이요, 조물주와 예수의 목적이면서 사탄 근본 추방성사를 완성하는 바이다. 이런 중대한 입장을 알지 못하고 현 사회를 포기하여 온 현 기독교 신자는 과연 하늘적으로 기뻐하는 입장이라고는 할 수 없는 바는 사실이다. 이제는 알았으니 추상적 신앙 관념의 잠을 깨뜨리고 새로운 아침의 소식에 합하여 전 세계를 하늘 주관으로 나아가지 않으면 아니 되는 바이다."(559쪽)

"우리 人生은 原理基臺를 中心하고은 天宙를 自由롭게 對하는 基本目的를 이로 因하여서 始作보와 完成으로 協力할 重要한 戰勝的 責任를 다하여아 하는 바이다."(p.530)
"우리 인생은 원리기대를 중심하고 온 천주를 자유롭게 대하는 기본목적을 이로 인하여서 시작하여 완성으로 협력할 중요한 전승적 책임을 다하여야 하는 바이다."(530쪽)

"누가 使命하여야 하겼는<가> 얻던 딴 存在가 않이고 특히 基督敎이 使命이 큰 바며 其外 宗敎的 使命이 큰 바면서 現 科學的 人士들이 使命이 큰 바이다. 그리하여 우리의 원수로 役事한 사탄 對하여서 積極的 攻勢로써 基本原理를 찾저 서우여야 한다."(p.496)
"누가 사명하여야 하겠는가? 어떤 딴 존재가 아니고 특히 기독교의 사명이 큰 바며, 그 외 종교적 사명이 큰 바면서 현 과학적 인사들의 사명이 큰 바이다. 그리하여 우리의 원수로 역사한 사탄 대하여서 적극적 공세로써 기본원리를 찾아 세워야 한다."(496쪽)

"人間 墮落은 즉 萬物墮落 또 하날 墮落으로 間接的 行動으로부터 直接的 行動에 部分까지 犯行한 事實를 누가 責任를 져야 되는가? 이것이 人間의 中心의 責任課業이다. 그러기에 온 천주는 탄식의 기인을 가져오는 바다."(p.20)

"인간 타락은 즉 만물타락 또 하늘 타락으로 간접적 행동으로부터 직접적 행동의 부분까지 범행한 사실을 누가 책임을 져야 되는가? 이것이 인간의 중심의 책임과업이다. 그러기에 온 천주는 탄식의 기인을 가져오는 바다." (20쪽)

"責任的 使命에 對하여서 얼마나 설여워하였든가?"(p.270).
"책임적 사명에 대하여서 얼마나 서러워하였던가?"(270쪽).

(6) 기타 표현의 특징

문선명 선생이 「원리원본」을 쓰시는 내용에 대해 고치지 않으셨다는 증언이 있으나, 「원리원본」의 본문 내용을 살펴볼 때 많은 부분들이 글자 교정과 내용 교열된 부분이 있을 뿐 아니라, 여백 부분에 보충된 내용들이 적혀 있음이 발견된다. 또한, 글자를 바꾸어 써서 교정 시 바꿈 표시를 한 곳도 몇 군데 발견된다. 예를 보면, '存在 ∿ 天宙'(p.529), '語∿言不通'(p.337), '女∿子'(p.645), '對∿相'(p.68) 등이 있다. 또 이러한 내용들은 여러 가지 잉크 색(최소 2가지 이상)으로 써졌으며 전사본들에 의해서는 수정된 형태('存在 ∿ 天宙'는 '천주존재'/'女∿子'는 '자녀')로 전사되어 있다.

이러한 사실들로 미루어 추론해 볼 때, 교정과 교열작업이 있었다는 사실을 부인할 수 없다. 다만, 그 작업이 문선명 선생이 아닌 제3자에 의해 진행되지 않았을까 하는 의문점이 들기는 하지만, 필체로 보나 그 부분이 전사된 사실을 통해서 살펴볼 때 제3자가 아닌 문선명 선생에 의해 작업이 진행되었다는 잠정적 결론을 내릴 수 있다. 그러나 추후 이 부분에 대한 전문적 연구(제3자의 가필여부와 교정·교열 작업 여부에 대한 필체 감정)가 반드시 필요함을 말하고 싶다.

그리고 사용된 기록도구들을 통해 살펴볼 때, 교정·교열 작업은 최소 2-3회 이상으로 추정된다. 왜냐 하면, 같은 쪽에도 서로 다른 색 잉크로 교정·교열된 내용이 있기 때문이다.

「원리원본」 전체에 사용된 도표는 총 5개가 있다. 첫 번째 도표는 제1권 76쪽에 나온다. 이 도표는 절대 무와 절대 유의 개념으로 하나님을 설명하고 있으며, 사람은 그 중간 존재로서 단위위치에 거하고, 사람을 통해서만이 우주와 천주 이상이 완성하게끔 지으셨다는 점 등을 설명하고 있다. 대표적으로 도표 1을 실례로 들겠다.

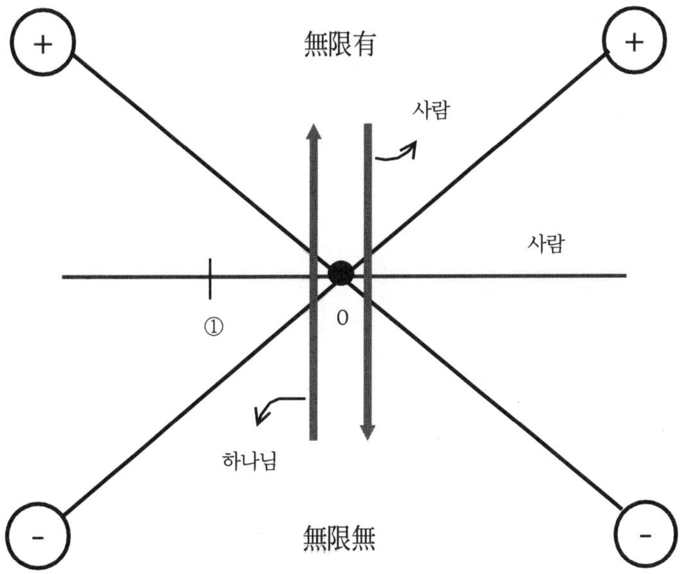

<도표 1>

두 번째 도표는 「제이권」 323쪽에 나오고, 그 도표는 인류타락역사가 원리로 된 하늘의 섭리에 의해 원시시대(原始時代)로 돌아가는 것을 설명하고 있다.

세 번째 도표는 「제사권」 469쪽에 있는데, 이것은 도표이기보다는 그림의 성격이 강하게 나타나는 도표다. 한 중심점을 중심삼고 기본 원운동을 시작한다는 내용을 설명하고 있다.

네 번째 도표는 「원리원본」의 맨 마지막 부분인 "왜 타락케 하고 섭리하는가" 라는 부분의 8쪽에 나온다. 이 도표는 「원리강론」, 150쪽에 나오는 "말씀의 실체적 전개에 의한 피조세계와 복귀섭리표시도"와 거의 동일하며 내용상으로는 보다 단순하게 되어 있다.

마지막 다섯 번째 도표는 사랑과 의(義)와 미(美)의 관계로서 선(善)을 설명하는 내용으로서 복원작업을 통해서 유실된 부분 「제삼권」 354쪽에서 355쪽에 있는 것으로 추정된다.

제 4 장

「원리원본」의 본문

제4장

「원리원본」의 본문

본문 이해 방법

「원리원본」에 대한 내적인 심정적 깊은 이해를 위해 먼저 외적인 표현상의 언어적 이해가 올바르게 선행되어야 한다. 그런데 「원리원본」의 표현적 특징에서 살펴보았듯이 그 본문에는 한자 사용이 많고, 글씨체가 흘림체로써 표기되어 있어 이해하기가 난해한 부분이 많이 있다. 또한, 수정과 첨가된 내용들이 여백 부분에 작고 흘림체로써 쓰여 있어 본문 자체를 이해하는 데뿐만 아니라 탐독하는 데에도 적지 않은 어려움이 든다.

여기서 저자가 「원리원본」의 본문 연구를 하면서 점진적으로 터득한 언어적 이해 방법들을 소개하여 본문 이해를 돕고자 한다. 그 방법들이 비록 여러 한계성이 없지 않겠지만, 본문 내용 연구를 통해 얻은 실질적인 방법이기 때문에 '「원리원본」 본문 이해 방법'의 정초(定礎)적 토대가 될 수 있을 것이다. 그 내용은 다음과 같다.

1) 가장 먼저 중요한 핵심적 원칙(방법)은 모든 표현적 내용들(글자, 단어, 한자 등)을 문장의 문맥 속에서 파악하는 것이다. 이 기준은 다음에 제시되는 원칙(방법)들의 기본이 된다.

2) 흘림체에 대한 이해 - 가장 어려운 부분이다. 한글은 연결된 부분을 주의해서 판단하여 이해해야 하고, 한자(漢字)는 약자(略字)나 초서(草書)를 파악하여 이해해야 한다.

3) 한자 오자에 대한 이해 - 동음이의(同音異義)나 부수가 틀린 글자나 유사한 자 중에서 적합한 자를 선정한다. 특히 부수에 주의해야 한다.

4) 특정한 규칙적인 오자들 이해 - 「원리원본」에서는 몇 개의 글자들이 특별한 용법으로 사용되었다. 유사글자나 문장에 적합한 글자를 파악하여 가장 적합한 글자를 선정하여 이해한다.
- 예) '의' : 1)대명사 '이', 2)소유격조사 '의'

5) 판단하기 난해한 글자 이해 - 가장 유사한 글자를 선정하여 전사본들과의 대조 비교하여 판단한다. 그래도 판단하기 난해한 글자는 판단을 유보해야 한다.

6) 한글 오자에 대한 이해 - 가장 문맥에 맞는 글자를 선정하여 전사본과 대조 비교하여 이해한다.

여기서 저자는 독자들에게 「원리원본」의 본문 내용을 직접 탐독하며 그 의미와 가치를 느낄 수 있는 기회를 마련해 주고 싶어 「원리원본」의 본문을 소개하고자 한다. 다만, 「원리원본」의 내용이 너무 방대하여 그 전체를 실을 수 없어 본문의 일부분을 저자가 간략히 정리한 본문의 핵심 내용과 함께 소개하는 형식으로 실었다. 「원리원본」의 본문 소개는 그 논리 전개면에서도 비약적인 면이 적지 않게 있고, 지면의 한계성 등의 이유가 있어 제목의 주제와 직접적으로 관련이 있는 내용의 일부만 저자의 임의로 선

택하여 소개하였음을 양해 바란다. 그럼에도 불구하고 중요한 창조원리 부분은 가급적 많이 소개하고자 노력하였다.

이에 대해 좀 더 구체적으로 언급하면, 「제일권」에서부터 「제삼권」까지는 전체적으로 요점을 요약하여 해당되는 본문의 내용 중심으로 정리하였고, 「제사권」과 「제오권」은 각 제목별로 그 주제의 핵심적 내용 정리와 함께 본문의 내용을 인용하는 방법으로 언급하였다. 그러나 「제일권」의 내용 중 창조원리에 해당되는 앞부분 4-5개 제목은 「제사권」과 「제오권」은 같은 방식으로 취하였다. 그리고 앞에서 이미 언급한 바와 같이 독자들의 본문 내용 이해에 도움을 주고자 인용한 본문 내용 밑에 그 본문을 저자가 현대어로 해석한 내용을 추가해 놓았다.

1. 「記錄 第壹卷(기록 제일권)」 (pp. 1-176)

1) 하나에서부터 전 존재로

본 제목은 「원리원본」의 첫 제목이다. 그 내용은 「원리원본」 전체의 서론적 내용이다. 가장 먼저 하나님의 존재성을 설명하는데, 하나님을 하나의 근본존재라는 전제와 그런 하나님으로부터 피조세계가 어떻게 창조되었는지에 대하여 수리적으로 설명하고 있다. 현 과학세계가 수(數)를 떠나서는 기본 발전을 잡을 수 없는 기본 전제 하에 수리적인 발전공식으로 현존재와 하나님과의 관계에 대해 독특하게 설명하고 있다.

"太初은 卽 하나의시다. 의 하나가 卽 太初의 根本이다. 의 根本의 卽 하나님이시다. 이 하나의 存在야 말로 無限 小에서 無限 大의 存在에 根本이다. 이 하나의 根本의 全体에 根本의요 또 全体에 中心이요 또 全作用에 外力에 對한 平衡에 起本持点이다. - 중략 - 무슨 存在의 根本를 세우기 위하여는 하나의 存在의 確定的 存立의 重大한 것의다. 의 存在가 決定되면 다시금 하나로부터 增數의 重大要素를 加減組合하여서 나의가는데 發展의 잇는 것의며 發達이 잇는 바이다."(p.1)
"태초는 즉 하나이시다. 이 하나가 즉 태초의 근본이다. 이 근본의 즉 하나님이시다. 이 하나의 존재야 말로 무한 소에서 무한 대의 존재의 근본이다. 이 하나의 근본이 전체의 근본이요, 또 전체의 중이이요, 또 전작용의 외력에 대한 평형에 기본지점이다. -중략- 무슨 존재의 근본을 세우기 위해서는 하나의 존재의 확정적 존립의 중대한 것이다. 이 존재가 결정되면 다시금 하나로부터 증수의 중대요소를 가감 조합하여서 나아가는데 발전이 있는 것이며 발달이 있는 바이다."(1쪽-현대어 해석)

"그러타면 모든 事物의 根本를 推(마음심부수)測할려 할 적에 하나되는 單位的 根本이 絶對 重要 要求要素다. 의 要素의 決定은 우리와 重大關係를 始作케 하는 外部動作을 <決定하는> 基因이되는 바이다. 의 根本의 卽 外部에 動作를 自由軌度로 옴겨주는 中心點의다. 이 中心点의 公式의 根本單位며 他 事物体에 밎처주는 第一存在이다. 이 存在로부터 第二存在까지에 到達케 하는 決定的 起本点으로 되는 바를 알 수 잇다. 그러타면 이 第二存在要求은 무엇인가 하면 第一存在에 決定的인 單位로부터 끈을 수 업는 關聯된 增數單位라 할 수 잇는 바이다. 이와 갖치 되니 基本的 單位 數로부터 無限 數까지에 到達에 <進級>過程에 表示가 公式이라한다."(pp. 1-2)

"그렇다면 모든 사물의 근본을 추측하려 할 적에 하나 되는 단위적 근본이 절대 중요 요구요소다. 이 요소의 결정은 우리와 중대관계를 시작케 하는 외부동작을 결정하는 기인이 되는 바이다. 이 근본이 즉 외부에 동작을 자유궤도로 옮겨 주는 중심점이다. 이 중심점이 공식의 근본단위며 타 사물체에 미쳐주는 제일존재이다. 이 존재로부터 제이존재까지 도달케 하는 결정적 기본점으로 되는 바를 알 수 있다. 그렇다면 이 제이존재 요구는 무엇인가 하면 제일존재의 결정적인 단위로부터 끊을 수 없는 관련된 증수단위라 할 수 있는 바이다. 이와 같이 되니 기본적 단위 수로부터 무한수까지 도달의 진급 과정의 표시가 공식이라 한다.(1-2쪽)

"事物의 存在를 認定할 진대 根本 하나의 單位로부터 增數的 單位까지가 一平線路程를 離脫할 수 업는 것은 事實이다. 이 一平線路程이야 他 아닌 各 單位에 共通路程됨은 事實인 것이다."(p.2)
"사물의 존재를 인정할 진대 근본 하나의 단위로부터 증수적 단위까지가 일평선노정을 이탈할 수 없는 것은 사실이다. 이 일평선노정이야 타 아닌 각 단위에 공통노정됨은 사실인 것이다."(2쪽)

이후 내용은 전반적으로 하나님에 대한 내용이다. 누구도 부정하지 못하는 양심의 존재성을 근거로 하나님을 그 양심의 근본으로 논하고 있다. 또한, 하나님이 창조하신 의의에 대한 설명과 어떻게 창조하셨는가에 대한 내용, 그리고 새 진리 출현의 필요성과 성격 및 진리 선포의 이유에 대하여 역설하고 있다.

"그러무로 人生은 良心의 있나니 이 良心의 自我에 存在하다는 것은 누구나 否定못한다. 그러타면 良心의 발아는 바는 自体 個性存在와

他性的 存在間에 絶大的인 單位의 平衡線 軌道를 通하여 共同한 理想体를 向하여 얻던 使命的 責任感를 추궁싴켜주는 큰 힘의 흘르는 것은 事實이다. 이 事實 本体를 人間의 根本單位本體라고 할 수 있는 細密하고 高尚한 存在의 根本의라는 것을 論할 수 있다. 이 存在을 말하기를 良本 根本이라고 하거나 또은 絶大善이라고 하<거>나 또는 하나님의라고 하거나 名稱의 問題가 안이고 存在의 決定的 事實의 問題이다."(pp. 4-5)

"그러므로 인생은 양심이 있나니, 이 양심의 자아에 존재한다는 것은 누구나 부정 못한다. 그렇다면, 양심이 바라는 자체 개성존재와 타성적 존재간에 절대적인 단위의 평형선 궤도를 통하여 공동한 이상체를 향하여 어떤 사명적 책임감을 추궁시켜 주는 큰 힘이 흐르는 것은 사실이다. 이 사실 본체를 인간의 근본단위본체라고 할 수 있는 세밀하고 고상한 존재의 근본이라는 것을 논할 수 있다. 이 존재를 말하기를 양본 근본이라고 하거나 또는 절대 선이라고 하거나 또는 하나님이라고 하거나 명칭의 문제가 아니고, 존재의 결정적 사실의 문제이다."(4-5쪽)

"根本 하나의 하나님으로부터 單數로부터 複數에로까지 共通的 路程은 無形世界로부터 有形世界로까지 有形으로부터 無形으로 한 回路의 通性을 알 수 있다. 그런고로 實体世界(有形世界)은 사람과 萬物이 展開를 말한다. 의 有形界은 無形<세계에> 表示的<인> 影体로서 發展싴키고저 하는 것이 卽 創造的 意義다."(p.6)

"근본 하나의 하나님으로부터 단수로부터 복수로까지 공통적 노정은 무형세계로부터 유형세계까지 유형으로부터 무형으로 한 회로의 통성을 알 수 있다. 그런고로 실체세계(유형세계)는 사람과 만물의 전개를 말한다.

이 유형계는 무형세계의 표시적인 영체로서 발전시키고자 하는 것이 즉 창조적 의의다."(6쪽)

"創造라는 것은 하나님의 性品 二性 卽 男性 女性 卽 陽性 陰性의 自体를 無限小 ~ 無限大까지벌러 노은 것의 의 天宙의 眞狀의다."(p.7)
"창조라는 것은 하나님의 성품 이성, 즉 남성 여성, 즉 양성 음성의 자체를 무한소 - 무한대까지 벌려 놓은 것이 이 천주의 진상이다."(7쪽)

"天宙 全体은 神妙한 妙理로 展開되나 그 妙理에 對하여 自身이 單位로되다. 同形体로 설수 있스며 對할 수 있슬 적에 無限한 新眞理가 出現됨을 体驗할 수 있는 바이다. 그러나 過今를 通하여 新眞理가 다시금 要求되는 바이다."(p.8)
"천주 전체는 신묘한 묘리로 전개되나 그 묘리에 대하여 자신이 단위로 된다. 동형체로 설 수 있으며 대할 수 있을 적에 무한한 새 진리가 출현됨을 체험할 수 있는 바이다. 그러나 과금을 통하여 새 진리가 다시금 요구되는 바이다."(8쪽)

"이 科學的인 原理를 通하여 보여지는 創造主의 攝理와 人間의 中心으로 되여 萬 天宙의 創造的 意義 等에 對한 根本問題며 또 그에 對한 重要解決이 되나니 그 重要함이 哲學에 根本이면서 宗教 理念에 極局에 点이면서 萬 人間의 찾고저 한은 天宙에 根本이 되나니 이 根本이 大衆人間의 발아는 바의 理想인 터이며 또 生存의 根本의 됨이니 누가 避할 수 업는 公理니 其 公理가 바로 우리 全部에 解決를 招來하여주는 根本問題다. 그러무로 我는 뭇 인생에게 對하여서 人間

의 찾저야 할 重大要素를 世上에 伝할려는 바이니 伝함을 받은 者은 灵를 通하여서 알려지는 事實를 肉를 通하여 能知할 수 잇는 唯一한 眞理니 그야말로 누가 反駁할 수 업는 天理原則이라."(p9-10)

"이 과학적인 원리를 통하여 보여 지는 창조주의 섭리와 인간이 중심으로 되어 만 천주의 창조적 의의 등에 대한 근본문제이며, 또 그에 대한 중요 해결이 되나니 그 중요함이 철학의 근본이면서 종교 이념의 궁극의 점이면서 만인간이 찾고자 하는 천주의 근본이 되나니 이 근본이 대중 인간이 바라는 바의 이상인 터이며, 또 생존의 근본이 됨이니 누가 피할 수 없는 공리이니, 그 공리가 바로 우리 전부의 해결을 초래하여 주는 근본문제다. 그러므로 나는 뭇 인생에게 대하여서 인간이 찾아야 할 중대요소를 세상에 전하려는 바이니, 전함을 받는 자는 영(靈)을 통하여서 알려지는 사실을 육(肉)을 통하여 능지할 수 있는 유일한 진리니 그야말로 누가 반박할 수 없는 천리원칙이라."(9-10쪽)

"그러면 至今부터 根本 眞理를 알고 찾는 데까지에 經路를 살펴보기로 하자!"(p.10)

"그러면 지금부터 근본 진리를 알고 찾는 데까지의 경로를 살펴보기로 하자!"(10쪽)

(2) 생의 발원은 선유에서부터

제목의 '선유에서부터'는 펜으로 써져 있는데 그 필체가 '생의 발원은'과는 달라 보인다. 덧붙어 쓴 것도 아니고 공백에 쓰여 있어 추후 쓴 것으로 보여 필적 감정이 필요하다.

이 부분에서는 생의 문제(존재의 문제)로 진화론과 창조론을 다루고 있으며, 진화론의 문제점을 논박하고 있다. 하나님과 인간의 관계를 인간의 특징과 구조에 대한 내용으로 설명하고 있다. 생의 주입된 경로와 삶의 원리(생의 원리)로서의 창조원리를 설명하고 있다. 그리고 생심의 요구대로 살아가야함을 생심과 육신의 관계로 말하고 있다. 그러나 타락으로 생심이 육신에게 구속되었음을 언급하며 인간의 창조본연의 가치와 타락으로 말미암아 나타난 결과들, 그리고 그에 대한 인간의 책임을 강조하면서 인간이 창조원리대로 살아가야 하는 것이 그에 대한 책임을 다하는 것이고 인간의 절대적 의무임을 강조하고 있다.

"眞理로 되는 根本体라는 存在에 있서 우리와 第一問題로 되는 生의 根本問題가 解決의 要点으로 展開됨을 避할 수 업다. 卽, 우리가 生하여지는 原因과 生하고 있는 原因과 生할 수 있는 原因 等등에 對<한> 萬相体의 근本 原因에 歸因하여 살펴보지 않이 할 수 업다."(p.10)
"진리로 되는 근본체라는 존재에 있어 우리와 제일문제로 되는 생의 근본문제가 해결의 요점으로 전개됨을 피할 수 없다. 즉 우리가 생하여지는 원인과 생하고 있는 원인과 생할 수 있는 원인 등등에 대한 만상체의 근본원인에 귀인하여 살펴보지 아니 할 수 없다."(10쪽)

"進化 法則의 잇는 바 인데 얻던 目的物이 構成될 수 있는 外部的 條件 卽 進化할 수 있는 方向으로 음직여 주는 힘은 어더서부터 始作되는지? 其他 生를 保存식킬 수 있는 諸 條件과 要素은 卽 힘과 光, 空氣, 水, 土 等의 存在할 수 있는 保障條件은 무엇 때매인가? 諸 條件等〃의 여러 가지 要素를 살펴볼 적에 進化的 法則은 移變体形를 取하는 自体外 外部的 諸 要素 存在까지 創造식켜가면서 進化한대맨은 모르거니와 그러케는 되지 못할을 우리는 速히 觀測될 때 進化할 수 있는 外部的 旣存環境은 如何의 되엿는가 이겄의 進化하기 爲한 前在條件이니 누가 이를 否認할 수 있스랴. 그러무로 生物은 勿論 其 外 諸 事物이 存在하기 爲하여 根本的으로 必要條件를 共通的으로 保有하게 하는 先有存在物이 絶大로 要求되는 바이다."(pp. 11-12)

"진화 법칙이 있는 바 인데 어떤 목적물이 구성될 수 있는 외부적 조건, 즉 진화할 수 있는 방향으로 움직여 주는 힘은 어디서부터 시작되는지? 기타 생을 보존시킬 수 있는 제 조건과 요소는 즉 힘과 빛, 공기, 물, 흙 등이 존재할 수 있는 보장조건은 무엇 때문인가? 제 조건 등등의 여러 가지 요소를 살펴볼 적에 진화적 법칙은 이형체형를 취하는 자체 외 외부적 제 요소 존재까지 창조시켜 가면서 진화한다면 모르거니와 그렇게는 되지 못함을 우리는 속히 관측될 때, 진화할 수 있는 외부적 기존 환경은 어떻게 되었는가? 이것이 진화하기 위한 전제 조건이니 누가 이를 부인할 수 있으랴. 그러므로 생물은 물론 그 외 제 사물이 존재하기 위하여 근본적으로 필요조건을 공통적으로 보유하게 하는 선유존재물이 절대로 요구되는 바이다."(11-12쪽)

"사람을 創造할제 하나님의 自己 形像되로 創造하시여 實体世界 主管 完格者로 創造하심이 卽 代身 主管者 確立이엿다. 이 確保이야 根本 하나님의 同像同性体으로 代辨格 實体라는 겄을 알 수 있다. 다시 말하면 하나님과 사람은 格과 形像으로나 同体形으로 되여 있끼에 主管格를 具備할 수 있는 겄은 事實로 되어진다."(p.14)

"사람을 창조할 때 하나님의 자기 형상대로 창조하시어 실체세계 주관 완격자로 창조하심이 즉 대신 주관자 확립이었다. 이 확보가 근본 하나님의 동상동성체로 대변격 실체라는 것을 알 수 있다. 다시 말하면 하나님과 사

람은 격과 형상으로나 동체형으로 되어 있기에 주관격을 구비할 수 있는 것은 사실로 되어진다."(14쪽)

"사람도 肉身은 萬物要素와 별반 差異 업섰스나 그 良心的 具組에는 하나님인 性品의 分在할 수 있는 存在 卽 生心이 特有点이였다. 이 生心의 長成하여 靈体를 일우고 靈体은 또 다시금 生命体와 生灵体로서 完成되여 直接 神의 指示에 左右되개 되여 있슴의 特有 要点이다. 다른 生物은 肉身은 다 갓고 있스나 生心이 업다. 肉身여는 肉心과 肉體가 合하여 同一目的 行動를 하게 되나니 이 作用部分은 動物性에 本能性이다. 이 本能性은 肉身的 活動으로 되여 生存에 知覺과 保護에 知覺과 繁殖知覺 等으로 區分되여서 生存体를 繼續하는 바이다. 사람은 以外<에> 靈的 作用를 根本하는 永遠存在인 하나님의 部分<性> 存在를 가젓기에 永遠 善으로 向하고저 함의 自然 作用으로 되어잇다."(p.15)

"사람도 육신은 만물요소와 별반 차이 없었으나 그 양심적 구조에는 하나님인 성품이 분재할 수 있는 존재, 즉 생심이 특유점이었다. 이 생심이 장성하여 영체를 이루고 영체는 또 다시금 생명체와 생령체로서 완성되어 직접 신의 지시에 좌우되게 되어 있음이 특유 요점이다. 다른 생물은 육신을 다 갖고 있으나 생심이 없다. 육신에는 육심과 육체가 합하여 동일 목적 행동을 하게 되나니 이 작용부분은 동물성의 본능성이다. 이 본능성은 육신적 활동으로 되어 생존의 지각과 보호의 지각과 번식 지각 등으로 구분되어서 생존체를 계속하는 바이다. 사람은 이외에 영적 작용을 근본하는 영원생존인 하나님의 부분성 존재를 가졌기에 영원 선으로 향하고자 함이 자연 작용으로 되어 있다."(15쪽)

"하나님의 生心의 中心되여서 外部体 機構인 肉身이 動作과의 差異 업는 一平線上에서 生心의 要求되로 生存함예 目的을 向하여서 나아가여만의 圓滿生存하는 겄의 根本이며 인생의 創造하신 바에 目的이다."(p.17)

"하나님이 생심의 중심되어서 외부적 기구인 육신이 동작과 차이 없는 일평선상에서 생심의 요구대로 생존함에 목적을 향하여서 나아가야만이 원만 생존하는 것이 근본이며 인생의 창조하신 바의 목적이다."(17쪽)

"우리 人生의 墮落되고 보니 萬物萬相으로 하여금 伝하여 주는 慰勞 對象이 取하는 그의 要求의 目的를 直接 對할 수 업는 無感<각>에 存在로 되여있슴을 自覺치 못하니 그 엇지 本 創造理想의 慰勞**的 대상**存在인 萬物萬相에 對하여 關聯性를 알지 **못하게 되니** 人間의 亦是 無意味로 보여 주며 同時에 **萬物自体에 對한 保護性과 價値性을 몰라주니** 萬物에 存在의 根本 創造意義도 破하는 作用의 始作되니 萬物의 存在의 根本目的은 아무런 使命的 力活를 보지 못하게 되었다"(pp. 20-21)

"우리 인생이 타락되고 보니 만물만상으로 하여금 전하여 주는 위로 대상이 취하는 그의 요구의 목적을 직접 대할 수 없는 무감각의 존재로 되어 있음을 자각치 못하니 그 어찌 본 창조이상의 위로적 대상존재인 만물만상에 대하여 관련성을 알지 못하게 되니 인간 역시 무의미로 보여 주며 동시에 만물 자체에 대한 보호성과 가치성을 몰라주니 만물의 존재의 근본 창조의의도 파괴하는 작용이 시작되니 만물의 존재의 근본목적은 아무런 사명적 역할을 보지 못하게 되었다."(20-21쪽)

"사람은 肉身 生前에 充分히 靈体의 要素를 取하게 하는 生涯의 目的의 生前에 重要目的이다. 이 目的를 達成하기 爲하여 墮落된 世界에는 道를 通하여 靈體의 自由長成를 培養하려는 <것이> 基本工作이다."(p.18)

"사람은 육신 생전에 충분히 영체의 요소를 취하게 하는 생애의 목적이 생전에 중요목적이다. 이 목적을 달성하기 위하여 타락된 세계에는 도를 통하여 영체의 자유 장성을 배양하려는 것이 기본공작이다."(18쪽)

"우리는 灵이 肉身를 指配함의 根本된 原理 로 되여있슴을 아니 우리 灵体의 要求에 肉身이 同一 行動하여 差異업는 生活을 肉身生前에 하여야 할 義務다. 이리하여 하나님은 우리 肉身을 灵体의 터로써 지여 自己의 理想繁殖을 始作케 하고저 함이 根本 人間 創造의 原因이엿다. 그러니 우리는 肉身生前에 灵化의 願하는 中心点에서 食生活를 하여 創造本体인 하나님의 人間를 지으신 本意를 完成하여서 天宙에 大 理想를 充分의 完成식키는데 사람은 中心的 努力를 다하여야 한다."(p.19)

"우리는 영이 육신을 지배함이 근본된 원리로 되어 있음을 아니, 우리 영체의 요구에 육신이 동일 행동하여 차이 없는 생활을 육신생전에 하여야 할 의무다. 이리하여 하나님은 우리 육신을 영체의 터로써 지어 자기의 이상번식을 시작케 하고자 함이 근본 인간 창조의 원인이었다. 그러니 우리는 육신생전에 영화(靈化)의 원하는 중심점에서 식생활을 하여 창조본체인 하나님의 인간을 지으신 본의를 완성하여서 천주의 대 이상을 충분히 완성시키는데 사람은 중심적 노력을 다하여야 한다."(19쪽)

(3) 무형세계와 유형세계의 동화적 근본의의

여기서는 창조세계에 대한 기본구조(원리)를 인간의 구조 중심으로 설명하고 있다. 육신과 영인체의 구조와 그의 기능 및 관계, 그리고 생의 원리에 대한 설명이 주 내용이다. 특이한 점은 동화적(同化的) 관점 즉 통일적 관점에서 존재 세계에 대하여 창조원리적 설명을 하고 있다는 것이다.

> "사람을 中心하고 하나님 自身의 無形体에서 有形体로 表成코저 함이며 그 사람의 다시금 無形体로 還存할 수 있는 原理로서 創造하심이 根本中心目的이다."(p.22)
> "사람을 중심하고 하나님 자신이 무형체에서 유형체로 표성코저 함이며, 그 사람이 다시금 무형체로 환존할 수 있는 원리로서 창조하심이 근본 중심 목적이다."(22쪽)

> "肉体은 萬物에 生에 体의 要素를 取키함의다. 肉身은 肉心과 肉体로 造成되여있나니 肉体인 有機体은 肉心으로 因하여 그 氣體에 完全存在体形를 保障키 爲하여 努力를 하고 그러하여 生心은 肉心의 理想形体系로 나아갈 길을 明示하여 그 理想体系를 脫線못하개하나니 그러무로 生心은 肉身培養上 卽 生心의 本 路線으로 있끌고저 함"(p.23)
> "육체는 만물에게서 생의 체의 요소를 취케 함이다. 육신은 육심과 육체로 조성되어 있나니, 육체인 유기체는 육심으로 인하여 그 기체에 완전존재 체형을 보장키 위하여 노력을 하고 그리하여 생심은 육심의 이상형 체계로 나아갈 길을 명시하여 그 이상체계를 탈선 못하게 하나니, 그러므로 생심은 육신 배양상 즉 생심의 본 노선으로 이끌고자 함"(23쪽)

"生心은 肉身의 생하는 作用를 保障한 그 우에다가 第二作用를 繼續하는 바인(데?) 그겄은 肉身의 生心의 營養과 갖튼 겄으로 作用한다. 그러무로 의 營養은 生心의 生存할 수 있는 必要素를 需給하여야하는 데는 生心의 長成할 수 있는 必要的 要素야만 된다. 이 必要的 要素로 되기 爲하여는 生心의 反하는 要素를 **許與**치 못한다. 그러무로 良心的 立場에서 肉身生의 保障의 要求된다. 그리하여 保障되는 **<육신> 生力要**素은 生心要素에 血의 作用과 갈은 作用으로 되여 生心의 生의 根本되는 無形世界의 生素를 呼吸하여여 肉身으로 받은 生力要素와 合하여서 完全授受作用이 保障의 根本的으로 要求됨을 알여야 한다. 이리하여 우리 人間은 無形世界에 生에 理想要素를 받어야 하는 겄의 根本이고 이를 **協助 並助하여 無形**世界와 有形世界와의 供生 基焦点으로 始作됨을 알러만 된다. 사람은 有形生에서 無形生에 世界까지 呼吸하여 生에 根本要素를 받고 있슴으로 의 두 作用를 우리는 我 한 自体에서 認識할 수 있는 바이다."(pp. 24-25)

"생심은 육신이 생하는 작용을 보장한 그 위에다가 제2작용을 계속하는 바인데 그것은 육신이 생심의 영양과 같은 것으로 작용한다. 그러므로 이 영양은 생심의 생존할 수 있는 필요소를 수급하여야 하는 데는 생심이 장성할 수 있는 필요적 요소이어야만 된다. 이 필요적 요소로 되기 위해서는 생심이 반하는 요소를 허여치 못한다. 그러므로 양심적 입장에서 육신 생의 보장이 요구된다. 그리하여 보장되는 육신 생력요소는 생심요소에 피의 작용과 같은 작용으로 되어 생심의 생의 근본 되는 무형세계의 생소를 호흡하여야 육신으로 받은 생력요소와 합하여서 완전 수수작용이 보장의 근본적으로 요구됨을 알아야 한다. 이리하여 우리 인간은 무형세계에 생의 이상요소를 받아야 하는 것이 근본이고, 이를 협조 병조하여 무형세계와 유형세계와의 공생 기초점으로 시작됨을 알아야만 된다. 사람은 유형 생에서 뮤형 생의 세계까지 호흡하여 생의 근본 요소를 받고 있음으로 이 두 작용을 우리는 나 한 자체에서 인식할 수 있는 바이다."(24-25쪽)

(4) 영인세계와 실체인세계와의 상대성 창조원리

본 제목은 위의 제목 3과 동일한 창조원리적 내용으로서 상대성의 관점에서 존재세계에 대한 설명을 하고 있다. 또한, 하나님으로부터 모든 존재의 상대성이 어떻게 창조되었고, 창조목적이 무엇인가에 대하여 논하고 있다. 사람 실체 육신의 생의 원리(1. 육신자체의 생의 원리 2. 환경과의 관계 속에서의 원리)에 대한 내용과 이 원리가 영인세계에도 적용되는 원리임을 전제하며 그 원리로서 영인세계의 삶을 설명하고 있다.

> "하나님께서 사람을 創造하실 때에 自己로부터 分立性으로 表現하심에 創造에는 男性女性 卽 陽性와 陰性 <이는 수수작용성픔>의 完全이存立됨 에만의 生이 創造되엿다. 그런데 사람의 한 存在의 <즉 상대성>男性이면男性 女性이맨 女性 한 存在를 다시금 分析하여 보맨 그 한 存在 각 자에도 異性形의 性品을 알 수 있다. - 중략 - 우리 사람 하나를 中心하고도 其 自体 中에 하나님 本性을 알 수 잇는 同時에 天宙에 創造原理를 區分 分別로써 全体 具成이 表示 發見할 수 있는 造化이 原理를 알 수"(p.26)
>
> "하나님께서 사람을 창조하실 때에 자기로부터 분립 성으로 표현하심에 창조에는 남성 여성 즉 양성과 음성, 이는 수수작용 성품이 완전히 존립되어야 만이 생이 창조되었다. 그런데 사람이 한 존재의, 즉 상대성 남성이면 남성, 여성이면 여성 한 존재를 다시금 분석해 보면, 그 한 존재 각자에

도 이성형의 성품을 알 수 있다. - 중략 - 우리 사람 하나를 중심하고도 그 자체 중에 하나님 본성을 알 수 있는 동시에 천주의 창조원리를 구별 분별로써 전체 구성이 표시 발견할 수 있는 조화의 원리를 알 수"(26쪽)

"사람은 實体 生存를 有持할려면 내 한 自体에서 三部分에 生에 起動作用의 要求되는 바이다. 卽 胃에 作用, 心臟作用, 呼吸作用 等이다. 其外의 한 對象된 存在로써 神脛係通이 있슴를 알 수 있다. - 중략 - 이 사람 實体存在와 灵人存在와는 한 作用法則과 갈은 原理로써 表徵되여지여저 있솜을 알 수 있다."(p.27)
"사람은 실체 생존을 유지하려면 내 한 자체에서 삼부분의 생에 기동작용이 요구되는 바이다. 즉 위의 작용, 심장작용, 호흡작용 등이다. 그 외의 한 대상된 존재로써 신경계통이 있음을 알 수 있다. - 중략 - 이 사람 실체존재와 영인존재와는 한 작용법칙과 같은 원리로써 표징되어 지어져 있음을 알 수 있다."(27쪽)

"灵人의 存在하여 生할러고 할 대애 우리 肉身은 우리 自体에 胃에 作用과 갈은 血를 돕는 겄과 갖치 灵人의 生長할 수 있는 營養要素를 授給하여야 한다. 그러면은 이 영양요소은 肉身 生活 圓滿으로부터 始作됨이다. 卽 生心要求 대로 사는 겄이다. 그리하여 生心은 한 心장과 갈은 作用으로 無形空中世界로부터 無形生心要素인 呼吸를 始作하여 灵人体를 具成코저 함이다. 이겄의 具成되매 灵人体의 感覺性 本体인 하나님의 實体와 連關을 일우어 灵人 神脛線 과 갈은 無限 生의 動力를 感覺하여 그의 完全 存在인 한 分体로써는 成고저 함의 重大要求다."(p.28)

"영인이 존재하여 생하려고 할 때에 우리 육신은 우리 자체의 위의 작용과 같은 피를 돕는 것과 같이 영인의 생장할 수 있는 영양요소를 수급하여야 한다. 그러면 이 영양요소는 육신 생활 원만으로부터 시작됨이다. 즉 생심요구 대로 사는 것이다. 그리하여 생심은 한 심장과 같은 작용으로 무형공중세계로부터 무형생심요소인 호흡을 시작하여 영인체를 구성코자 함이다. 이것이 구성됨에 영인체의 감각성 본체인 하나님의 실체와 연관을 이루어 영인 신경선과 같은 무한 생의 동력을 감각하여 그의 완전 존재인 한 분체로써 이루고자 함이 중대요구다."(28쪽)

중반부에서는 사랑의 관점에서 창조이상과 타락 그리고 복귀까지의 전반적인 개괄적 내용을 간략하게 언급하고 있다. 후반부에서는 새로운 내용으로서 하나님의 섭리적 내용과 앞으로 논할 논제들 제기와 함께 새 진리 선포의 이유와 그에 대한 내용을 설명하는 부분으로서 뒤 부분의 서론적 내용의 성격을 함께 지니고 있다.

"**그러면은 하나**님의 創造理想은 사람에 醉하여 **<번식케 하여 創造主가 우리를 사랑한은 代身 愛으로서 子로 사랑하면서>** 永遠히 살 **수 있는** 世界를 創造코저함의 目的理想이다. 그러무로 男性 女性이 있고 相對性世界를 創造함이니 그 얼마나 고마은 創造들이라."(p.29)
"그러면 하나님의 창조이상은 사람에 취하여 번식케 하여 창조주가 우리를 사랑하는 대신 사랑으로서 아들로 사랑하면서 영원히 살 수 있는 세계를 창조코자함이 목적이상이다. 그러므로 남성 여성이 있고 상대성세계를 창조함이니 그 얼마나 고마운 창조들이랴!"(29쪽)

"하날의 無限 사랑을 人間에게 附與하여 주게 되는 바가 目的이다. 그런데 創造世界가 墮落받고 난 後에는 宇宙에는 하나님의 사랑을 代身的으로 주고 받은 한 存在도 업섰슴으로 하나님이 이 存在를 세워 찾고저 함이 目的이다. 이겄을 찾저여야 萬物과 宇宙가 다시금 蘇生한은 根本이 生起개 되나니 그런고로 하나님의 하시고저 하시는 役事은 卽 攝理은 여기에 重要 要点이 있슴이다."(p.32)

"하늘의 무한 사랑을 인간에게 부여하여 주게 되는 바가 목적이다. 그런데 창조세계가 타락하고 난 후에는 우주에는 하나님의 사랑을 대신적으로 주고받은 한 존재도 없었음으로 하나님이 이 존재를 세워 찾고자 함이 목적이다. 이것을 찾아야 만물과 우주가 다시금 소생하는 근본이 생기게 되나니 그런고로 하나님이 하시고자 하시는 역사는 즉 섭리는 여기에 중요 요점이 있음이다."(32쪽)

"하나님의 게서 世界를 主管하면은 그 主管은 必然的으로 自己을 높피는 中心 基構를 中心하고 날타날 겄은 우리가 想像的으로 推測하여 알 수 있는 事實이다. 그러무로 世界은 宗教 理想形体를 가지口際機構가 必然的으로 날아나여만이 되어 진다."(p.33)

"하나님이 계셔 세계를 주관하면 그 주관은 필연적으로 자기를 높이는 중심 기구를 중심하고 나타날 것은 우리가 상상적으로 추측하여 알 수 있는 사실이다. 그러므로 세계는 종교 이상형체를 가진 국제기구가 필연적으로 나타나야 만이 되어 진다."(33쪽)

"하나님의 뜻을 발아는 宗教은 世界의 中心으로 움직임을 否認못한다. 그러타면 現今世界를 볼적에 世界的 中心를 일우고 나아가는 하나님을 모시는 宗敎은 무슨 宗敎인가 살피지 안을 수 업다. 그 宗敎은 基督敎를 잡지 않을 수 업다. 그러면 그 基督敎의 中心眞理와 하나님의 理想과 同一하며 그 理想과 世界와는 同一한 路程를 떠나서 나아갈 수 업는 바이다."(p.34)

"하나님의 뜻을 바라는 종교는 세계의 중심으로 움직임을 부인 못한다. 그렇다면 현금세계를 볼 적에 세계적 중심을 이루고 나아가는 하나님을 모시는 종교는 무슨 종교인가 살피지 않을 수 없다. 그 종교는 기독교를 잡지 않을 수 없다. 그러면 그 기독교의 중심 진리와 하나님의 이상과 동일하며 그 이상과 세계와는 동일한 노정을 떠나서 나아갈 수 없는 바이다."(34쪽)

"하나님의 基督敎를 세워 人類를 對한 攝理 路程과 基督敎에 至今까지 감추여진 眞理의 根本問題 等〃의 明白히 날하나여만 된다. 그 事實의 날아나면은 末世인 同時 宇宙的 審判時期은 招來하는 事實의 根據 等〃를 알여야 한다. 끝날 대면 聖經도 完成하여만의 될 터인데 聖經애 根本問題가 明白하개 되지 않은 다면 末世라고 할 수 업다. 그러치 안으면 再臨이라는 名詞조차 成事치 못한다. 再臨되기 前에 聖經 中心 根本를 解決하여만 되는 것의 現 基督信者의 重大한 問題이면서 世界神學界의 重大 課業이라 아니할 수 업다.」 그러무로 나는 全 世界에 信者를 對하여서 의 根本問題를 밝켜서 宣布치 않을 수 업는 바이다."(p.35)

"하나님이 기독교를 세워 인류를 대한 섭리 노정과 기독교에 지금까지 감추어진 진리의 근본문제 등등이 명백히 나타나야만 된다. 그 사실이 나타나면 말세인 동시에 우주적 심판 시기가 초래하는 사실의 근거 등등을 알아야 한다. 끝날이 되면 성경도 완성해야 만이 될 터인데 성경의 근본문제가 명백하게 되지 않는다면 말세라고 할 수 없다. 그렇지 않으면 재림이라는 명사조차 성사치 못한다. 재림되기 전에 성경 중심 근본을 해결하여만 되는 것이 현 기독신자의 중대한 문제이면서 세계 신학계의 중대 과업이라 아니할 수 없다. 그러므로 나는 전 세계의 신자를 대하여서 이 근본문제를 밝혀서 선포치 않을 수 없는 바이다."(35쪽)

「원리원본」 36쪽 마지막 부분에 "(51. 5.22. 3주년 기념일이다.)"라는 문구가 있다. 어떤 기념일인지 의문이 든다. 1951년이 3주년이라면, 그 기념일 년도는 1948년도가 된다. 그리고 1948년 5월 22일은 문선명 선생께서 1948년 5월 20일 흥남감옥으로 이송되어 가신 날로부터 3일째 되는 날이다. 그렇다면, 1951년 5월 22일이 3주년 기념일이 되는 사건은 아마도 1948년 5월 20일부터 흥남감옥소에서 3일 노정을 끝마치신 날로 추정되면서 이 날의 섭리적 의미가 무엇인지 곱씹게 된다.

5) 창조원리와 타락원리는 사랑에서 시작

본 제목에서부터 본격적인 본론이 시작되는 것 같다. 창조원리와 창조목적 등에 대하여 다시금 명확하게 설명되어 있다. 전체적으로 사랑의 관점으로 창조와 타락을 설명하고 있다. 타락이 천사에 의해 시작되었음을 언급하고 있으며 이러한 사실을 선포해야 하는 이유에 대하여 설명하고 있어 서론적 성격도 있다.

"하나님은 사람을 創造하심도 自己自身의 至極한 사랑의 理想를 實現코저함의였다. 卽 하나님은 中和性으로 게서는 本 形体를 分性化하신 것의 사람 創造며 萬物創造이 表徵이다. 하나님은 分性를 보게 될때에 至極한 사랑을 實現化시키고저함이였다. 그러무로 만물 全部은 하나님의 理想를 더욱 美和하기 爲하여서 萬物을 지으섯다."(p.36)

"하나님은 사람을 창조하심도 자기자신의 지극한 사랑의 이상을 실현코 자함이었다. 즉 하나님은 중화성으로 계시는 본형체를 분성화하신 것이 사람 창조며 만물창조의 표징이다. 하나님은 분성을 보게 될 때에 지극한 사랑을 실현화시키고자 함이었다. 그러므로 만물 전부는 하나님의 이상을 더욱 미화하기 위하여서 만물을 지으셨다."(36쪽)

"사람의 사랑은 어는 萬物性에서도 찾을 수 업는 사랑性을 갖고 있게 지은 것이다. 그런데 <사람을> 이 사랑性를 圓滿히 갖저야 할 目的의였는데 그 目的의 圓滿化를 일으지 못한 것의 墮落性이 出發이다."(p.37)
"사람의 사랑은 어느 만물성에서도 찾을 수 없는 사랑성을 갖고 있게 지은 것이다. 그런데 사람을 이 사랑성을 원만히 가져야 할 목적이었는데 그 목적의 원만화를 이루지 못한 것이 타락성의 출발이다."(37쪽)

"惡의 主人公은 사탄인 同時에 逆賊된 天使라고 其 存在에 있서는 누시엘 天使이 一名의 始作이 있슴을 다들 아는 事實이다."(p.40)
"악의 주인공은 사탄인 동시에 역적된 천사라고 그 존재에 있어서는 누시엘 천사의 일명의 시작이 있음을 다들 아는 사실이다."(40쪽)

"至今은 때가 다 되였스니 世上에서 成事하여야 할 時期은 왔스니 必然코 歷史的으로 未不明한 의 創造根本과 墮落根本의 出發点를 밝켜야만의 하나님 뜻의 成事될 時期를 알러주는 것이니 받드시 根本를 表示하여야만 한다."(p.41)
"지금은 때가 다 되었으니 세상에서 성사하여야 할 시기는 왔으니 필연코 역사적으로 미불명한 이 창조근본과 타락근본의 출발점을 밝혀야 만이 하

나님의 뜻이 성사될 시기를 알려주는 것이니 반드시 근본을 표시하여야만 한다."(41쪽)

다음 세 제목은 위 내용의 범주 안에 포함되는 내용이다. 어떻게 창조하셨는지에 대한 내용과 타락에 관한 내용에서 천사에 대한 내용과 타락 이후의 내용이 자세히 설명되어 있고, 타락을 간섭치 않으신 이유와 타락할 수 있었던 이유에 대하여서도 설명되어 있다.

"言으로서 萬物를 創造하시였다 - 중략 - 言으로 萬物를 지여섰다 하는 데는 하나님의 直接 一体로 되여 있는 第二 存在性를 알려주는 겄를 알어야 한다. 다시 말하면 言으로 지으섰다는 겄은 하나님의 根本 形体와 性品를 벌러 노었다는 意義있는 바를 알어야한다. 그러무로 言으로 지었다는 겄은 相對性은 말한바면서 陰陽性도 말한 바를 알려주는 事實이다. 그런고로 이 言이란 意義는 여기에 始作되는 바이다."(p.46)
"말씀으로서 만물을 창조하셨다. - 중략 - 말씀으로 만물을 지으셨다 하는 데는 하나님이 직접 일체로 되어 있는 제이 존재성을 알려주는 것을 알아야 한다. 다시 말하면 말씀으로 지으셨다는 것은 하나님의 근본 형체와 성품을 벌려 놓았다는 의의가 있는 바를 알아야 한다. 그러므로 말씀으로 지었다는 것은 상대성을 말한 바면서 음양성도 말한 바를 알려 주는 사실이다. 그런 고로 이 말씀이란 의의는 여기에 시작되는 바이다."(46쪽)

"아담 해와를 創造하기 前에는 無形世界에 天使들은 天使長를 中心하고 하나님의 直接 사랑을 받았다. 그런 고로 天使長 누시엘은 하나님의 여러 가지로 議論 相對로 되엿고 全 사랑을 받고 있섰다. 하나님의 사랑은 그들의 生命이 根本이면서도 모든 幸福要素이였다."(p.50)
"아담 해와를 창조하기 전에는 무형세계의 천사들은 천사장을 중심하고 하나님의 직접 사랑을 받았다. 그런 고로 천사장 누시엘은 하나님의 여러 가지로 의논 상대로 되었고, 전 사랑을 받고 있었다. 하나님의 사랑은 그들의 생명의 근본이면서도 모든 행복요소였다."(50쪽)

"自己에게 對한 사랑의 減少되는 感을 늒겨서 다시금 이런 感도 늒기지 않은 同時에 사람에개 까지 가는 사랑을 自己가 所有코자하는 마음으로 工作함의 始作되였다. 卽 하나님은 해와를 지극히 사랑하시니 그 해와 自体를 내 所有로 하고저 하여서 天使長 누시엘은 아직 成熟치 않은 해와를 對하여서 誘引키 始作하였다."(p.51)
"자기에게 대한 사랑의 감소되는 감을 느껴서 다시금 이런 감도 느끼지 않는 동시에 사람에게까지 가는 사랑을 자기가 소유코자 하는 마음으로 공작함이 시작되었다. 즉 하나님은 해와를 지극히 사랑하시니 그 해와 자체를 내 소유로 하고자 하여서 천사장 누시엘은 아직 성숙치 않은 해와를 대하여서 유인하기 시작하였다."(51쪽)

"人間은 원수의 品에서 拘束받고 참父母를 일어 벌리고 사니 그 良心的 苦痛은 이 事實를 알려주는 間接的 刺戟이다."(p.55)
"인간은 원수의 품에서 구속받고 참부모를 잃어버리고 사니 그 양심적 고통은 이 사실을 알아주는 간접적 자극이다."(55쪽)

“新約에 보면은 예수도 不順不信不侍者를 對하여 요한복음에 8/44에 爾等은 爾等이 父 魔鬼이게서 出스(니?) 爾等은 너이 아바지이 魔心를 行할저 하나니라 하시엿다. 이 말삼은 墮落 根本이 主人格이 本体은 사탄이다하는 것를 밝(이는 겄이?) 事實이다. 그런고로 배암이란 卽 사탄를 表示한 바를 밝키 알어야 한다. 그런 고로 우리는 원수픔(子?) 때 處함을 알고 다시금 본 아바지로 찾저 가여 할 路程이 본 求援 路程이다.”(p.54)

“신약에 보면 예수도 불순-불신-불시자를 대하여 요한복음 8장 44절에 너희들은 너희들의 아버지 마귀에서 낳았으니 너희들은 너희 아버지의 마귀같은 마음을 행할려고 하나니라 하시었다. 이 말씀은 타락 근본이 주인격의 본체는 사탄이다 하는 것을 밝히는 것이 사실이다. 그런 고로 뱀이란 즉 사탄을 표시한 바를 밝히 알아야 한다. 그런 고로 우리는 원수의 자식에 처함을 알고 다시금 본 아버지로 찾아 가야 할 노정이 본 구원노정이다.”(54쪽)

“만일 未完成 時에 사랑받으면 사랑받은 <그 자체은 사랑만을 要求하여 근本 個性原理完成를 할 수 업는 사실이기며 또 原理自体를 反하는 것> 自体나 사랑하는 自体가 卽 理想사랑를 成事할 수 업는 事實이다. 그런고로 사람를 至極한 사랑 理想形体를 完成코저 함이였든 겄이다.”(p.58)

“만일 미완성 때에 사랑받으면 사랑받은 그 자체는 사랑만을 요구하여 근본 개성원리완성을 할 수 없는 사실이며, 또 원리자체를 반하는 것 자체나 사랑하는 자체가 즉 이상사랑을 성사할 수 없는 사실이다. 그런 고로 사람을 지극한 사랑 이상형체를 완성코자 함이었든 것이다.”(58쪽)

"사람도 自由軌道로 天使長도 自由理想 軌道 世界에 法理로 活動하면서 살 수 있는 自由存在들이엿다. 그러무로 그 自由理想 中心한 自由 成事 世界를 造成하엿서 其 創造 全 自由理想를 完成하기 爲하여서 個性完成<과> 自由体<世界>理想 存在들의 하나님의 根本理想이엿다."(p.59)
"사람도 자유궤도로 천사장도 자유이상 궤도 세계의 법리로 활동하면서 살 수 있는 자유존재들이었다. 그러므로 그 자유이상 중심한 자유 성사 세계를 조성하여서 그 창조 전 자유이상을 완성하기 위하여서 개성완성과 자유체세계이상 존재들이 하나님의 근본이상이었다."(59쪽)

"하나님은 根本되로 다시금 찾저 創造本意 理想体로 恢歸코저 함의 歷史를 通하여 <하나님의>攝理한 路程이다. 그런 고로 사람 中心하고 善神가 惡神이 對立의 始作의 結果은 歷史發展史를 指配하게 되었다."(p.63)
"하나님은 근본대로 다시금 찾아 창조본의 이상체로 회귀코자 함이 역사를 통하여 하나님이 섭리한 노정이다. 그런 고로 사람 중심하고 선신과 악신이 대립의 시작의 결과는 역사발전사를 지배하게 되었다."(63쪽)

"사탄까지 强制屈服를 要하는 겂의 않이고 自然屈服를 要하고 六千年 歷史를 나오심은 全 原理創造世界를 完全히 찾코저 함<이>니 그러여만의 創造理想体를 始作할 수 있스니 사탄가지 自由行動게 하심은 잘 알아야 한다. 聖經歷史를 通하여서 사탄과 하나님의 對하여말한 겂이 든가 참소함의든가 <예수님의 시험의든가> 보아도 그 自由許諾 理想舞臺를 根本意義를 하엿끼예 라는 것를 알어야 한다."(p.65)

> "사탄까지 강제굴복을 요하는 것이 아니고 자연굴복을 요하고 6천년 역사를 나오심은 전 원리창조세계를 완전히 찾고자 함이니 그래야만이 창조이상체를 시작할 수 있으니 사탄까지 자유 행동케 하심은 잘 알아야 한다. 성경역사를 통하여서 사탄과 하나님이 대하여 말한 것이든가 참소함이든가 예수님의 시험이든가 보아도 그 자유 허락 이상무대를 근본 의의로 하였다는 것을 알아야 한다."(65쪽)

하나님을 어떻게 알 수 있는가에 대한 내용이 갑자기 타락에 대한 내용과 복귀에 대한 내용 사이에 나타난다. 하나님의 존재성과 하나님과 인간과의 관계를 수리적으로 자세히 하고 있다. 그 존재성을 유무의 개념으로 또한, 유무의 개념을 숫자 1과 0의 개념으로 설명하고 있다. 그러한 하나님을 알기 위해서는 자신으로부터 시작하여 하나님을 체휼해야 하는 단계로 가야 한다고 설명하고 있다.

> "만은 사람들은 하나님의 根本에 對하여까지 알라보려고 하고 있다. 果然 其 自体가 明白하여서 天宙애 全部를 圓滿하게 理解코저 함에서 始作이라고는 할 수 있는 事實은 分明하다."(p.66)
> "많은 사람들은 하나님의 근본에 대하여 까지 알아보려고 하고 있다. 과연 그 자체가 명백하여서 천주의 전부를 원만하게 이해코자 함에서 시작이라고는 할 수 있는 사실은 분명하다."(66쪽)

> "第一 갓가은데 있는 自己가 問題다. 現實 自己의 存在의 根本를 안後에야 다음 問題가 하나님으로 옴겨지여<야> 할 事實인 데 自己의 存在의 根本도 알지 못하고 하나님의 存在의 如何를 말한댓짜 其 自体은 例를 두면 公式의 根本 單位로 될 自体를 알지 못하고 있는 겄

과 마참가지다."(p.67)
"제일 가까운데 있는 자기가 문제다. 현실 자기의 존재의 근본을 안 후에야 다음 문제가 하나님으로 옮겨져야 할 사실인데 자기의 존재의 근본도 알지 못하고 하나님의 존재의 여하를 말해봤자 그 자체는, 예를 들면, 공식의 근본 단위로 될 자체를 알지 못하고 있는 것과 마찬가지다."(67쪽)

"사람의 有라고 하는 겄과 無라고 하는 겄은 最初에 分岐点를 무얿스로 잡고 있는가가 生覺할 重要問題다."(p.68)
"사람이 유라고 하는 것과 무라고 하는 것은 최초의 분기점을 무엇으로 잡고 있는가가 생각해야 할 중요문제다."(68쪽)

"數字上으로는 零과 <①하나와는>와의 相異位置를 갔고 있지만 實際에 있서는 同一点를 離脫못하는 其 共通 路線上에 存在다. 그러무로 實在上으로는 1=零이라고 할 수 있는 程度이 存在들이다. 1 = 零 1 = 絶大値 數 基本數며 有에 基本存在다. 零 = 無限 無에 絶大値數면서 有에 無限 小數의 中間存在다."(p.72)
"숫자상으로는 영과 1하나와는 상이위치를 갖고 있지만 실제에 있어서는 동일점을 이탈 못하는 그 공통노선상의 존재다. 그러므로 실재상으로는 1=영이라고 할 수 있는 정도의 존재들이다. 1=영, 1=절대치 수 기본수며, 유의 기본존재다. 0 = 무한 무의 절대치 수이면서 유의 무한 소수의 중간 존재다."(72쪽)

"數 世界에 있서서 零이라하여 絶大無이 存在를 決定한 듯의 하고 있는 바와 同一한 生覺으로 되여 있는 바와 함가지다. 업다할 진땐

無限 小에가지 到達한 후에 其 世界가 自己의 認定 範圍 內에 들어서개 될 대에는 無에 對한 結論은 可할 겄인데 그곳조차 生覺도 못하고 그저 無라면 自己가 無라고 하는 바가 그냥 無로서 萬事를 解決하여주는 中心 存在로 되는가. 그겄은 至極한 어리석은 行動이다. 有라 할 진대 其 存<在>의 價値은 絶對有까지 繼續 存在하고 있는 바를 알 수 있다. 그런고로 有로 하는 自己와 無의 中心 立場에 自己에 對하여서는 알려고 할 적에 第一 큰 問題의 中心点이다. 卽 有로 내가 있서야 되며 無로 내가 있서야 된다. 이< 問題에>는 決定的 存在은 卽 自己이다."(pp. 73-74)

"수 세계에 있어서 영이라 하여 절대 무의 존재를 결정한 듯이 하고 있는 바와 동일한 생각으로 되어 있는 바와 한가지다. 없다할 진대 무한소까지 도달한 후에 그 세계가 자기의 인정 범위 내에 들어서게 될 때에는 무에 대한 결론은 가할 것인데 그곳조차 생각도 못하고 그저 무라면 자기가 무라고 하는 바가 그냥 무로서 만사를 해결해 주는 중심 존재로 되는가. 그것은 지극히 어리석은 행동이다. 유라 할 진대 그 존재의 가치는 절대 유까지 계속 존재하고 있는 바를 알 수 있다. 그런 고로 유로 하는 자기와 무의 중심 입장의 자기에 대하여서 알려고 할 적에 제일 큰 문제가 중심이다. 즉 유로 내가 있어야 되며 무로 내가 있어야 된다. 이 문제의 결정적 존재는 즉 자기이다."(73-74쪽)

"하나님에 對한 根據에 如何은 먼츰 被造体 自己의 根本에 對한 實感性를 알고 나아가면서 探求하면은 第一存在의 確實性은 自然的 意識存在로 게시는 겄이다. 그겄이 明白한 体驗은 實行하여 찾저 보며은 其 自体를 알 수 있다. 웨나하면은 하나님은 絶大有에서 絶大

無의 基本存在이무로 어는 面에서도 單位的 路線에서만 서서 左右를 찾으면은 그 存在은 自然的으로 体感된다. 그 体感으로써하나님의 存在에 對하여 確實한 根本問題를 解決할 수 있는 바이다. 웨나하면은 無限大에서 無限小에 通한 共同路線으로 흘르는 無限大이면서 無限小이 힘을 보와 이 힘은 公式과 같은 法理를 通하여 聯(續?)되고 있스매 其 얻던 中間 立場에서라도 自己만의 其 힘과 感應될 수 있는 單位体로 <평형선상에 서게> 되면 無限大에서 無限小에 흘르는 그 感智를 通하여서도 알 수 있는 바이다. 그러무로 하나님은 無限大에서부터 無限 小애까지 連關하는 中心動力体이다. 그리면서 永遠를 標準삼고 始作하여 나아간다. 그런 고로 사람은 其 中間 存在다."(pp. 75-76)

"하나님에 대한 근거의 여하는 먼저 피조체 자기의 근본에 대한 실감성을 알고 나아가면서 탐구하면 제일존재의 확실성은 자연적 의식존재로 계시는 것이다. 그것이 명백한 체험은 실행하여 찾아보면 그 자체를 알 수 있다. 왜냐 하면 하나님은 절대 유에서 절대 무의 기본존재이므로 어느 면에서도 단위적 노선에서만 서서 좌우를 찾으면 그 존재는 자연적으로 체감된다. 그 체감으로써 하나님의 존재에 대하여 확실한 근본문제를 해결할 수 있는 바이다. 왜냐 하면 무한 대에서 무한소로 통한 공동노선으로 흐르는 무한대이면서 무한소의 힘을 보와 이 힘이 공식과 같은 법리를 통하여 연속되고 있으며 그 어떤 중간 입장에서라도 자기만이 그 힘과 감응될 수 있는 단위체로 평형선상에 서게 되면 무한대에서 무한소로 흐르는 그 감지를 통하여서도 알 수 있는 바이다. 그러므로 하나님은 무한대에서부터 무한소까지 연관하는 중심동력체이다. 그러면서 영원을 표준삼고 시작하여 나아간다. 그런 고로 사람은 그 중간 존재다."(75-76쪽)

"우리는 有에서 處하여 있스니 有에 對 感性의 各面에 記和되여 있는 것과 갖은 理由로 되여있기에 對 有에서부터 伝하여 주는 感力에 對하여 振動感를 늬길 수 업고 또 外力感에 **對**하여 消耗的 反作用를 함으로 外力 有에 感力에 對하여 에민하게 作用 못하는 것이다. 그러무로 우리 修養이나 祈禱나가 이곳의 밎처주는 外力感力에 對比하여 振動할 수 있는 對應의 존재의 位置를 取코저 하는 바가 原理로 되여 있다. <**그러기에 無에 境 고요한 곳으로 要구된다**> 그런고로 누구나 하나님의 有하다면은 無我에 境地에 찾저 들어가면 超自然感력 絶大 有의 境地가 있다는 것를 체증한다. 그것은 卽 하나님의 有하다는 것을 아는 同時에 그 根本 有에 作用과 合致한 점에 내가 세맨은 내 自体에는 超自然作用에 感力과 實感이 내 現 自我와 聯絡됨을 알 수 있다. 그런고로 佛敎의 無我境이라고 하여 찾은 一(理-유필참조)도 어지 있는 바이다. 그러무로 科學世界에 公理나 公式갈은 것도 間接的으로 그 自体를 接하게 하는 것과 갈은 바<로 되는 것>를 알어야 한다."(p.85-86)

"우리는 유에서 처하여 있으니 유에 대한 감성의 각 면에 기화되여 있는 것과 같은 이유로 되어 있기에 대 유에서부터 전하여 주는 감력에 대하여 진동감을 느낄 수 없고, 또 외력감에 대하여 소모적 반작용을 함으로 외력 유의 감력에 대하여 예민하게 작용 못하는 것이다. 그러므로 우리 수양이나 기도가 이곳에 미쳐 주는 외력감력에 대비하여 진동할 수 있는 대응의 존재의 위치를 취코자 하는 바가 원리로 되어 있다. 그러기에 무의 경 고요한 곳으로 요구된다. 그런 고로 누구나 하나님이 유하다면 무아의 경지에 찾아 들어가면 초자연감력 절대 유의 경지가 있다는 것을 체증한다. 그것은 즉 하나님이 있다는 것을 아는 동시에 그 근본 유의 작용과 합치한

점에 내가 서면 내 자체에는 초자연작용의 감력과 실감이 내 현 자아와 연락됨을 알 수 있다. 그런 고로 불교의 무아경이라고 하여 찾은 일리도 여기 있는 바이다. 그러므로 과학세계의 공리나 공식 같은 것도 간접적으로 그 자체를 접하게 하는 것과 같은 바로 되는 것을 알아야 한다."(85-86쪽)

복귀섭리 내용의 서론적 부분으로서 때가 되면 새로운 진리, 원리 근본이 나타난다는 내용과 함께 서론적 부분의 핵심적 내용이 설명되어 있다. 아담가정과 노아까지의 섭리적 내용을 설명하고 있다.

"하나님끠서 모세에게 創世記를 敎示할 대애 웨 根本 意義를 全部 밝켜서 敎示치 않하 하였<는>가 라면은 여기에 한 敎示할 수 업는 中心意義가 있승이다."(p.89)
"하나님께서 모세에게 창세기를 교시할 때에 왜 근본 의의를 전부 밝혀서 교시치 아니 하였는가 라면, 여기에 한 교시할 수 없는 중심 의의가 있음이다."(89쪽)

"이 뜻은 實際로 自身<하나님>를 通하여 實踐될 根本 問題였기에 하나님의 이 뜻 成事할 수 있는 無墮落時代에 아담해와보담 하날적 完成存在가 現서만의 始作할 部分에 뜻이니 그 自体를 모세에게 直接的으로 敎訓하지 안았다. 原理的으로 볼 적에 根本人間祖上 되여야 할 存在들의 未知로서 되였든 事實를 모세로써 아는 것은 原理的 順序로 許與되지 않은 바이다."(p.90)
"이 뜻은 실제로 자신 하나님을 통하여 실천될 근본 문제였기에 하나님의 이 뜻 성사할 수 있는 무타락시대의 아담해와 보다 하늘적 완성존재가 나타나서

만이 시작할 부분의 뜻이니 그 자체를 모세에게 직접적으로 교훈하지 않았다. 원리적으로 볼 적에 근본인간조상 되어야 할 존재들이 미지로서 되었던 사실을 모세로써 아는 것은 원리적 순서로 허여되지 않은 바이다."(90쪽)

"그런 고로 모세를 세워서 直接 役事하신 겄은 다시금 뜻를 成事할 수 있는 基礎를 닥고저 하는 겄의 <아>바까지 뜻이였다. 이 터가 成(성)立되고 난 後(후)애만의 하나님의 뜻를 始作할 수 있는 바이였다. 그래 모세는 하날 成事를 準備한 立場에 處한 存在를 無로 하나님은 根本 뜻 工作를 始作하지 못한 겄이다."(p.92)
"그런 고로 모세를 세워서 직접 역사하신 것은 다시금 뜻을 성사할 수 있는 기초를 닦고자 하는 것이 아바까지 뜻이었다. 이 터가 성립되고 난 후에 만이 하나님의 뜻을 시작할 수 있는 바이었다. 그래 모세는 하늘 성사를 준비한 입장에 처한 존재를 무로 하나님은 근본 뜻 공작을 시작하지 못한 것이었다."(92쪽)

"사람은 永遠할 수 있는 生命果를 하나님 뜻 中心하고 따 먹으야 할 生命果은 먹지 못하게 되였다. - 중략 - 이 生命樹라는 겄은 하나님계 直接屬 할 수 있는 自体"(p.93)
"사람은 영원할 수 있는 생명과를 하나님 뜻 중심하고 따먹어야 할 생명과는 먹지 못하게 되었다. - 중략 - 이 생명수라는 것은 하나님께 직접 속할 수 있는 자체"(93쪽)

"하나님은 根本自己에 屬하여야 하게금 原理를 세웨 創造하였는데 다른 存在 사탄의 生起게 되니 사람 한아 中心하고 二相對 存在가 있개 되니 根本 原理와는 背他되는 事實이다."(p.95)

"하나님은 근본자기에 속하여야 하게끔 원리를 세워 창조하였는데 다른 존재 사탄이 생기게 되니 사람 하나 중심하고 두 상대 존재가 있게 되니 근본 원리와는 배타되는 사실이다."(95쪽)

"아담 해와는 失敗함으로 二性品格의 母体의 主人公으로 始作은 創造原理的인 아닌 結果를 가저오게 되였다. 그래 하나님은 아담해와 對하여서 直接 찾은 工作은 始作 못하고 其 子를 두고 復歸 工作를 하기 始作한 바가 卽 아담해와의 子女인 가인과 아벨이 對한 攝理이 路程를 보개 되는 바이다. 그런 고로 모츰 사탄血를 받고 난 인간이니 첫 生産者은 사탄에게 屬한은 原理的 안인 存在로 되였다. 그 다음 存在은 하나님의 찾즐 수 있는 立場에 屬한은 存在로 되었다."(p.97-98)
"아담 해와는 실패함으로 이성품격의 모체의 주인공으로 시작은 창조원리적이지 않은 결과를 가져오게 되었다. 그래 하나님은 아담해와 대하여서 직접 찾은 공작은 시작 못하고 그 아들을 두고 복귀 공작을 하기 시작한 바가 즉 아담해와의 자녀인 가인과 아벨을 대한 섭리의 노정을 보게 되는 바이다. 그런 고로 먼저 사탄 피를 받고 난 인간이니 첫 생산자는 사탄에게 속하는 원리적이지 않은 존재로 되었다. 그 다음 존재는 하나님이 찾을 수 있는 입장에 속한 존재로 되었다."(97-98쪽)

"사람은 볼레 하나님의 겄으로 지였끼에 하나님의 몬 츰 取할 수 있는 原理的 權利은 有한 바다. 그러니 사탄의 사람를 誘引하였스나 間接的 態度로 나아가는 立場에 處하였다. 그래 하나님은 여기서 復歸工作 始作를 볼러니 블順從으로 墮落한 人間이니 順從으로서야만의 하나님의 便에 서서 原理를 찾즐 수 있는 바니고 不順從이면 不從順의 主人公의 사탄 所有라는 두 갈러 길이 지여지게 되었다."(pp. 99-100)

"사람은 본래 하나님의 것으로 지였기에 하나님이 먼저 취할 수 있는 원리적 권리는 있는 바다. 그러니 사탄이 사람을 유인하였으나 간접적 태도로 나아가는 입장에 처하였다. 그래 하나님은 여기서 복귀공작 시작을 보려니 불순종으로 타락한 인간이니 순종으로서만이 하나님의 편에 서서 원리를 찾을 수 있는 바이고, 불순종이면 불순종의 주인공의 사탄 소유라는 두 갈래 길이 지여지게 되었다."(99-100)

"사탄의 行動의 全 人間은 死亡으로 몰아있는 結果를 가저 왓서 審判은 하였<으>나 痛분한 事實이다. 웨나 하면 사탄 때매지 사람에게 무었 罪가 있는가 하는 生覺은 하나님 亦是 生覺지 않을 수 업섰다. 그런 고로 다시는 이와 같은 審判은 하지 않을 겄를 세웨섰다."(p.106)
"사탄의 행동이 전 인간을 사망으로 몰아간 결과를 가져와서 심판은 하였으나 통분한 사실이다. 왜냐 하면 사탄 때문이지 사람에게 무슨 죄가 있는가 하는 생각은 하나님 역시 생각지 않을 수 없었다. 그런 고로 다시는 이와 같은 심판은 하지 않을 것을 세우셨다."(106쪽)

"하나님的 責任分擔 歷史가 舊約歷史고 아담해와(예수와 성신) 全人類 責任分擔歷史가 新約歷史다. 그리여만의 本 墮落 前 起本点를 볼 수 있는 겄이 되여만의 再臨 成事 時代가 卽 成約時代면서 理想時代다."(p.109-110)
"하나님적 책임분담 역사가 구약역사이고, 아담해와(예수와 성신) 전 인류 책임분담역사가 신약역사다. 그래야만이 본 타락 전 기본점을 볼 수 있는 것이 되어야만이 재림 성사 시대가 즉 성약시대면서 이상시대다." (109-110쪽)

하나님적 분담 섭리기간으로 복귀섭리기대조성을 위한 섭리의 내용이 노아, 아브라함 그리고 아브라함에서 예수님까지 섭리하시는 내용에 대하여 설명하며 모세노정의 섭리적 의의와 그 노정에 대하여 자세히 설명되어 있다.

"그 時에 노와는 天地에 主人公格이멘 第二次 人間의 祖上이 되는 存在의 行動 如何부터가 하나님과 사탄이 行動의 如何를 始作하는 重點이였다. 그 때 노아의 八食口中에 罪라는 생각조차하여서는 안 될 存在들이고 하나님의 義만의 始作되여야 할 存在로써 하나님의 미워하시는 모양이나 흉하나가 보요지는 行動의 업서야 할 立場이였다."(p.113)
"그 때에 노아는 천지의 주인공격이며 제2차 인간의 조상이 되는 존재의 행동 여하부터가 하나님과 사탄이 행동의 여하를 시작하는 중점이었다. 그 때 노아의 여덟 식구 중에 죄라는 생각조차 하여서는 안 될 존재들이고 하나님의 뜻만이 시작되어야 할 존재로써 하나님의 미워하시는 모양이나 흉하나가 보이는 행동이 없어야 할 입장이었다."(113쪽)

"하나님은 뜻에 픔으러든 노와의 子孫들 또 다시 사탄한데 빼앗겨스니 이겄을 다시금 빼앗는 役事를 始作하지 안으면 않되게 되였다. 그리하야 하나님은 사탄이 사랑하는 相對者 偶像 商하는 데라이 아달 아부라함을 다시금 사탄 픔으로부터 빼앗사서 자기 뜻이 子孫을 빼앗슨 겄를 다시 갑는 양으로 **<卽 反對 路線으로 찾아세우기>**하기 爲하여서 아부라함을 擇한 겄이다."(p.118)
"하나님은 뜻에 품으려던 노아의 자손들 또 다시 사탄한테 빼앗겼으니 이것을 다시금 빼앗는 역사를 시작하지 않으면 안 되게 되었다. 그리하여 하나님은 사탄이 사랑하는 상대자 우상 장사하는 데라의 아들 아브라함을 다시금 사탄 품으로부터 빼앗아서 자기 뜻이 자손을 빼앗은 것을 다시 갚는 모양으로 즉 반대 노선으로 찾아 세우기 위하여서 아브라함을 택한 것이다."(118쪽)

"아부라함의 하나님의 뜻를 딸아서 자기 故鄕 山川과 情든 鄕土情과 父母에 對한 情理라든가 親戚에 對한 情理라든가가 아부라함에는 큰 告痛이 相對였스나 하나님의 뜻를 세우는 路程에는 이 모든 것의 問題되는 곳에는 始作할 수 업는 事實이다."(pp.119-120)
"아브라함이 하나님의 뜻을 따라서 자기 고향 산천과 정든 고향 땅의 정과 부모에 대한 정이라든가 친척에 대한 정리라든가 아브라함에는 큰 고통이 상대였으나 하나님의 뜻을 세우는 노정에는 이 모든 것이 문제 되는 곳에는 시작할 수 없는 사실이다."(119-120쪽)

"그런 데도 不拘하고 아부라함은 이와 같은 겄를 問題로 하지 않코 갈대아 우루를 出發하는 그 行動은 果然 人間으로써 讚揚하여한 問題인 同時애 사탄의게 對한 復讐的인 하나님 뜻를 成事하는 터에 行動이였다. 그런 고로 하나님은 自己의 基本 뜻를 아부라함으로부터 本格的 出發을 보고저 함이였다."(p.120)
"그런 데도 불구하고 아브라함은 이와 같은 것을 문제로 하지 않고 갈대아 우루를 출발하는 그 행동은 과연 인간으로써 찬양해야 할 문제인 동시에 사탄에게 대한 복수적인 하나님 뜻을 성사하는 터의 행동이었다. 그런 고로 하나님은 자기의 기본 뜻을 아브라함으로부터 본격적 출발을 보고자 함이었다."(120쪽)

"이리하여 擇한 하날 百姓의 되여야 할 其 根本은 애급으로 옵겨지게 되는 바는 뜻 成事의 첫 出發이다. <**아부라함의 하나님. 이삭의 하나님. 야곱의 하나님이라고 부로는 原因이 生起게 되었다**> 至今부터 하나님과 사탄과의 分立되여 復歸의 出發은 始作된다. 이겄의 卽 하나님的 分擔 責任成事의 出發의 始作이라는 것을 알어야 한다. 그런 고로 이겄의 根本의 되여 卽 標本의 되여서 長成과 完成的 使命 分擔責任者의 本이 되여<**야**>하는 第一次 하날的 으로 하나님 直接 使命코저 하는 基礎은 始作함인 同時 祭物 表示 蘇生 過程이 發露이였다. 그런고로 애급서부터 가나안 復귀까지는 예수오서서 할 基本 表示 工作과 갈은 貌樣으로 날아나지 안으면 한 目的를 한 完成으로 볼 수 잇는 한 터에 工作이니 애급서부터 솔노몬 王까지는 第 二次 完成하여야 할 存在가 날아나서 成事할 한 豫告的 表示로 되여 있다. 卽 예수오서서 배급서부터 가나안 福地에로 가는 양으로 우리 人間 理想復歸地로 찾저 들어가는 한 使命的 基礎 表示로 展開식키고저 함에 意義를 알러야 한다."(pp. 134-135)

"이리하여 택한 하늘 백성이 되어야 할 그 근본은 애급으로 옮겨지게 되는 바는 뜻 성사의 첫 출발이다. 아브라함의 하나님, 이삭의 하나님, 야곱의 하나님이라고 부르는 원인이 생기게 되었다. 지금부터 하나님과 사탄이 분립되어 복귀의 출발은 시작된다. 이것이 즉 하나님적 분담책임성사의 출발의 시작이라는 것을 알아야 한다. 그런 고로 이것의 근본이 되어 즉 표본이 되어서 장성과 완성적 사명 분담 책임자의 본이 되어야 하는 제일차 하늘적으로 하나님 직접 사명코자 하는 기초가 시작함인 동시에 제물 표시 소생 과정의 발로였다. 그런 고로 애급에서부터 가나안 복귀까지는 예수 오셔서 할 기본 표시 공작과 같은 모양으로 나타나지 않으면 한 목적을 한 완성으로 볼 수 있는 한 터에 공작이니 애급서부터 솔로몬 왕까지는 제2차 완성하여야 할 존재가 나타나서 성사할 한 예고적 표시로 되어 있다. 즉 예수 오셔서 애급에서부터 가나안 복지로 가는 모양으로 우리 인간 이상복귀지로 찾아 들어가는 한 사명적 기초 표시로 전개시키고자 함의 의의를 알아야 한다."(134-135쪽)

"하나님 自身의 直接의 目的에 길을 닥기 爲하여서 노와 以後 아부라함를 通하여 모세를 通하여서 役事 始作하였다."(p.149)
"하나님 자신이 직접 이 목적의 길을 닦기 위하여서 노아 이후 아브라함을 통하여 모세를 통하여서 역사를 시작하였다."(149쪽)

"第二次 勝利의 路程의 始作은 第一次 勝利路程과 같은 路程를 取하여야 할 根本意義가 있슴를 알려야 한다. 예수와서 하는 全 使命 力活은 하나님 責任分擔 路程에서 보여진 사탄한데 더러 핀 바를 다 成事하여<야>만의 始作이 出發를 보는 바를 알려야 한다."(p.150)
"제2차 승리의 노정의 시작은 제1차 승리노정과 같은 노정을 취하여야 할 근본의의가 있음을 알아야 한다. 예수 와서 하는 전 사명 역할은 하나님 책임분담 노정에서 보여 준 사탄한테 더럽힌 바를 다 성사해야 만이 시작의 출발을 보는 바를 알아야 한다."(150쪽)

2. 「記錄 第貳卷(기록 제이권)」 (pp. 177-328)

「제2권」은 전체적으로 예수님에 대한 내용이 주류를 이루고 있다. 제목이 분명하게 구분되어 있다. '제이차 하날 뜻 성사 책임사명자로 오신 예수'라는 제목 하에 예수적 책임분담섭리기간에 대한 근본의의 그리고 그 제목 하에 지상섭리노정에 대한 근본의의로 시작된다. 예수님의 가치와 지상에 오셔야 하는 이유, 그리고 엘리야를 보낸 목적을 자세히 설명해 주고 있다.

> "예수 한 存在의 價値은 卽 全 이스라엘 聖殿 ⊕ 이스라엘 百姓 보담도 貴한 한 存在이였다. 卽 四千년 歷史를 通하여 하나님의 攝理한 結實의 自体가 예수엿다. 同時에 創造理想를 갓고 創造하였든 全 存在와도 比例되는 存在가 卽 예수였다."(p.183)
> "예수 한 존재의 가치는 즉 전 이스라엘 성전 + 이스라엘 백성보다도 귀한 한 존재였다. 즉 4천년 역사를 통하여 하나님이 섭리한 결실의 자체가 예수였다. 동시에 창조이상을 갖고 창조하였던 전 존재와도 비례되는 존재가 즉 예수였다."(183쪽)

> "이 天宙에 中心点 예수의 한 存在가 地上에 오는 바는 地上 않이면 뜻 成事 못하는 하나님의 創造原理의 中心地가 卽 地上이였다. - 중략 - 이와 갈은 貴한 한 存在가 예수인데 이 예수를 보내기 前에 하나님은 엘나야를 보내마 하심은 다시금 예수한데 사탄으로부터 被害를 받지 않게 하기 위하여서"(pp. 184-185)

"이 천주의 중심점 예수의 한 존재가 지상에 오는 바는 지상 아니면 뜻 성사 못하는 하나님의 창조원리의 중심지가 즉 지상이었다. - 중략 - 이와 같은 귀한 한 존재가 예수인데 이 예수를 보내기 전에 하나님은 엘리야를 보내마 하심은 다시금 예수한테 사탄으로부터 피해를 받지 않게 하기 위해서"(184-185쪽)

이스라엘 민족이 예수님을 메시아로 믿지 못한 이유에 대하여 크게 두 가지로 설명하고 있다. 첫째 메시아에 대한 고대가 전부 자기 중심적이었다는 것이다. 즉 자신들의 이상적 존재와 예수의 현실적 모습은 너무나 차이가 났기 때문에 예수님을 믿지 못했다는 것이다. 둘째는 엘리야의 전제문제인데 세례요한이 엘리야임을 부정했기 때문이라는 것이다. 그런 문제가 현 교인들에게도 동일한 문제임을 언급하였다.

"그들이 메시야를 발암은 全部 뜻 中心하고 발아는 겄보담도 먼츰은 自己들 中心하고 발안바는 事實이라 안의 할 수 업다."(p.189)
"그들이 메시아를 바람은 전부 뜻 중심하고 바라는 것보다 먼저는 자기들 중심하고 바란 바는 사실이라 아니 할 수 없다."(189쪽)

"예수를 對하여서 더 疑心케 된 바는 엘니야가 前提 問題이 存在였다."(p.190)
"예수를 대하여서 더 의심케 된 바는 엘리야가 전제 문제의 존재였다."(190쪽)

"當時에 立場를 박구워 가지고 生覺하면은 至今은 果然 메시야로 信侍順從를 할 者 멧 名이나 될가 至今 現 敎人들이 바리세 敎人 信仰만지도 못한 者 만은 이 때에 生覺할 問題면서 念慮할 重大問題다."(p.191)
"당시의 입장을 바꿔 가지고 생각하면 지금은 과연 메시아로 믿고 모시며 순종을 할 자 몇 명이나 될 것인가? 지금 현 교인들이 바리세 교인 신앙만치도 못한 자만은 이 때에 생각할 문제면서 염려할 중대문제다."(191쪽)

세례요한이 엘리야가 되는 근본의의에 있어서는 세례요한의 사명과 그 책임 못한 내용을 심정적으로 표현되어 있다. 그러한 원인은 바로 세례요한이 인간적 입장에서 예수를 대했기 때문임을 역설하고 세례요한의 실수를 성경을 통해 설명하셨다.

"세례오한 와서 한 使命 達成하면은 하나님 뜻은 完全 成事하니 사탄을 하나님 뜻 路程 上에 업세고저 함에세 豫言하신 엘니야가 세례요한 이였다."(p.194)
"세례요한 와서 한 사명 달성하면 하나님 뜻은 완전 성사하니 사탄을 하나님 뜻 노정 상에 없애고자 함에서 예언하신 엘리야가 세례요한이었다."(194쪽)

"밖으로는 사탄를 防備하고 內的으로는 百姓으로 하여금 子息된 道理를 알려주워 父지를 모시여 사랑 받을 수 있도록 其 時代에 對한 責任의 兼有한 重大 立場에 요한은 서 잇섯다."(p.195)
"밖으로는 사탄을 방비하고 내적으로는 백성으로 하여금 자식 된 도리를 알려주워 아버지를 모시어 사랑받을 수 있도록 그 시대에 대한 책임이 겸유한 중대 입장에 요한은 서 있었다."(195쪽)

"예수 때문에 온 자가 其 本 使命 中心地를 떠나서 行한는 其 自体은 勿論이며 其 侍從者까지 하날 아바지 앞에 미움의 相對이였다."(p.202)
"예수 때문에 온 자가 그 본 사명 중심지를 떠나서 행하는 그 자체는 물론이며 그 시종자까지 하늘 아버지 앞에 미움의 상대였다."(202쪽)

"뜻 侍奉者가 되어야 할 其 存在 조차 메시야로 오신 예수를 알어 주지 못하니 예수 自身에 있서서의 全 期待와 所望은 如何한 移变이였슬가? 果然 痛恨치 않을 일이였슬가 누가 그 心情를 알 者 있섰스랴. 여기예 세례요한이 예수 앞에 하날 앞에 큰 犯行의 始作이 있다는 겄을 아는 者가 現 教人世界에 업는 바를 나는 痛憤하는 바이다. 그저 세례요한은 貴하고 하나님 앞에 업서서 않된 存在 代偶 하는 겄은 容恕할 수 업는 行動이라 않히 할 수 업슬 겄이다."(pp. 201-202)
"뜻 시봉자가 되어야 할 그 존재조차 메시아로 오신 예수를 알아주지 못하니 예수 자신에 있어서의 전 기대와 소망은 여하한 이변이었을까? 과연 통한치 않을 일이었을까? 누가 그 심정을 알 자 있었으랴? 여기에 세례요한이 예수 앞에 하늘 앞에 큰 범행의 시작이 있다는 것을 아는 자가 현 교인세계에 없는 바를 나는 통분하는 바이다. 그저 세례요한은 귀하고 하나님 앞에 없어서 안 되는 존재 대우 하는 것은 용서할 수 없는 행동이라 아니 할 수 없을 것이다."(201-202쪽)

"세례 요한의 한 行動이 엇지 容恕받겠는가 生覺하면 몸에 솜서리치는 한 行動이 않이였는가"(p.204)
"세례 요한이 한 행동이 어찌 용서받겠는가? 생각하면 몸서리치게 하는 행동이 아니였는가?"(204쪽)

"聖經에서 세례요한의 一大 失手의 行動를 暴露한 句節를 찾저서 解說하여보자. 至今가지 神學界에 難解 關門인 句節일 것이다. 卽 마태福音 十一章를 보면 其 內容的 事실이 如實하개 들어나 있다."(p.206)
"성경에서 세례요한의 일대 실수의 행동을 폭로한 구절을 찾아서 해설하여 보자. 지금까지 신학계에 난해 관문인 구절일 것이다. 즉 마태복음 11장을 보면, 그 내용적 사실이 여실하게 들어나 있다."(206쪽)

「제이권」에서 독특한 내용은 예수님 조상의 혈통을 복귀섭리의 관점으로 설명하고 있는 것이다. 다말, 라합, 룻, 밧세바 등 성경에서 이해하기 힘든 비윤리적인 여성들의 행동에 대하여 복귀원리적 관점에서 다말과 밧세바의 경우를 들어 자세히 설명해주고 있다. 예수님의 3년 공생애노정을 출발해야 했던 이유와 그 의의에 대하여 그리고 십자가 노정에 대한 내용도 설명되어 있다.

"內部으로는 요셉 家庭이고 外部으로는 세례요한. 하도 難한 行路를 獨斷히 <가려하니> 원수 사탄 對한 싸읍의 첫 보조로써 曠野 四十日 禁食 時期은 始作을 봄이다. - 중략 - 예수는 第一次 하나님 責任分擔過程에 있서서 사탄한데 일러버렸든 諸 條件를 찾저 成事할 歷史的 復歸責任이 있는 同時에 自己로써 ※勘當하여할 第二次 責任分擔使命路程를 잡고 나서고저 하니 舊約時期에 보여주신 第一次 하나님의 責任分擔路程을 본 바아 成事하여야 할 始作이 있서야 갔스니 먼츰 사탄한데 歷史的으로 表示的 約束에 物件에 浸入를 본 根本 사탄이 全的으로 예수 앞에 다시금 其 實体者로써 浸犯를 防止하여야 할 根本를 찾저 세우고저하는 期間의 이 期間이였다."(p.232)
"내부로는 요셉 가정이고 외부로는 세례요한, 하도 어려운 행로를 외로이

가려하니 원수 사탄 대한 싸움의 첫 보조로써 광야 40일 금식 시기는 시작을 봄이다. - 중략 - 예수는 제1차 하나님 책임분담과정에 있어서 사탄한테 잃어버렸던 제 조건을 찾아 성사할 역사적 복귀책임이 있는 동시에 자기로써 감담해야할 제2차 책임분담사명노정을 잡고 나서고자 하니, 구약시기에 보여주신 제1차 하나님의 책임분담노정을 본받아 성사하여야 할 시작이 있어야 갔으니 먼저 사탄한테 역사적으로 표시적 약속의 물건에 침입을 본 근본 사탄이 전적으로 예수 앞에 다시금 그 실체자로써 침범을 방지해야 할 근본을 찾아 세우고자 하는 기간이 이 기간이었다."(232쪽)

"예수는 舊約時期에 全部를 찾저 맛추고는 根本 本 路程으로 第一步를 내여노으러 할 대애 侍從者를 擇하는 弟子 擇하는 것이였다. 曠野生活 끌나고는 제자를 찾저서 여기 저기로 行하시였다. 그리하여 十二弟子를 擇하여 놋코는 이 百姓 對한 福音 宣布이였다."(pp. 240-241)
"예수는 구약시기에 전부를 찾아 맞추고는 근본 본 노정으로 제일보를 내디딜 때에 시종자를 택하는, 제자 택하는 것이었다. 광야생활 끝나고는 제자를 찾아서 여기저기로 행하셨다. 그리하여 12제자를 택하여 놓고는 이 백성 대한 복음 선포였다."(240-241쪽)

"유다만 全的으로 信고 順從과 侍奉를 하였다면은 成事의 基本를 세울 수 잇는 바이였는데 갈려유다 亦是 이와 갈은 原因에 對하여 不滿을 픔고 行動의 始作를 하니 歷史上에 업는 自己 先生 對하여서 銀 三十에 파는 根本 問題은 여기서부터 始作이라는 바를 中心하고 갈려 유다는 하날 뜻 아지 못하고 예수에 反하는 行動이 始作되며 원수들과 結託하여 破壞的 行動으로 나아가개 되였다. 이라하여 사탄 願하은 行動를 하고 나니 예수는 避치 믓할 立場으로 나가여 十字架上에 달릴 겄를 順從치 안흔 사람들 向하여서 呼訴하였뜬 바이였다." (pp. 243-244)

"유다만 전적으로 믿고 순종과 시봉을 하였다면, 성사의 기본을 세울 수 있는 바였는데 가롯유다 역시 이와 같은 원인에 대하여 불만을 품고 행동의 시작을 하니 역사상에 없는 자기 선생 대하여서 은 30에 파는 근본 문제는 여기서부터 시작이라는 바를 중심하고 가롯 유다는 하늘 뜻 알지 못하고 예수에 반하는 행동이 시작되며 원수들과 결탁하여 파괴적 행동으로 나아가게 되었다. 이리하여 사탄 원하는 행동을 하고 나니 예수는 피치 못할 입장으로 나가 십자가상에 달릴 것을 순종치 않은 사람들 향하여서 호소하였던 바였다." (243-244쪽)

"十字架를 通하여서라도 예수 自身이 成事하여야 할 使命分擔責任를 죽어서라도 成事하지 안으면 안 될 責任이 있기여 肉身으로 成事할 수 업는 立場이니 灵的으로 成事하여서 사탄 對한 勝利路程를 세우기 爲하여서 十字架를 對하개 하는 基本原因이 有함이다."(p.245)

"십자가를 통하여서라도 예수 자신이 성사하여야 할 사명분담책임을 죽어서라도 성사하지 않으면 안 될 책임이 있기에 육신으로 성사할 수 없는 입장이니 영적으로 성사하여서 사탄 대한 승리노정을 세우기 위하여서 십자가를 대하게 하는 기본원인이 있음이다."(245쪽)

"이제부터는 하나님의 取코저 하는 方向으로 나아갈 수 있는 路程이 卽 예수 十字架 以後이 路程이였다. 그런 고로 하나님은 예수의 十字架이 道理를 세우서서 聖神과 合하여서 하나님의 取할 수 있는 善에

겄으로 全世界를 맑키기 爲한 攝理은 始作하심이엿다."(p.251)
"이제부터는 하나님이 취코자 하는 방향으로 나아갈 수 있는 노정이 즉 예수 십자가 이후의 노정이었다. 그런 고로 하나님은 예수의 십자가의 도리를 세우셔서 성신과 합하여서 하나님이 취할 수 있는 선의 것으로 전 세계를 맑히기 위한 섭리는 시작하심이었다."(251쪽)

십자가 노정의 승리적 의의와 그 이후 예수님의 활동에 대한 내용과 그 이유에 대한 설명 및 부활과 심판에 대한 의의에 대한 내용이 기술되어 있다.

"예수 죽음으로 歷史的 罪를 탕감하<여> 사탄으로 하여금 뜻 成事한 곳에 터를 업게 하기 爲함이다. 다시금 復活로서 다시금 하날 뜻 繼承成事할 수 있는 하나님이 最高權限으로 因할 사탄이 浸入 못하은 生命權威를 始作케 하심이다. 卽 이곳에서 사탄과 하나님과 終局的 合할 수 업는 分岐點를 보여주였다."(p.263)
"예수 죽음으로 역사적 죄를 탕감하여 사탄으로 하여금 뜻 성사한 곳에 터를 없게 하기 위함이다. 다시금 부활로서 다시금 하늘 뜻 계승 성사할 수 있는 하나님의 최고권한으로 인한 사탄이 침입 못하는 생명권위를 시작케 하심이다. 즉 이곳에서 사탄과 하나님과 종국적 합할 수 없는 분기점을 보여주었다."(263쪽)

"信으로 예수를 通하여 하나님을 對할 수 있는 <u>生命感謝의 基礎빨</u>이다." (p.264)
"믿음으로 예수를 통하여 하나님을 대할 수 있는 생명감사의 기초밭이다."(264쪽)

"예수 믿고나서 예수를 더 사랑하여만의 하날이 한 뜻 成事의 뜻를 볼 수 있은 한 뜻이 있는 바이다."(p.269)
"예수 믿고 나서 예수를 더 사랑해야 만이 하늘의 한 뜻 성사의 뜻을 볼 수 있는 한 뜻이 있는 바이다."(269쪽)

"또 新婦되여야 하겠으니 예수 대한 斷的 愛이 各自가 所有하여 하날 生命繁殖은 하여야 할 責任이 있기에 이런 使命을 圓滿히 完成하기 위한 예수의 期待가 있기에 이런 社會的 矛盾(김전사본참조)의 한 發表가 예수의 사랑에 대한 宣布가 根本 意義를 둔 바이었다."
(p.270)
"또 신부되어야 하겠으니 예수 대한 단적 사랑이 각자가 소유하여 하늘 생명번식은 해야 할 책임이 있기에 이런 사명을 원만히 완성하기 위한 예수의 기대가 있기에 이런 사회적 모순의 한 발표가 예수의 사랑에 대한 선포가 근본 의의를 둔 바이었다."(270쪽)

"예수 十字架 後부터는 地上뿐이 안이고 地獄 部分까지 한 生命의 길이 티여지게 되였다. 그런 고로 地獄애 있는 灵까지도 蘇生할 수 있는 길은 찾저 無限한 苦와 싸워가면서 말 할 수 업는 **먼** 期間을 두고 救援復歸 路程이 始作됨도 알러야 한다."(p.271)
"예수 십자가 후부터는 지상뿐이 아니고 지옥 부분까지 한 생명의 길이 터지게 되었다. 그런 고로 지옥에 있는 영까지도 소생할 수 있는 길은 찾아 무한한 고통과 싸워가면서 말할 수 없는 먼 기간을 두고 구원복귀 노정이 시작됨도 알아야 한다."(271쪽)

"그리스도이 復活은 根本死亡肉身을 生命肉身으로 始作할 수 있는 許與이 始作를 몹이였다. 그런 고로 信仰生活함으로 內的 生命 成事할 수 있는 基本터가 그러스도 復活로 因하여 始作함이다."(p.283)
"그리스도의 부활은 근본사망육신을 생명육신으로 시작할 수 있는 허약의 시작을 봄이었다. 그런 고로 신앙 생활함으로 내적 생명 성사할 수 있는 기본 터가 그리스도 부활로 인하여 시작함이다."(283쪽)

"땅 中心하고 蘇生할 수 있는 根本 理想父母가 날아나여만의 全 天宙人은 理想人型인 本 生灵体 完成한 灵人体를 具成하는 바다. 그런 고로 이 生灵体를 찾을 수 있는 바는 다만 再臨하여서만의 成事할 수 있는 級이다. 再臨成事하여야 其 根本 <**타락 전**>生灵体 構成으로 나아간다."(p.285)
"땅 중심하고 소생할 수 있는 근본 이상부모가 나타나야만이 전 천주인은 이상인간형인 본 생령체 완성한 영인체를 구성하는 바다. 그런 고로 이 생령체를 찾을 수 있는 바는 다만 재림하여서만이 성사할 수 있는 급이다. 재림성사해야 그 근본 타락 전 생령체 구성으로 나아간다."(285쪽)

"이 審判한 바는 사람이 전부가 하나님끠 屬할 自体들의 하나님를 떠나서 사탄 원수 相對하여서 하날 對한 反對 向으로 나아가니 그은 原理 안인 主人 世界니 其 自体에개는 灵肉 合하여서 하나님이 取할 수 업는 存在들이다."(p.292)
"이 심판한 바는 사람이 전부가 하나님께 속할 자체들이 하나님을 떠나서 사탄 원수 상대해서 하늘 대한 반대 방향으로 나아가니 그는 원리 아닌 주인 세계니 그 자체에게는 영육 합하여서 하나님이 취할 수 없는 존재들이다."(292쪽)

"世上에서 사탄의 조와 한은 目的에서 處하는 者은 旣必코 어는 時期나 한 審判時期가 있는 바다."(p.294)
"지상에서 사탄이 좋아하는 목적에서 처하는 자는 기필코 어느 시기나 한 심판시기가 있는 바다."(294쪽)

"이 審判 根本 目的은 사탄 全滅이 全 目的이다. 이 目的은 再臨으로부터 完成되는 바다."(p.298)
"이 심판 근본 목적은 사탄 전멸이 전 목적이다. 이 목적은 재림으로부터 완성되는 바다."(298쪽)

마지막 세 제목은 인류역사에 대하여 복귀섭리 관점에서 설명하고 있다. 인류역사의 의의와 목적지 그리고 선악의 투쟁 역사가 일어나게 되는 동기 등에 대한 내용 등이다. 또한, 복귀섭리역사에 대하여 개괄적으로 언급한 후에 동시성 관점으로 설명하며 섭리적 관점에서 세계 근대사에 대한 내용이 언급되어 있다. 마지막으로 역사적으로 악이 선을 이긴 이유에 대한 원리적 설명이 되어 있는데, 이 세 제목들은 복귀섭리역사에 대한 결론적 부분이면서 동시에 다음 「제삼권」의 서론적인 성격도 띠고 있는 듯하다.

"人類歷史은 全部가 사람끼리가 合하여서 發展하여 왓ᄯ ㅏ는 것은 안의고 神 對한 사람들이 關係로써만의 歷史發展은 始作하여 한 目的를 完成 標準하고 나온 바은 잘 <알>바의다. 그런 고로 하나님과 사람, 사람과 사탄이란 對峙陣 下에서 人類歷史은 勝敗이 한 路程으로 最後勝은 善者는 하여 反復하여 왔다. - 중략 - 하나님은 不順 不信 不侍이 百姓를 對하여서 그 限界를 두고는 반다시 其 惡를 清算

하는 겄으로 되니 人類歷史은 繼續하여 勝敗하는 戰爭歷史의 反復은 避할 수 업는 事實이다. 그런 고로 人類歷史 全部은 하나님의 攝理中心으로 되은 基督教 歷史와 付合하여서 한 目的으로 終局을 完成하는 樣으로 發達하지 않앗따면 하나님이 업다고 하은 結論도 할 수 있는 바이다."(pp. 301-302)
"인류역사는 전부가 사람끼리가 합해서 발전하여 왔다는 것이 아니고 신대한 사람들의 관계로써만이 역사발전은 시작하여 한 목적을 완성 표준하고 나온 바는 잘 알 바이다. 그런 고로 하나님과 사람, 사람과 사탄이란 대치진 아래에서 인류역사는 승패의 한 노정으로 최후 승리는 선한 자가 반복하여 왔다. - 중략 - 하나님은 불순종, 불신, 모시지 않은 것이 백성을 대하여서 그 한계를 두고는 반드시 그 악을 청산하는 것으로 되니 인류역사는 계속하여 승패하는 전쟁역사의 반복을 피할 수 없는 사실이다. 그런 고로 인류역사 전부는 하나님의 섭리 중심으로 되는 기독교 역사와 부합하여서 한 목적으로 종국을 완성하는 모양으로 발달하지 않았다면 하나님이 없다고 하는 결론도 내릴 수 있는 바이다."(301-302쪽)

"人類歷史가 存在하는 以上 其 目的은 全部가 理想를 標準하고 歷史은 움직여 나왓다."(p.307)
"인류역사가 존재하는 이상, 그 목적은 전부가 이상을 표준하고 역사는 움직여 나왔다."(307쪽)

"三次戰 以後은 口際 聯合的으로 하날 뜻 標準으로 움직의지개 될 바다. 그런 고로 其 時代가 卽 하나님 直接時代다. 그런 고로 再臨成事時代다. 그리하여 至今까지 갓고 나오든 국제的 成援 口家들이 가

<지>고 온 主義도 안인 新主義가 出現하여야 한다. 이 主義은 創世前 理想에 한 主義인 同時에 다시는 戰爭업는 하날과 땅 合한은 主義로서 出發를 하게 된다."(p.309)
"3차전 이후는 국제연합적으로 하늘 뜻 표준으로 움직여지게 될 바다. 그런 고로 그 시대가 즉 하나님 직접시대다. 그런 고로 재림성사시대다. 그리하여 지금까지 갖고 나오던 국제적 성원 국가들이 가지고 온 주의도 아닌 새 주의가 출현해야 한다. 이 주의는 창세전 이상의 한 주의인 동시에 다시는 전쟁없는 하늘과 땅 합하는 주의로서 출발을 하게 된다."(309쪽)

"아부라함에개 있서서는 歷史的으로 하나님의 攝理 年代를 延長 본 四百年에 한 期間까지 더러핀 바를 清算하여야만의 其 資格成事할 수 있는 한 蕩減 時期가 卽 四百年 期間이였다. 이 期間에 하나님은 한 蕩減의 數 채기를 告待하여 모세를 세워서 蘇生에 着手工作인 하나님的 責任使命時期에로 옴겨지개 되였다. 그리하여 埃及 四百年 以後 約 千 六百年에 예수가 온 바다. 其 千六百年 期間은 아담부터 노아 時期的 年數에 期間이다."(p.314)
"아브라함에게 있어서는 역사적으로 하나님의 섭리 년대를 연장 본 4백년의 한 기간까지 더럽힌 바를 청산해야만이 그 자격 성사할 수 있는 한 탕감 시기가 즉 4백년 기간이었다. 이 기간에 하나님은 한 탕감의 수 채우기를 고대하여 모세를 세워서 소생의 착수 공작인 하나님적 책임사명시기로 옮겨지게 되었다. 그리하여 애급 4백년 이후 약 1600년에 예수가 온 바다. 그 1600년 기간은 아담부터 노아 시기적 연수의 기간이다."(314쪽)

"至今부터 約 四百年 前부터은 예수의 한 自由 <向上>으로 基因한

理想出發을 본 바는 이와 같은 歷史 復歸的 根本 原因이 있는 바다. 그런 고로 예수 中心한 口家와 勢力 氏族들이 歷史은 四百年 其 內에서부터 始作됨여있는 큰 根本意義를 알어야 한다. 至今 世界에서 發達된 英米이 口家도 이 期間 內에 發達한 口家이다."(p.316)
"지금부터 약 400년 전부터 예수의 한 자유 향상으로 기인한 이상출발을 본 바는 이와 같은 역사 복귀적 근본 원인이 있는 바다. 그런 고로 예수 중심한 국가와 세력 씨족들의 역사는 4백년 그 내에서부터 시작되어 있는 큰 근본의의를 알아야 한다. 지금 세계에서 발달된 영미의 국가도 이 기간 내에 발달한 국가이다."(316쪽)

"이 三十餘年間이란 時代內에 世界은 사람 口家 合하여 하나님 뜻 成事하여야 할 責任成事 터를 닥은 期間인 겄이다."(pp. 320-321)
"이 30여 년간이란 시대 내의 세계는 사람 국가 합하여 하나님 뜻 성사해야 할 책임성사 터를 닦은 기간인 것이다."(320-321쪽)

"거짓 第三次 아담格 者를 地球上에 追放과 同時에 根本 하날 三次 아담 主를 地上에 맛를 時期은 되였다. 그런 고로 三次 <전> 問題나는 이 대에 벌서 **<면양과 山앙과 갗치 분립되여 신판단계 들어가 있스니>** 再主은 成熟하여 있는 바는 事實이다. 世界 淸算과 함끠 基自体이 年齡은 三十餘 青年으로 벌서 世上에 왔서 있는 바를 알여야 한다. 이와 갗치 歷史이 中心도 하날 中心하고 사탄 對하니 三次戰 問題 <**단서**>도 主오신 口로부터 始作한다. - 중략 - 至今 보면은 世界에 全 注目를 받은 날아는 韓口이니 한국사람中心하고 再主은 올바를 이와 갗치 原理的 表示로도 짐작하여야 한다."(pp. 321-322)

"거짓 제3차 아담격 사람을 지구상의 추방과 동시에 근본 하늘 3차 아담주를 지상에 맞이할 시기는 되었다. 그런 고로 3차 전쟁 문제 나는 이때에 벌써 면양과 산양과 같이 분립되어 심판단계 들어가 있으니 다시 오시는 주님은 성숙하여 있는 바는 사실이다. 세계 청산과 함께 그 자체의 연령은 30여 청년으로 벌써 세상에 와서 있는 바를 알아야 한다. 이와 같이 역사의 중심도 하늘 중심하고 사탄 대하니 3차 전쟁 문제 단서도 주님 오신 국가로부터 시작한다. - 중략 - 지금 보면 세계의 전 주목을 받은 나라는 한국이니 한국사람 중심하고 재림주가 올 바를 이와 같이 원리적 표시로도 짐작해야 한다."(321-322쪽)

"歷史은 根本이 点으로 復歸하여 올나가은. 歷史가 至今에 歷史다. 그런 고로 이 世界 上에 이와 같은 主義 口家体陳의 生起은 겄은 全部가 原時時代로 돌아가은 貌樣으로 되는 바는 原理로 된 하나님의 攝理가 있기에 라는 바는 事實이다."(p.322)
"역사는 근본의 점으로 복귀하여 올라가는 역사가 지금의 역사다. 그런 고로 이 세계상에 이와 같은 주의 국가체진이 생기는 것은 전부가 원시시대로 돌아가는 모양으로 되는 바는 원리로 된 하나님의 섭리가 있기에 그러하는 바는 사실이다."(322쪽)

"惡의 出發과 함끠 人類은 全部가 惡의 全主權下에서 먼츰 出發하였다. 卽 惡의 主權 區域內에 處하는 겄이였다. 그런 고로 하나님은 사탄이 出發한 뒤를 니여 빼았는 經路를 取하여 왓다. - 중략 - 예수 와서 승리權內를 세울 때까지은 전부가 惡의 支配 下에 善과 良心的 人士들은 犠牲하혀 나왓다. 이겄은 原理로 되오 惡 主權時代이니 그러하였다."(p.326)

"악의 출발과 함께 인류는 전부가 악의 전 주권하에서 먼저 출발하였다. 즉 악의 주권 구역내에 처하는 것이었다. 그런 고로 하나님은 사탄이 출발한 뒤를 이어 빼앗는 경로를 취하여 왔다. - 중략 - 예수와서 승리권내를 세울 때까지는 전부가 악의 지배하에 선과 양심적 인사들은 희생하여 나왔다. 이것은 원리로 되어 악주권시대이니 그러하였다."(326쪽)

"이제부<터> 이 時代는 善者와 良心的 人士가 出世할 수 있는 主權時代가 하나님만의 主權主管時代다."(p.327)
"이제부터 이 시대는 선자와 양심적 인사가 출세할 수 있는 주권시대가 하나님만이 주권주관시대다."(327쪽)

3. 「記錄 第參卷(기록 제삼권)」 (pp. 329-458)

본권은 먼저 인류역사의 방향성이 무엇인가에 대한 내용과 지금의 시대 상황과 이상시대에 대한 내용이 언급되어 있다. 복귀섭리의 관점에서 인류역사를 총정리하며 우리가 나아가야 할 방향성에 대하여 설명하고 있다.

"이 歷史이 全 目的은 어는 時代를 標準하고 하나님은 攝理하나 하면은 墮落 前 아담해와 時代다. 그러면 其 時代 이 社會와 하나님과의 언던 体系를 가진 形体이 社會였는가가 至今 復歸 完成를 발아는 우리 現 世界 사람들이 발아은 根本目的이다."(p.330)
"이 역사의 전 목적은 어느 시대를 표준하고 하나님은 섭리하나 하면은 타락 전 아담해와 시대다. 그러면 그 시대의 사회와 하나님과의 어떤 체계를 가진 형체의 사회였는가가 지금 복귀완성을 바라는 우리 현 세계 사람들이 바라는 근본목적이다."(330쪽)

"至今에 世界 潮流은 全部가 眞 理想世界를 찾저 들어가은 한 關門 앞에 당到하여 지은 時代가 卽 至今 時代다. - 중략 - 復歸라는 攝理가 있는 바를 確認할진대 今後 世界觀은 自然的 理解할바다. 墮落前 時代은 <하나님을 基盤으로 한> 父母를 中心한 子女兄弟 時代이니 한 家庭를 中心한 世界인 同時에 하나님의 뜻를 어디나 侍시지 않음이 업은 世界란 바도 事實이다."(p.331)
"지금의 세계 조류는 전부가 참된 이상세계를 찾아 들어가는 한 관문 앞에 당도한 시대가 즉 지금 시대다. - 중략 - 복귀라는 섭리가 있는 바를 확인할진대 금후 세계관은 자연적 이해할 바다. 타락 전 시대는 하나님을 기반으로 한 부모를 중심한 자녀형제 시대이니 한 가정을 중심한 세계인 동시에 하나님의 뜻을 어디나 받들지 않음이 없는 세계라는 바도 사실이다."(331쪽)

"그야말로 理想共生<共義>主義時代가 墮落없<었는> 世界 理想임은 事實이다." (p.332)
"그야말로 이상공생공의주의시대가 타락 없었던 세계이상임은 사실이다."(332쪽)

"이와 갗치 하나님은 繼續 섭리하여서 온 六千年 歷史은 너무나 긴 時代였다. 其 過程를 다시금 歷史的으로 回顧하여 보자."(p.333)
"이와 같이 하나님은 계속 섭리하여서 온 6천년 역사는 너무나 긴 시대였다. 그 과정을 다시금 역사적으로 회고하여 보자."(333쪽)

"다시 發展 段階를 區別하여 表示하여 본면 原始 共生主義時代(分別時代)

氏族 - 民族 - 口家 (蘇生舊約時代)

口家 - 同盟國 - 口際 (長成新約時代)

口際 - 하날世界 - 天宙 (完成成約時代)"(p.334)

"다시 발전 단계를 구별하여 표시하여 보면 원시 공생주의시대(분별시대)

씨족 - 민족 - 국가 (소생구약시대)

국가 - 동맹국 - 국제 (장성신약시대)

국제 - 하늘세계 - 천주 (완성성약시대)"(334쪽)

"共義共生主義時代로 들어가게 하는 바가 至今 以後時代이 要求目的이다. 卽 하날과 땅이 한나되는 理想圓和世界가 된다. 圓和世界란 것은 하날과 땅 어데나 和合하여 한 圓形体를 完成하여 다시는 衝突 업는 自由란 뜻이다."(p.338)

"공의공생주의시대로 들어가게 하는 바가 지금 이후시대의 요구목적이다. 즉 하늘과 땅이 하나 되는 이상원화세계가 된다. 원화세계라는 것은 하늘과 땅이 어디나 화합하여 한 원형체를 완성하여 다시는 충돌 없는 자유란 뜻이다."(338쪽)

"그리하여 全 世界은 再主를 中心하고 먼츰 生活統一, 主義統一, 宇宙統一, 天宙統一 其 中 사탄으로 因한 分岐된 言語로 統一<로> 이와 갖은 根本 基一 世界로 되여야 한은 바가 世界 人類이 歷史的 理想終点이다."(p.339)

"그리하여 전 세계는 재림주를 중심하고 먼저 생활통일, 주의통일, 우주통일, 천주통일, 그 중 사탄으로 인한 분기된 언어를 통일로, 이와 같은 근본기일 세계로 되어야 하는 바가 세계 인류의 역사적 이상종점이다."(339쪽)

'창조성 복귀로 된 이상론'에서는 창조원리적인 우리 인간과 존재의 모습에 대한 내용과 타락 후의 결과적 내용을 설명하며 창조본연의 모습을 복귀하는 공작은 자기에서부터 시작되어야 함을 강조하고 있다. 안타깝게도 이 제목의 후반부와 "재림주는 이상론 완성의 기본 존재"까지의 22쪽 분량이 유실되어 있다.

"本來 하나님의 天地創造할 때에 어는 存在物이라는<듣 지> 全部은 相對할 수 있는 存在를 對케하여 지으심의였다. - 중략 - 相對라든가 全部 얻던 한 相對位置를 잡고 있는 同時에 其 相對들로 因하여 自我에 한 完全造成를 保充하는 作用인 關聯性으로 天宙에 存在物들은 서로 相對를 要케되였다. - 중략 - 相對로부터 對像를 完成하면 할사루 其 이 價値와 幸福世界를 展開하는 바다. 그런 고로 天宙 萬物은 全部 한 對像格 体系 內에서 完全 對像의 한 始作을 보와야 만의 理想이란 世界를 보는 바가 事實이다."(p.340)

"본래 하나님이 천지창조할 때에 어느 존재물이라도 전부는 상대할 수 있는 존재를 대하게 하여 지으셨다. - 중략 - 상대라든가 전부 어떤 한 상대위치를 잡고 있는 동시에 그 상대들로 인하여 자아에 한 완전 조성을 보충하는 작용인 관련성으로 천주의 존재물들은 서로 상대를 필요케 되었다. - 중략 - 상대로부터 대상을 완성하면 할수록 그의 가치와 행복세계를 전개하는 바다. 그런 고로 천주 만물은 전부 한 대상격 체계 내에서 완전 대상의 한 시작을 보아야만이 이상이란 세계를 보는 바가 사실이다."(340쪽)

"人間은 創造的 原理로 完全를 標準하고 지였를 그 原理的 함이 나와 聯하여 있기에 이 힘의 要求에 對<像>價値추궁이 人間이 理想를 生覺키하는 原因인 바다."(p.341)
"인간은 창조적 원리로 완전을 표준하고 지었을 그 원리적 힘이 나와 관련하여 있기에 이 힘의 요구에 대상 가치 추구의 인간이 이상을 생각게 하는 원인인 바다."(341쪽)

"그겄의 墮落으로 因하여 이 基本原理点上를 일어버리개 되였다. 이와 같은 한 根本体에 對하여 한 對像格 存在의 本 路線인 根本 原理를 復歸하여야 할 重要한 責任이"(p.344)
"그것이 타락으로 인하여 이 기본원리점상을 잃어버리게 되었다. 이와 같은 한 근본체에 대하여 한 대상격 존재의 본 노선인 근본 원리를 복귀하여야 할 중요한 책임이"(344쪽)

"사람의 本來 이러한 基本 原理 上에서 지였기에 墮落은 되었슬망정 自我中心를 主로 하는 바는 事實이다. 純수한 良心的으로 善으로 나아가는 곳이라면 누구나가 其한 自体를 合하여 나아가면 언제든가 其 基本点上 善를 合하게 되는 바이다."(p.345)
"사람이 본래 이러한 기본 원리 상에서 지었기에 타락은 되었을망정 자아중심을 주로 하는 바는 사실이다. 순수한 양심적으로 선으로 나아가는 곳이라면 누구나가 그 한 자체를 합하여 나아가면 언제든가 그 기본점상 선을 합하게 되는 바이다."(345쪽)

"第一 모츰 問題은 自己다. 내가 모츰 第一存在의 完全 對像者 成事

할 것 卽 마음과 몸이 한나 되여 善하여지는 基本点上 自己를 造成할 겄이다. 다음은 이런 自己<를> 中心하고 第二自我格 對像格者 完成할 겄이다. 이겄이 始作하면 창조性이 完成된다."(p.347)

"제일 먼저 문제는 자기다. 내가 먼저 제1존재의 완전 대상자 성사할 것, 즉 마음과 몸이 하나 되어 선하여지는 기본점상 자기를 조성할 것이다. 다음은 이런 자기를 중심하고 제2자아격 대상격자 완성할 것이다. 이것이 시작하면 창조성이 완성된다."(347쪽)

"나를 中心하고 自我 善으로부터 家庭 善으로 事業 善으로 이겄이 第一 責任完成**함이** 한나님의 創造한 對像 善 目的인 바다. 이와 갗치 되여야만의 하날과 나은 合하여 生活하는 對像完成者**다**. 이 目的이 全 人類에개 要求하은 <하날> 第一世界의 要求다."(p.348)

"나를 중심하고 자아 선으로부터 가정 선으로 사업 선으로, 이것이 제일 책임 완성함이 하나님이 창조한 대상 선 목적인 바다. 이와 같이 되어야만이 하늘과 나는 합하여 생활하는 대상완성자다. 이 목적이 전 인류에게 요구하는 하늘 제1세계의 요구다."(348쪽)

'40일 복귀코저 한 섭리노정의 근본의의'의 내용은 복귀섭리역사에 대한 내용으로서 아담가정에서부터 노아, 아브라함, 모세, 예수님노정까지의 내용이 40일 탕감복귀 원칙의 관점에서 설명되어 있다. 즉 복귀섭리 역사에서 40일이 갖는 의미와 그 의미를 복귀하기 위한 사건들과 그 과정 그리고 최종승리의 내용들을, 노아 40일 심판에서부터 예수님 십자가 부활 40일 기간까지의 내용으로 구성되어 있다.

"人間世界에 해와로 因하여 墮落이 始作하여지니 其 時부터 人間世

界은 非原理存在에 屬하여 나와오는 反面에 하나님은 原理的 復歸로서 態勢를 取하여지개 되었다."(p.371)
"인간세계의 해와로 인하여 타락이 시작되었으니 그 때부터 인간세계는 비원리존재에 속하여 나오는 반면에 하나님은 원리적 복귀로서 태세를 취하여지게 되었다."(371쪽)

"根本的으로 하나님은 自己의 所有物만를 世界上에 始作하고저 함에서 對(擊?) 取함이 노아 審判이다. 이 審判은 무슨 意味나 하면은 創造하였는 根本原理的 立場를 復歸하고저 함에서 始作이라는 바는 事實이다. - 중략 - 이것은 第二 創造理想 始作이 目的이였다."(p.374)
"근본적으로 하나님은 자기의 소유물만을 세계상에 시작하고자 함에서 대격 취함이 노아 심판이다. 이 심판은 무슨 의미나 하면 창조하였던 근본원리적 입장을 복귀하고자 함에서 시작이라는 바는 사실이다. - 중략 - 이것은 제이 창조이상 시작이 목적이었다."(374쪽)

"하나님은 四十晝夜를 두고 審判하였다. 이 四十日은 하나님의 뜻 成事이 始作 잡는 基本를 作定하는 期間임은 事實이다. 이 四十日에 對한 目的은 사탄 全部를 追放이 目的이였다."(p375)
"하나님은 40주야를 두고 심판하였다. 이 40일은 하나님의 뜻 성사의 시작 잡는 기본을 작정하는 기간임은 사실이다. 이 40일에 대한 목적은 사탄 전부를 추방이 목적이었다."(375쪽)

"하나님께 있서서 四十日<을> 일어버린 것과 갈은 것이 되여스니 다시금 뜻세우는 길에는 四十日이란 根本目的 成事가 最高 目的이면서 이겄 찾저 세우여야만 뜻 成事란 目的 完成이니 이 四十日를 中心하고 사탄分立를 作定키 爲한 바이다. 이 四十日를 사탄 侵入보니 일러버린 바와 갖치 되였스니 하나님은 四十日이 사탄 對하여 찾어 세우여야 한 分岐点으로 남어지개 되었다."(p.376)

"하나님께 있어서 40일을 잃어버린 것과 같은 것이 되었으니 다시금 뜻 세우는 길에는 40일이란 근본목적 성사가 최고 목적이면서 이것 찾아 세워야만 뜻 성사란 목적 완성이니, 이 40일을 중심하고 사탄분립을 작정키 위한 바이다. 이 40일을 사탄 침입하니 잃어버린 바와 같이 되었으니 하나님은 40일이 사탄 대하여 찾아 세워야 할 분기점으로 남아지게 되었다."(376쪽)

"이런 四十年代를 中心하고 하나님의 뜻를 始作할 수 있다는 基本를 잡으심은 基本 노아 審判 四十日數 復歸할 基因數로 因하여서 이와 갈치 始作를 한 歷史的 起源으로 因한 바다."(p.385)

"이런 40년대를 중심하고 하나님의 뜻을 시작할 수 있다는 기본을 잡으심은 기본 노아 심판 40일수 복귀할 기인수로 인하여서 이와 같이 시작을 한 역사적 기원으로 인한 바다."(385쪽)

"야곱이 一代 가나안 復歸까지에 全部은 가나안 ᄯ ㅓ난 <이스라엘 百姓이> 애급 四百年 生活과 相對되는 基本 一代 복기 歷史다. 이 야곱이 가나안 復歸路程은 이스라엘 全 民族이 <가나안 복지로정에> 本되는 路程이다."(p.388)

"야곱이 1대 가나안 복귀까지의 전부는 가나안 떠난 이스라엘 백성이 애급 4백년 생활과 상대되는 기본 1대 복귀 역사다. 이 야곱의 가나안 복귀노정은 이스라엘 전 민족이 가나안 복귀노정에 본 되는 노정이다."(388쪽)

"攝理한 바에 根本 本意은 사탄 對한 四十日 完全 復歸 問題로 歸因하는 바이다. 이 모든 어려운 歷史 始作이 延長은 사람들이 하나님의 뜻를 받들지 못하였끼애다. - 중략 - 모세 亦是 四十日時를 바라 宮中에 있다 四十才가 되매 하나님의 百姓으로 出發캐함도 이 根本 四十數가 始作이 如何가 根本 뜻 成事 目的였섰끼에 모세 亦是 四十才에 애급 對하여 反對하는 바이다."(p.393)

"섭리한 바에 근본 본의는 사탄 대한 40일 완전 복귀 문제로 귀인하는 바이다. 이 모든 어려운 역사 시작의 연장은 사람들이 하나님의 뜻을 받들지 못하였기 때문이다. - 중략 - 모세 역시 40일 때를 바로 궁중에 있다가 40세가 됨에 하나님의 백성으로 출발케 함도 이 근본 40수가 시작의 여하가 근본 뜻 성사 목적이셨기에 모세 역시 40세에 애급 대하여 반대하는 바이다."(393쪽)

"모세 四十日 目的 未達成하여서 사탄은 如何하게 侵入하여 全目的 破壞으로 나아가니 하나님은 다시금 엘니야를 세우심이였다. 엘니야은 사탄 全滅식키기 爲한 代表的 存在로써 하나님 앞에 세개 되였다. 그리하여 바랄 神 八백余를 滅하고는 四十日晝夜로 호렙산까지 가는 겄은 무었이나 하면 모세 四十日에 對한 勝利点를 完決짓는 한 表示로써 엘리야 호렙산까지 四十日期間의 있슴이였다."(p.396)

"모세 40일 목적 미달성하여서 사탄은 여하하게 침입하여 전 목적 파괴로 나아가니 하나님은 다시금 엘리야를 세우심이었다. 엘리야는 사탄 전멸시키기 위한 대표적 존재로써 하나님 앞에 서게 되었다. 그리하여 바알 신 8백 여를 멸하고는 40일 주야로 호렙산까지 가는 것은 무엇이냐 하면 모세 40일에 대한 승리점을 완결짓는 한 표시로써 엘리야 호렙산까지 40일 기간이 있음이었다."(396쪽)

"이겼를 탕감하기 爲한 總結算期가 <예수>四十日 禁食期間인 曠野生活이다. 이리하여 勝利함으로 審判目的은 完成할 基臺은 잡아스나 사람의 合하여야만이<누가4/13 참조> 成事할 예수 앞에는 未成事란 結果로 因하니 四十日에 對한 未完成를 본 바와 한 가지로 되였다. 그러니 十字架로 因하여사탄 對 勝利를 目的케 되였다" 그리하여 예수는 敗한 듯 하나 四十日間를 찾줄 수 있섰다는 目的를 完成할 수 있다는 바는 十字架 後로 因하여 예수 앞에 復歸되면서 基本完成이 터를 始作하여서 出發에 榮光를 본 바가 예수가 十字架 後 復活하여 四十日期間이 成立를 보와서 하나님의 基本 四十日 노아 根本사탄 追放 目的를 成立하여 노은 바가 根本 目的으로 하나님의 攝理路程에 四十日期間이 問題로 지여왓뜬 바이다. 그런 고로 예수는 歷史的 모든 겄 完成者로 뜻 出發中心存在로 되는 바이다."(p.397)

"이것을 탕감하기 위한 총결산기가 예수 40일 금식기간인 광야생활이다. 이리하여 승리함으로 심판목적은 완성할 기대는 잡았으나 사람이 합해야만이(누가 4장 13절 참조) 성사할 예수 앞에는 미성사란 결과로 인하니 40일에 대한 미완성을 본 바와 한 가지로 되었다. 그러니 십자가로 인하여 사탄 대 승리를 목적케 되었다. 그리하여 예수는 패한 듯하나 40일 기간을 찾을 수 있었다는 목적을 완성할 수 있다는 바는 십자가 후로 인하여 예수 앞에 복귀되면서 기본완성의 터를 시작하여서 출발의 영광을 본 바가 예수가 십자가 후 부활하여 40일 기간의 성립을 봐서 하나님의 기본 40일 노아 근본 사탄추방 목적을 성립하여 놓은 바가 근본목적으로 하나님의 섭리노정에 40일 기간이 문제로 되어왔던 바이다. 그런 고로 예수는 역사적 모든 것 완성자로 뜻 출발중심존재로 되는 바이다."(397쪽)

그 다음은 기후적 관점과 지리적 관점에서 본 한반도의 가치에 대한 자세한 설명과 그러한 환경을 갖게 된 이유와 한국의 사명에 대하여 섭리적 관점에서 설명하며 권면하고 있다.

"氣候은 世界 어데서라도 찾어 볼 수 없는 果然 讃呼할 만한 <것은 한국> 氣候인 것이다. 世界를 두고 보면은 이 氣候은 歷史發展上에 偉大한 功獻를 가지고 至今까지 찾어나오고 있다."(p.399)

"기후는 세계 어디서라도 찾아 볼 수 없는 과연 찬호할 만한 것은 한국 기후인 것이다. 세계를 두고 보면 이 기후는 역사발전상에 위대한 공헌을 가지고 지금까지 찾아나오고 있다."(399쪽)

"氣候란 目的이 앞날 人類發達史的으로 보아도 人類 理想과는 언제나 合하여 步調를 음직기개 되는 바도 事實이다. 그러타면은 世界的으로 보면은 모든 萬象은 氣候를 中心하고 發達도 右左하는 時代가 온다는 바도 알어야 한다. 그런데 韓口이 氣候은 世界없는 最高 理想的 位를 갖고 있는 바인가 <하면> 이겄은 創造主이 根本 큰 恩擇이라는 바는 事實이다."(p.401)

"기후의 목적은 앞날 인류발달사적으로 보아도 인류 이상과는 언제나 합하여 보조를 움직이게 되는 바도 사실이다. 그렇다면 세계적으로 보면 모든 만상은 기후를 중심하고 발달도 좌우하는 시대가 온다는 바도 알아야 한다. 그런데 한국의 기후는 세계에 없는 최고 이상적 위를 갖고 있는 바인가 하면 이것은 창조주의 근본 큰 은택이라는 바는 사실이다."(401쪽)

"韓口에 氣候의 循環 全部은 創造主이 理想形를 表示한 中心地로써 한口의 氣候 한 自体은 理想世界인 創造主이 本境世界에 全 表示的 構造를 터로 하여서 지음 받여 지은 바를 알 수 있다 卽 하날애 한 構造的 事實<形>를 表示하여 있는 바가 目的으로 되여진다. 그러키에 天口 構造에 한 影狀으로써 보여지여야 하는 原理的 構造를 要求케 된다."(p.403)

"한국의 기후의 순환 전부는 창조주의 이상형을 표시한 중심지로서 한국의 기후 한 자체는 이상세계인 창조주의 본경세계에 전 표시적 구조를 터로 하여서 지음 받아 지은 바를 알 수 있다. 즉 하늘의 한 구조적 사실형을 표시하여 있는 바가 목적으로 되어진다. 그렇기에 천국 구조에 한 영상으로써 보여져야 하는 원리적 구조를 요구케 된다."(403쪽)

"天口에 構造를 살펴보면은 寶座가 있고 十二使徒를 中心한 二十四長老가 있고 四灵物이 있는 바이다. 여기에 韓口氣候를 中心하고 四時的 構造야말로 天口에 한 榮光에 터를 微徵식킨 한 表示的 被造物 中心地라는 바를 表示한 바이다. 한口에 四時 卽 春夏秋冬은 四灵物이니 四時로 되여 其를 中心하고 四方를 보게 되면서 十二朔를 中心하고 二四節은 卽 하날 全部에 한 影狀이 表示로써 全世界를 對케하는 한 中心構造에 한 標本으로 되어 있다. 이 全部은 하날 한 中心部를 本으로하여 世界 創造하였끼에 이런 具造를 보는 바이다."(p.404)

"천국의 구조를 살펴보면 보좌가 있고 12사도를 중심한 24장로가 있고 4영물(靈物)이 있는 바이다. 여기에 한국기후를 중심하고 사계적 구조야말로 천국의 한 영광의 터를 표징시킨 한 표시적 피조물 중심지라는 바를 표시한 바이다. 한국의 사계, 즉 춘하추동은 사영물이니 사계로 되어 그것을 중심하고 사방을 보게 되면서 십이삭(월)을 중심하고 24절기는 즉 하늘 전부에 한 영상이 표시로써 전 세계를 대하게 하는 한 중심 구조의 한 표본으로 되어 있다. 이 전부는 하늘 한 중심부를 본으로 하여 세계 창조하였기에 이런 구조를 보는 바이다."(404쪽)

"이러케 氣候은 歷史發展 全部애까지 影響化되여 人類生活과 發達과 文明과 어던 方向으로써도 關係를 갓고 있승를 찾어볼 적에 至今 韓口까지 찾어 나온 人類發展地域과 歷史的 立場를 生覺할러고 할 때 氣候와 文明과는 重大關係를 갓고 나노개 되여 있승을 알 수 잇다."(p.407)
"이렇게 기후는 역사발전 전부에까지 영향화되어 인류 생활과 발달과 문명과 어떤 방향으로써도 관계를 갖고 있음을 찾아볼 적에 지금 한국까지 찾아 나온 인류발전지역과 역사적 입장을 생각하려고 할 때 기후와 문명과는 중대관계를 갖고 나오게 되어 있음을 알 수 있다."(407쪽)

"最後文明은 熱帶地帶 文明도 않이고 溫帶文明도 않이고 寒帶文明도 안인 完成文明時代가 卽 全世界 氣候的 中心地<帶> 中心한 理想文明이라하는 바<로 된>다. 卽 하나님의 創造復歸理想文明時代인 바다. 그러니 <世上에> 하나님의 <理想>目的<完成할> 存在를 보날내리 韓口 사람 中心하고 나타나는 바이다. 그 存在은 卽 全世界으로 발아는 基督教 <리상存在인> 再臨예수로 約束된 歷史的 所望存在라는 바는 事實이다. 그러니 韓口 豫言書中 <정감록>에 豫言한 存在은 이런 目的으로 攝理한 하날에 中心存在로 될 天地 창조로부터 <하날로> 定한 存在라는 바를 알려야 한다."(p.410)

"최후문명은 열대지대문명도 아니고 온대문명도 아니고 한대문명도 아닌 완성문명시대가 즉 전 세계 기후적 중심지대 중심한 이상문명이라 하는 바로 된다. 즉 하나님의 창조복귀이상문명시대인 바다. 그러니 세상에 하나님의 이상목적 완성할 존재를 보낼 한국사람 중심하고 나타나는 바이다. 그 존재는 즉 전 세계적으로 바라는 기독교 이상존재인 재림예수로 약속된 역사적 소망존재라는 바는 사실이다. 그러니 한국 예언서중 정감록에 예언한 존재는 이런 목적으로 섭리한 하늘의 중심존재로 될 천지창조로부터 하늘로 정한 존재라는 바를 알아야 한다."(410쪽)

"歷史은 氣候를 中心하고 한 完成目的 氣候地를 向하여 六千年 歷史은 흘러나온 바이다. 그런 고로 氣候를 中心한 歷史的 方向를 보면은 最後에 完成 氣候地에 基着点를 잡고 最高文明이 始作를 보아야 하는 바이다."(p.411)
"역사는 기후를 중심하고 한 완성목적 기후지를 향하여 6천년 역사는 흘러나온 바이다. 그런 고로 기후를 중심한 역사적 방향을 보면 최후에 완성 기후지에 기착점을 잡고 최고문명의 시작을 보아야 하는 바이다."(411쪽)

"이 半島 三十里 韓口이야말로 極東에 있서서는 모든 方向으로도 重要位에 處하는 바는 事實이다. 交通的으로 보와도 韓口은 極東에 한 中心地帶로써 力活하는 바는 事實이다."(p.413)
"이 반도 3천리 한국이야말로 극동에 있어서는 모든 방향으로도 중요위치에 처하는 바는 사실이다. 교통적으로 봐도 한국은 극동에 한 중심지대로써 역할하는 바는 사실이다."(413쪽)

“八景名勝地인 名望 높피는 風景地 果然 울 三千里 半島에 자랑과 寶貨로 단장된 創造的 惠擇를 깁피 生覺하면서 <**창조主애**> 本意的 目的를 찾어 세우여야 할 責任이 韓口인 바이다. 이와 갖치 韓口이란 小半島를 中心하고 全世界에 없는 景致와 各樣 貴한 地下資源과 産物과 이 貴한 位置와 氣候로도 世界**에 없는** 三寒四溫으로 四時를 通한 明朗한 氣候, 山水, 等 全部은 모다 創造主이 깁은 恩擇을 生覺하는 同時애 이 韓口은 世界에 한 中心으로 本來부터 創造主은 目的하고 지엿다는 겄을 **짐작키는 事實이다**. 이런 貴한 地理的 條件를 갓고 있는 **바이니** 하나님**이 世界를 對할 때** 사랑할러고 하는 中心目**的地**라는 겄**도 알게 될 바이다**. 그러니 하나님은 韓口<**를**> 通하여 攝理中心地로 하갓끼에 韓口이라는 나라는 世界에 中心口이며 韓口 사람 中心한 王이 나서 世界에 義에 王으로 나타난다고 伝한 **<韓口 豫言書인>** <u>정감록</u>에 豫言케한 바도 하날이 攝理할 뜻이 있기에 라는 바는 事實이다.”(pp. 418-419)

“팔경 명승지인 명망 높은 풍경지 과연 우리 삼천리 반도의 자랑과 보화로 단장된 창조적 혜택을 깊이 생각하면서 창조주의 본의적 목적을 찾아 세워야 할 책임이 한국인 바이다. 이와 같이 한국이란 작은 반도를 중심하고 전 세계에 없는 경치와 각양 귀한 지하자원과 산물과 이 귀한 위치와 기후로도 세계에 없는 삼한사온으로 사계절을 통한 명랑한 기후, 산수, 등 전부는 모두 창조주의 깊은 은택을 생각하는 동시에 이 한국은 세계의 한 중심으로 본래부터 창조주는 목적하고 지었다는 것을 짐작케 하는 사실이다. 이런 귀한 지리적 조건을 갖고 있는 바이니 하나님이 세계를 대할 때 사랑하려고 하는 중심목적지라는 것도 알게 될 바이다. 그러니 하나님은 한국을 통하여 섭리중심지로 삼았기에 한국이라는 나라는 세계의 중심국이며 한국사람 중심한 왕이 나서 세계의 의의 왕으로 나타난다고 전한 한국 예언서인 정감록에 예언케 한 바도 하늘이 섭리할 뜻이 있기 때문이라는 바는 사실이다."(418-419쪽)

"그런 고로 韓口 全部은 後日애 口際에 理想 동산으로 한 遊覽目的地로 하고저 **한은** 理想境**으로** 발라고 하날은 處하여 있슴을 알어야 한다. 하나님은 이런 天地創造 理想地은 韓口을 表準하였끼에 이 韓口은 世界 上에 찾어 볼 수 없는 貴한 創造的 中心地帶로 된 바를 알 바이다. 이 目的 完成하개 할 使命과 責任은 누게있나 하면 再臨主가 中心이 되여서 韓口사람이 協力하여 나아가 世界 基督教를 總合식켜서 世界的 中心地帶를 造成하여야 하는 바가 全 人類이 目的이**며 또** 하날에 目的이면서 하나님의 目的인 바다."(p.420)
"그런 고로 한국 전부는 후일에 국제의 이상동산으로 한 유람목적지로 하고자 하는 이상경으로 바라고 하늘은 처하여 있음을 알아야 한다. 하나님은 이런 천치장조 이상지는 한국을 표준 하였기에 이 한국은 세계상에 찾아볼 수 없는 귀한 창조적 중심지대로 된 바를 알 바이다. 이 목적 완성하게 할 사명과 책임을 누구에게 있느냐 하면 재림주가 중심이 되어서 한국사람이 협력하여 나아가 세계 기독교를 총합시켜서 세계적 중심지대를 조성하여야 하는 바가 전 인류의 목적이며 또 하늘의 목적이면서 하나님의 목적인 바다."(420쪽)

"**<이런 뜻이니 성경 전부은 한국에서 완성하여 끌맛는 바다.** > 우리 韓口人은 總動員하여 하날 뜻<成事>하여서 天地創造 根本 復歸 目的를 完成하여서 世界에 中心地로써 建設하여야 하지 안겠는가<?>"(p.421)

"이런 뜻이니 성경 전부는 한국에서 완성하여 끝맺는 바다. 우리 한국인은 총동원하여 하늘 뜻 성사하여서 천지창조 근본 복귀목적을 완성하여서 세계에 중심지로서 건설해야 하지 않겠는가?"(421쪽)

"韓口를 中心하고 完全이 사탄 追放이 하날이 目的으로 되는 바이다. 이리하여야 만의 모든 하날 뜻 成事의 第一步로써 한 所望이 始作을 全 世界은 보는 바이다. 그리하여야 韓口을 中心하고 全 世界에 最高 信仰者은 動員하여 하나님의 뜻 完成에로 協助하여야 하는 바가 今後에 한 目的 課業이며 韓口 信仰者은 먼츰 뜻 侍奉에 中心이 되여 世界 信仰者들과 合하여 協力에 中心使命를 다하여야 하는 바는 바가 現 韓口基督敎이 한 使命인 바다. 또 其 外 韓口 宗敎들이 使命인 바다. 또 韓口 사람이 使命인 바이다."(p.422)
"한국을 중심하고 완전히 사탄 추방이 하늘의 목적으로 되는 바이다. 이리해야 만이 모든 하늘 뜻 성사의 제일보로써 한 소망의 시작을 전 세계는 보는 바이다. 그리하여야 한국을 중심하고 전 세계의 최고 신앙자는 동원하여 하나님의 뜻 완성에로 협조하여야 하는 바가 금후에 한 목적 과업이며, 한국 신앙자는 먼저 뜻 시봉의 중심이 되어 세계 신앙자들과 합하여 협력의 중심사명을 다해야 하는 바가 현 한국 기독교의 한 사명인 바다. 또 그 외 한국 종교들의 사명인 바다. 또 한국 사람의 사명인 바이다."(422쪽)

4.「記錄 第四卷(기록 제사권)」(pp. 459-560)

1) 존재의 기원은 하나에서부터 대상목적으로 하야 시작함

이 부분은 크게 두 가지 관점에서 기술되어 있다. 전반부는 원리세계의 의의와 원리완성의 과정에 대한 내용을 전제로 존재물의 창조목적과 존재가치 기원이 원리완성의 내용과 일치할 때 시작함을 설명하고 있다.

> "原理世界는 相對를 中心한 回路完成하여 주고받은 對像目的에서 始作"(p.459)
> "원리세계는 상대를 중심한 회로완성하여 주고받은 대상목적에서 시작"(459쪽)

> "其 相對 보면 對像를 <向>하여 力은 作用하여진다. 이 力은 作用의 한 回路를 中心하고 주고받은 目的<를> 成立하여 對像를 構成하여 原理가 完成된다."(p.459)
> "그 상대 보면 대상을 향하여 힘은 작용한다. 이 힘은 작용의 한 회로를 중심하고 주고받은 목적을 성립하여 대상을 구성하여 원리가 완성된다."(459쪽)

> "創造란 名詞은 原理世界를 完成 할 존재들로써 創造받은 世界인바는 勿論이다. 그러니 第一 먼츰 有될 수 있는 하나 完全 存在를 中心하고 相對 位置<를 定하고 對像目的를 連하여 完成할 수 있게끔 小

에서부터 大에 位置를 두었 벌러 노은>世界로써 始作봄이다. 이 世界은 事實이다. 여기에 내 이 發表한은 存在이 基源은 先有에서 始作이라는 結論이 成立된다. 그러니 基本 存在은 어기서부터 한나를 중심하고 多數로써 지음 받은 根本目的도 相對로 對像<目的으로> 하는 位置를 定하고 全 原理基臺인 元點 한나로부터 始作보와 <第二>하나 ① 완전<對상> 존재로써 별려노앗다가 合하는 것이라는 겄으로 結論된다. 그러니 <存在物은> 總合하여 完全相對 位置를 잡아 <總合> 對像完成하여 基本 創造主<를 對하여 서게 될때에> 被造物들이 價値 起源은 始作된다."(p.460)

"창조라는 명사는 원리세계를 완성할 존재들로서 창조 받은 세계인 바는 물론이다. 그러니 제일 먼저 존재할 수 있는 하나의 완전 존재를 중심하고 상대 위치를 정하고 대상목적을 연하여 완성할 수 있게끔 소에서부터 대의 위치를 두어 벌려 놓은 세계로서 시작함이다. 이 세계는 사실이다. 여기에 내가 발표하는 존재의 기원은 선유에서 시작이라는 결론이 성립된다. 그러니 기본 존재는 여기서부터 하나를 중심삼고 다수로서 지음 받는 근본목적도 상대로 대상목적으로 하는 위치를 정하고 전 원리기대인 원점 하나로부터 시작보아 제2 하나 완전 대상존재로서 벌려 놓았다가 합하는 것이라는 결론이 된다. 그러니 존재물은 총합하여 완전상대 위치를 잡아 총합 대상완성하여 기본 창조주를 대하여 서게 될 때에 피조물들의 가치 기원은 시작된다.(460쪽)

또 존재물은 하나님과 완전적 연관의 완성이 목적인데 그 목적을 미완성하여 원리적 구속되어 불안이 시작되었다고 한다. 그러므로 전부가 기본존재(하나님)와 한 작용적 대상위치로 된 피조적 존재의 목적을 찾아 그 가치 복귀세계를 완성해야 함을 전체목적과 개체목적 중심으로 설명한다. 그것이 천주의 존재의 한 기원출발과 목적인 동시에 한 존재완성의 원점임을 강조하고 있다.

"天宙에 자랑 할 바는 이 한나인 <完全>存在면서 이 한나로서만이 理想基點됨은 事實이며 이 基點 合하면 萬 原理 合하는 其 存在니 비로서 天宙에 對한 全体 理想完成化로 한 對像<目>的 價値를 定하니 그 榮光이야 누가 창양치 안으랴. - 중략 - 한나 完全은 내 完全으로 내 완전은 한나 完全的 聯關 使命<的> 責任이 完成를 발라서 있는 存在의 世界니 其 目的 未完成하면 非原理로됨이니 사람이나 全部은 非原理<世>界에<서> 動作하는 樣으로됨애 幸福은 없슴은 原理<目>的 <이 않이무로> 事實로 된다."(p.461)
"천주에 자랑할 바는 이 하나인 완전존재면서 이 하나로서만이 이상기점됨은 사실이며 이 기점 합하면 만 원리 합하는 그 존재이니 비로소 천주에 대한 전체 이상완성화로 한 대상목적 가치를 정하니 그 영광이야 누가 찬양치 않으랴! - 중략 - 하나 완전은 내 완전으로, 내 완전은 하나 완전적 연관 사명적 책임의 완성을 바라고 있는 존재의 세계이니 그 목적 미완성하면 비원리로 됨이니 사람이나 전부는 비원리세계에서 동작하는 양으로 됨에 행복이 없음은 원리목적이 아니므로 사실로 된다."(461쪽)

"各自 한 自体면 自体 <또> 모든 存在物이면 存在物은 其 全体 <은 基本 中心 하나> 對하여 聯關的 使命 完成를 造成하여야 할 <바>면서 自我完成이란 모든 겄<을> 完成 보아<야만> 天宙 對한 自己 自我에 價値와 位를 定할 바다."(p.462)
"각자 한 자체면 자체, 또 모든 존재물이면 존재물은 그 전체는 기본 중심

하나를 대하여 연관적 사명 완성을 조성해야 할 바면서 자아완성이란 모든 것을 완성보아야만 천주 대한 자기 자아의 가치와 위를 정할 바다."(462쪽)

"이겄이 現 天宙이 存在이 한 基源 出發인 目的인 同時에 한 <**存在完成의**> **元點**이란 바를 現 人類은 알아야 한다."(p.463)
"이것이 현 천주의 존재의 한 기원 출발인 목적인 동시에 한 존재 완성의 원점이란 바를 현 인류는 알아야 한다."(463쪽)

두 번째 주제는 과학과 종교가 하나 되어야 함을 강조하고 과학의 가치와 과학적 관점에서 존재의 원리와 만물과 인간의 차이점과 관계 그리고 이상론의 목적과 사람의 가치에 대하여 설명하고 있다. 또한, 과학계에 대한 책임 완수를 위해 과학적인 미지의 내용을 발표하는 목적의 내용이다.

"<**科學은 基本原理를 찾어 올나오는 겄이 科學이고 宗教은 基本原理를 찾저 내리온은 겄이 宗教다. 그러니 언제나 合하는 겄이 勿論이면서 人間이 소망 기점으로 된다.**> 그러니 **合한 곳에서** 卽 原理復歸 世界로 된다. 그리하여야 分立된 宗教은 科學이 元祖로써 한 支點를 잡으여야 하나님의 存在目的 實相를 完成할바다."(p.464)
"과학은 기본원리를 찾아 올라오는 것이 과학이고, 종교는 기본원리를 찾아 내려오는 것이 종교다. 그러니 언제나 합하는 것이 물론이면서 인간의 소망 기점으로 된다. 그러니 합한 곳에서 즉 원리복귀 세계로 된다. 그리하여야 분립된 종교는 과학의 원조로써 한 지점을 잡아야 하나님의 존재 목적 실상을 완성할 바다."(464쪽)

"한 中心 原理存在은 相對로 對상으로 力으로 作用하는 運動으로써 熱으로 表現化되여 作用한다. 그러면 萬物과 사람은 具造은 같은 形이나 其 性品애 들어가서 萬物에 作用과 달리하고 있다. 萬物은 其 中心 支點 根據를 力으로 하고 사람은 其 力 外에 中心 支點을 사랑으로 하고 있다."(p470)
"한 중심 원리존재는 상대로 대상으로, 힘으로 작용하는 운동으로써 열로 표현화되어 작용한다. 그러면 만물과 사람은 구조는 같은 형이나 그 성품에 들어가서 만물의 작용과 달리하고 있다. 만물은 그 중심 지점 근거를 힘으로 하고 사람은 그 힘 외에 중심 지점을 사랑으로 하고 있다."(470쪽)

"萬物 各 力과 사람 사랑과 相對 像를 본은 바는 事實이다. 그러무로 萬 宇宙어서 動物들도 사람의 사랑을 받을 바를 중심으로 하여 있는 바는 사람은 하날 사랑 받음을 中心한 表示存在이다. 그리하여 萬物은 사람의 보호的 사랑으로 對합<을> 받아<야> 하는 겄의 創造本意인 바다. 그러니 여기에 理想論的 一体 理<想>的 善 繁殖를 要하는 基本原理가 完成한다."(pp. 470-471)
"만물 각 힘과 사람 사랑과 상대 상을 보는 바는 사실이다. 그러므로 만 우주에서 동물들도 사람의 사랑을 받을 바를 중심으로 하여 있는 바는 사람은 하늘 사랑받음을 중심한 표시존재이다. 그리하여 만물은 사람의 보호적 사랑으로 대함을 받아야 하는 것이 창조본의인 바다. 그러니 여기에 이상론적 일체 이상적 선 번식을 요하는 기본원리가 완성한다."(470-471쪽)

"그런 고로 사람 한나 中心하는 天地 창조한 겄이 結論的 完成를 보는 바이다. 이런 사람<은 하날 對상> 存在니 하나님의 한 몸인 目的을 科學的 見地로써도 明白하게 其 立場를 定하여 주니 果然 科學은

宗教 完成를 돕은 基本으로 其 使命에 終息符를 定하여 圓和的 目的를 向할바다."(p.472)

"그런 고로 사람 하나 중심하는 천지 창조한 것이 결론적 완성을 보는 바이다. 이런 사람은 하늘 대상존재이니 하나님의 한 몸인 목적을 과학적 견지로써도 명백하게 그 입장을 정하여 주니 과연 과학은 종교 완성을 돕는 기본으로 그 사명의 종식부를 정하여 원화적 목적을 향할 바다."(472쪽)

"한나에서 百, 百에서 한나를 科學 現 世界로서 論理를 세워서 科學的 世界 사람을 動員할 責任을 完遂하고저 함에서 이런 未知의 事實들을 發表한은 바이다. 그런 고로 宗教에 對한 全部도 未知만을 發表한은 同時<에> 科學的으로도 未知인 바를 發表하는 바이다."(p.478)

"하나에서 백, 백에서 하나를 과학 현 세계로서 논리를 세워서 과학적 세계 사람을 동원할 책임을 완수하고자 함에서 이런 미지의 사실들을 발표하는 바이다. 그런 고로 종교에 대한 전부도 미지만을 발표하는 동시에 과학적으로도 미지인 바를 발표하는 바이다."(478쪽)

"그러기에 나는 最高 宗教家와 最高 科學者를 對하여서 이겼를 쓰는 바이다. 그겼은 全 世界가 理想世界를 目的하고 存在하는 겼이 目的이니 이를 살니러고 하여서 伝하는 바이노니 全 天宙 合하여 一体 完成에 總完進하여 惡를 分立化하기를 발라면서 發表하는 바다."(p.480)

"그러기에 나는 최고 종교가와 최고 과학자를 대하여서 이것을 쓰는 바이다. 그것은 전 세계가 이상세계를 목적하고 존재하는 것이 목적이니 이를 살리려고 하여서 전하는 바이니 전 천주 합하여 일체 완성의 총완진하여 악을 분립화하기를 바라면서 발표하는 바이다."(480쪽)

2) 신앙이 요구본경도 원리를 위하여

본 제목에서는 신앙이 생기게 된 원인과 목적에 대한 내용과 타락치 않았다면 신앙관념은 현실적이고 자연적인 일상생활이 되었음을 언급하고 있다. 신앙심을 세워 다시 근본을 회복하고자 함이 종교이며, 하나님은 뜻을 빨리 이루시기 위해 여러 종교를 세워 섭리하시고 그 종교 가운데 중심 종교가 바로 기독교임을 강조한다. 기독교 신앙의 목적과 사명에 대하여 권면하시며 신앙 중심국가의 책임에 대한 내용과 예언적 내용으로 결론을 짓고 있다.

> "人間世界가 本來부터 完全完成하였다면은 信仰<이>란 名詞를 要求<치>도 안을 것은 事實로 되여있다. 信仰要求란 것은 墮落基源이 가저다 쥰 膳物인 바다. - 중략 - 本來부터가 우리 人間이란 存在에게 宗教的 信仰觀念이란 것이 現實과 한나로서 되여 實生活 理想과 合하는 것이 目的엇서야 하는 것이 墮落으로 因하<여> 이 基本 目的 未完成하여지게 되니 사람은 原理世界를 未完成한 셈이다. 그러니 存在이 目的이란 原理完成하는 立場를 造成하여 만이 原理인데 그 目的 未完成되니 그 곳과는 分立이란 間隔를 두여서 非原理存在로 되게 되었다."(p.481)
>
> "인간세계가 본래부터 완전 완성하였다면 신앙이란 명사를 요구치도 않을 것은 사실로 되어 있다. 신앙요구라는 것은 타락기원이 가져다 준 선물인 바다. - 중략 - 본래부터가 우리 인간이란 존재에게 종교적 신앙 관념이란 것이 현실과 하나로서 되어 실생활 이상과 합하는 것이 목적이었어야 하는 것이 타락으로 인하여 이 기본 목적 미완성하여지게 되니 사람은 원리세계를 미완성한 셈이다. 그러니 존재의 목적이란 원리완성하는 입장을 조성해야만이 원리인데 그 목적 미완성되니 그 곳과는 분립이란 간격을 두어서 비원리존재로 되게 되었다."(481쪽)

"사람은 原理를 찾지 않으면 存在 根本를 完成 못하갓끼에 사람에게 이런 信仰心를 세워서 다시 根本으로 回復코저 할여<서> 始作한 <바가> 宗教라는 바는 事實이다."(p.482)
"사람은 원리를 찾지 않으면 존재 근본을 완성 못하였기에 사람에게 이런 신앙심을 세워서 다시 근본으로 회복코자 하여서 시작한 바가 종교라는 바는 사실이다."(482쪽)

"信仰世界은 우리 <根>本 現實世界다. 그곳의 卽 原理始作으로 出發할 世界얻든 바를 信仰를 通하여 紹介받아 다시 찾은 것이 되니 信仰은 原理復歸目的으로 因하여 生起게 되였다. 여기에 다시 찾는 復歸 名詞에 始作이 由來가 成立를 보는 바이다. 그런 고로 信仰目的은 復歸目的인 바다. 그러니 其 目的 世界은 根本 原理現實世界인 바는 事實인 바다."(p.484)
"신앙세계는 우리 근본 현실세계다. 그곳이 즉 원리시작으로 출발할 세계였던 바를 신앙을 통하여 소개받아 다시 찾은 것이 되니 신앙은 원리복귀목적으로 인하여 생기게 되었다. 여기에 다시 찾는 복귀 명사의 시작이 유래가 성립을 보는 바이다. 그런 고로 신앙목적은 복귀목적인 바다. 그러니 그 목적 세계는 근본 원리 현실세계인 바는 사실인 바다."(484쪽)

"하나님은 <非>原理世界에 여러 宗教를 두신 目的은 서로 서로 至今까지 自己네 宗教 中心으로 하게 하여 나온 바는 <뜻을 발리 하여 世上를 復歸하고저 함이고"(p.487)
"하나님은 비원리세계에 여러 종교를 두신 목적은 서로 서로 지금까지 자기네 종교 중심으로 하게 하여 나온 바는 뜻을 빨리 하여 세상을 복귀하고자 함이고,"(487쪽)

"하나님 中心目的<을> 完遂<할> 責任를 지고 온 바가 基督 예수인 바다. 그러면 예수로 因하여 基本 原理 復歸하는 原因이 있서야 하는 바가 基督教 眞理 路程인 바다."(p.488)
"하나님 중심목적을 완수할 책임을 지고 온 바가 기독 예수인 바다. 그러면 예수로 인하여 기본 원리 복귀하는 원인이 있어야 하는 바가 기독교 진리 노정인 바다."(488쪽)

"基督教은 宗教 中 最高 宗教라면 먼츰 <原理를> 아는 宗教야 되는 반면 其 目的를 完成할 바가 <責任的> 事實로 된다. 그러니 基本 信仰目的은 宗教를 通하여서 原理 世界를 造成하고저 하여 나오고 있다. 卽 完成를 目的하고 나오고 있다."(p.489)
"기독교는 종교 중 최고 종교라면 먼저 원리를 아는 종교야 되는 반면 그 목적을 완성할 바가 책임적 사실로 된다. 그러니 기본 신앙목적은 종교를 통하여서 원리 세계를 조성하고자 하여 나오고 있다. 즉 완성을 목적하고 나오고 있다."(489쪽)

"예수教 信仰 最高目的은 하나님 뜻 돕는 바가 根本이니 世上를 잡아야 하면서 빨리 世上에 原理 世界<인> 地上天口이란 創造目的를 完成한 責任이 있는 바이다."(p.490)
"예수교 신앙 최고목적은 하나님 뜻 돕는 바가 근본이니 세상을 잡아야 하면서 빨리 세상의 원리 세계인 지상천국이란 창조목적을 완성할 책임이 있는 바이다."(490쪽)

"누가 使命하여야 하겠는<가> 얻던 딴 存在가 않이고 특히 基督教이

使命이 큰 바며 其外 宗教的 使命이 큰 바면서 現 科學的 人士들이 使命이 큰 바이다. 그리하여 우리의 원수로 役事한 사탄 對하여서 積極的 攻勢로써 基本 原理를 찾저 서우여야한다. 그리하여 주고 받은 原理<世界를> 造成할 바다. - 중략 - 이 目的을 하나님은 目的하니 人種도 分別이 없게 할러니 近代에 口際結婚 等이 自然的으로 많아지게 하는 바도 原因가 있어 그리하여 한 祖口으로 한 言語으로 주고 바는 世界 建設이 現 信仰中心 口家 合한 UN의 責任인 바다."(p.496)

"누가 사명해야 하겠는가? 어떤 다른 존재가 아니고 특히 기독교의 사명이 큰 바여 그 외 종교적 사명이 큰 바이면서 현 과학적 인사들의 사명이 큰 바이다. 그리하여 우리의 원수로 역사한 사탄 대하여서 적극적 공세로써 기본 원리를 찾아 세워야 한다. 그리하여 주고받은 원리세계를 조성할 바다. - 중략 - 이 목적을 하나님은 목적하니 인종도 분별이 없게 하려니 근대에 국제결혼 등이 자연적으로 많아지게 하는 바도 원인이 있어 그리하여 한 조국으로, 하나의 언어로 주고받는 세계 건설이 현 신앙 중심국가 합한 UN의 책임인 바다."(496쪽)

3) 만유인력은 만유원력으로 하여만 그 원력은 전부에 작용한다

여기서 '만유원력'이 새롭게 설명되어 있으며 그 원력을 중심한 존재세계의 기본 원리적 구조에 대한 내용을 자세히 설명하고 있다. 즉 모든 존재의 기원은 반드시 대상될 수 있는 위치에 있어 중심을 주로 하여 원력을 조성해야만이 된다는 것이다. 왜냐 하면, 원력작용은 대상을 취하는 작용이기 때문이다. 그 실례를 지구와 지구 위의 존재물과의 관계로 설명하고 있다.

“그런 고로 萬有引力은 必要的 作用이다. 그겄은 한 中心를 主로 하<고> 相對位置를 取하는 곳에는 <받드시> 보여진다. 其 反面에 授力이란 力에 作用이 成立를 要한다. 그러무로 이 引力과 授力 合하여서만이 位置를 定한 相對位置를 잡고는 그 自体은 對像를 完成하여았다. 그런 고로 相對位置를 잡고 주고 받은 곳이 始作이니完全平衡存在位置를 定하여 나아간다. 그런키에 이 作用에 力를 나는 萬有原力이라고 말하고 싶다.”(p.498)

“그런 고로 만유인력은 필요적 작용이다. 그것은 한 중심을 주로 하고 상대위치를 취하는 곳에는 반드시 보여진다. 그 반면에 수력(주는 힘)이란 힘의 작용의 성립을 요한다. 그러므로 이 인력(당기는 힘)과 수력 합하여서만이 위치를 정한 상대위치를 잡고는 그 자체는 대상을 완성하여 왔다. 그런 고로 상대위치를 잡고 주고받은 곳이 시작이니 완전 평형존재위치를 정하여 나아간다. 그렇기에 이 작용의 힘을 나는 만유원력이라고 말하고 싶다.”(498쪽)

“存在의 **基源點은** <**起源은**> 반드시 對像될 수 있 位置에 있서 中心를 主로 하여 原力를 造成하여야 많이 된다. 例를 들어보자. 至今 地球上에는 地球를 主로하고는 各様 存在物의 널려 있다. 그러면 그 存在物<**이**>란 存在은 各自各<**自**>에게 있서서 自己가 位置로서 定할 수 있는 其 存在位置**란** 곳을 잡고 있는 바는 各自가 있슬 수 있는 對像를 完全이 保有하여 있기에 그 立場를 定하고 있다. 그리하여 其 存在物은 中心 地球와 對하여 주고받은 原力作用 **인력운동**으로 平衡<**를**> 取하고 있다. 그런 고로 한 存在가 有할러면 반드시 對像를 定하여<**야**> 存在에 構成를 본다.”(p.497)

“존재의 기원점은 기원은 반드시 대상될 수 있는 위치에 있어서 중심을 주로 하여 원력을 조성해야 만이 된다. 예를 들어 보자. 지금 지구상에는 지구를 주로 하고는 각양 존재물이 널려 있다. 그러면 그 존재물이란 존재는 각자 각자에게 있어서 자기가 위치로서 정할 수 있는 그 존재위치란 곳을 잡고 있는 바는 각자가 있을 수 있는 대상을 완전히 보유하고 있기에 그 입장을 정하고 있다. 그리하여 그 존재물은 중심 지구에 대하여 주고받은 원력작용 인력운동으로 평형을 취하고 있다. 그런 고로 한 존재가 있으려면 반드시 대상을 정해야 존재의 구성을 본다.”(497쪽)

“存在하는 以上 이 原力를 主로하여 他와 連結지여서 있게 될 되에 其 立場은 主로 平衡位置를 定한다. 萬一 其 存在하는 以上에는 이 原力 떠 난 立場은 없는 바이다.”(p.498)
“존재하는 이상 이 원력을 주로 하여 다른 존재와 연결지어서 있게 될 때에 그 입장은 주로 평형위치를 정한다. 만일 그 존재하는 이상에는 이 원력 떠난 입장은 없는 바이다.”(498쪽)

그 원력을 표현하는 제이(第二)의 작용이 전기작용(電氣作用)이라고 정의하고 있다. 그러므로 존재세계의 한 기본원력이 즉 전기 요소라는 것이다. 과학도 원리원력세계를 떠나서는 발달과 존재할 수 없다는 점을 강조하고 있다.

“그런 고로 그겄이 表現化가 우리는 地球 自体가 南北를 通하여 이런 作用을 取<하여> 中心軸를 定하고 돌고 있다. -중략- 地球 自体에 이 作用애 表現化은 電氣作用<과> 같은 겄으로 基本 原力이 南北 間를 通하고 있는 바는 其를 증명하는 바다. 그리하여 中心 <太

陽> 對하여 平衡 圓運動를 繼續하는 바다. 그런면 地球 自体은 한 電氣作用한는 것이다."(p.499)
"그런 고로 그것의 표현화가 우리는 지구 자체가 남북을 통하여 이런 작용을 취하여 중심축을 정하고 돌고 있다. -중략- 지구 자체에 이 작용의 표현화는 전기작용과 같은 것으로 기본 원력이 남북 간을 통하고 있는 바는 그것을 증명하는 바다. 그리하여 중심 태양 대하여 평형 원운동을 계속하는 바다. 그러면 지구 자체는 한 전기 작용하는 것이다."(499쪽)

"存在世界에 한 基本原力이 卽 電氣 要素란 것이다."(p500)
"존재세계의 한 기본원력이 즉 전기 요소란 것이다."(500쪽)

"電氣<가 物質에> 通하는 것도 存在物에는 電氣가 <通할 수 잇는 原力> 要素가 있기에며 또 電氣가 空中를 波動되는 바도 要素<를> 찾저 通함에<서><시작함에> 不過하다. 그런 고로 存在 世界에는 이 創造原力 要素를 갔고 있기에 全部은 其 作用的 舞臺를 造成한다. 그리 하여서 力이 生起<은> 原理도 運動과 熱도 全部은 其 原理性으로 因한 先有物이 作用으로 着理化한 바를 利用하는 <것이> 電氣科學世界인 바다. 그런 고로 科學도 原理原力世界를 떠나서는 發達과 存在位취를 維持 못한다는 結論이 나온다. 그런 고로 電氣란 存在은 한나 完全 生起면 相對나와 對像 造成하여 지는 바를 原理存在性品를 보여줌에 證明인 바다."(p.501)
"전기가 물질에 통하는 것도 존재물에는 전기가 통할 수 있는 원력 요소가 있기 때문이며 또 전기가 공중을 파동 되는 바도 요소를 찾아 통함에서 시작함에 불과하다. 그런 고로 존재세계에는 이 창조원력 요소를 갖고 있기에 전부는 그 작용적 무대를 조성한다. 그리하여서 힘이 생기는 원리도 운동과 열도 전부 그 원리성으로 인한 선유물이 작용으로 착리화한 바를 이용하는 것이 전기 과학세계이다. 그런 고로 과학도 원리원력 세계를 떠나서는 발달과 존재위치를 유지 못한다는 결론이 나온다. 그런 고로 전기란 존재는 하나 완전히 생기면 상대가 나와 대상 조성하여 지는 바를 원리존재 성품을 보여줌에 증명인 바다."(501쪽)

존재하는 이상상대위치를 정하고 대상원력을 떠난 존재는 있을 수 없으며, 무엇이든지 완전하기 위해서는 대상위치에서만이 성립된다. 그리고 이 모든 것이 완성을 위해 대상을 찾는다는 원리가 자체 내에서 뿐만 아니라 대상 대하여서도 그런 작용을 한다는 점을 강조하고 있다.

"存在하는 以上 相對位置를 定하고 對像原力를 떠난 存在은 없는 바이며 <또 사용시작도 없는 바이다.> 그런 고로 分別性한 나란 存在은 存在 世界에 存在 못하고 自然<이> 破壞的 方線을 取하는 途中에 處하는 바이다. 電氣면 ⊕면 ⊖로써 <되는 것이지 ⊕면 ⊕,⊖면 ⊖은 各 各> 한나(를) 存在할 수 없는 것이다. 어는 것이<든지> 完全하기 爲하여서<는> 對像位置에서만이 成立된다. 그러니 未完全이란 存在가 存在한다면 存在하는 以上 한 相對位置를 잡고 對像<를 向>하는 路中에<서는> 認定 할 수 있느나 完全完成 立場에<서>는 存在 認定<은> 못 되니 그는 없는 바이다."(p.502)
"존재하는 이상, 상대위치를 정하고 대상원력을 떠난 존재는 없는 바이며 또 사용시작도 없는 바이다. 그런 고로 분별성한 나란 존재는 존재 세계에 존재 못하고 자연이 파괴적 방선을 취하는 도중에 처하는 바이다. 전기면

⊕면 ⊖로써 되는 것이지 **⊕면 ⊕, ⊖면 ⊖은 각각** 하나를 존재할 수 없는 것이다. 어느 것이든지 완전하기 위하여서는 대상위치에서만이 성립된다. 그러니 미완전이란 존재가 존재한다면 존재하는 이상, 한 상대위치를 잡고 대상을 향하는 노중에서는 인정할 수 있으나, 완전 완성 입장에서는 존재 인정은 못되니 그는 없는 바이다."(502쪽)

"存在애서 自体은 自体에 이런 存在 原理的 作用하면서 對像 對하여서도 그런 作用를 하고 있다. 이런 原理를 小에서 大으로 其 基本 原理 作用을 加하여가면서 根本<한나>과 連하여 合하여 있다."(p.503)
"존재에서 자체는 자체에 이런 존재 원리적 작용하면서 대상 대하여서도 그런 사용을 하고 있다. 이런 원리를 소에서 대로 그 기본원리 작용을 가해 가면서 근본 하나와 연하여 합해 있다."(503쪽)

이러한 대상원리로 모든 종교적 관점과 철학적 관점 및 과학적 관점 모두가 해결되고, 인간의 가치 완성을 시작할 수 있음을 역설하면서 이것이 최고 과학 원리로 된 원론(原論)이라고 기술하고 있다. 그리고 3가지 방법으로 종교와 철학 및 과학의 새로운 획기선을 그려야 함을 주장하며 최후의 승리는 원리임을 강조하고 있다. 마지막 부분에서는 사람의 양심과 하나님과의 관계, 그리고 사탄의 작용을 원력을 중심한 이동운동과 관성작용으로 설명하고 있다. 즉 사람의 양심은 하나님에 대한 의리적 힘이며 사탄작용은 외부의 힘이라는 것이다. 이에 하늘을 향한 양심작용을 성사하는 것이 최고 이상이라는 점이다.

"모든 宗教的 見地와 哲學的 見地와 科學的 見地은 <여기서> 한 使命的 짐을 플고 우슴으로 合할 바다. 그런 고로 이 모든 겄은 原力

<作用하게 하는> 對像原理로 依하여 解決된은 最高 科學原理로 된 原論인 바이다."(p.507)
"모든 종교적 견지와 철학적 견지와 과학적 견지는 여기서 한 사명적 짐을 풀고 웃음으로 합할 바다. 그런 고로 이 모든 것은 원력 작용하게 하는 대상원리로 의하여 해결되는 최고 과학원리로 된 원론인 바이다."(507쪽)

"人間은 至今이야 <이런 原理를 알무로> 價値完成을 始作하는 바이다. 이와갓치 한나를 完全 中心点으로 잡으니 天宙 全部은 풀러나가는 이 理致的 論理은 누가 否認할 수 없다. 그런 고로 이런 構造를 가진 原理世界니 이것이 天理니 世界 存在物은 公式를 通하는 同時<에> 對像理想를 中心하였기에 <天宙은> 正數로 徐되는 것이다."(p.506)
"인간은 지금이야 이런 원리를 앎으로 가치완성을 시작하는 바이다. 이와 같이 하나를 완전 중심점으로 잡으니 천주 전부는 풀려나가는 이 이치적 논리는 누가 부인할 수 없다. 그런 고로 이런 구조를 가진 원리세계니 이것이 천리이니 세계 존재물은 공식을 통하는 동시에 대상이상을 중심하였기에 천주는 정수로 서 되는 것이다."(506쪽)

"뉴톤이 萬有引力이 萬有原力으로 反作<用>原理은 本作用原理로 中和的 原理은 總和的 原理로 되여서 한 新科學<的> 핵기 線를 지여야 할 바며 宗教 亦是 哲學 亦是 한 가지다. 그러니 最後 勝利은 原理니 善에 對한 대 最後 勝利란 바는 原理와 合하는 것이다. 原理 完成하여 나오는 路中를 世界에세는 眞理라고 하고 있다. 이 路中은 蘇生으로 長成으로 完成으로 基本하고 있다. <이 部分에서 自然이란 말에 起源이 보여진다>그런 고로 이 모든 信仰的 問題가 科學的인 解決로

써도 目的을 完遂하여<야> 할바**가 定해지는 바이다**."(p507)

"뉴톤의 만유인력이 만유원력으로, 반작용원리는 본작용원리로, 중화적 원리는 총화적 원리로 되어서 한 신과학적 획기적 선을 지어야 할 바며 종교 역시 철학 역시 한 가지이다. 그러니 최후 승리는 원리니 선에 대한 대 최후 승리란 바는 원리와 합하는 것이다. 원리 완성하여 나오는 과정을 세계에서는 진리라고 하고 있다. 이 과정은 소생으로, 장성으로, 완성으로 기본하고 있다. 이 부분에서 자연이란 말의 기원이 보여 진다. 그런 고로 이 모든 신앙적 문제가 과학적인 해결로써도 목적을 완수해야 할 바가 정해지는 바이다."(507쪽)

"存在物은 慣習位置를 維持하여 있은 中心과 한나 되고저 하여서 作用하는 힘이 對像位置를 變하지 않기 爲한 存在物界에 한 義理的 **力이 慣性** 原理로 된다. 이겄이 없는 겄에는 相對나 對像잡지 못하는 겄이다. 그런 고로 慣性이란 基本存在은 對상 結持性에<서> 보여주는 **<相對間에 정조>**作用인바다. 그리하여 完全를 保守키 爲하여 全存在은 作用하여 永遠을 標準하고 있다. 萬一 慣習性이 없다면 全部은 파괴를 가저 온 바이다. 慣性性質은 **存在**要性있는 **<곳에는>**반드시 作用한다. 그런고로 至今 科學은 慣性을 잘 利用하여서만의 發達된다. 이와 갖은 作用이 우리 **사람**을 中心하고 사람도 갓고 있기에 良心作用은 本 하날 善은 作用하는 바다. 여기에 사탄 作用은 外部力과 같은 겄인데 우리 良心은 運動하고 있는 내 中心에서 慣習作用으로 根本를 對하여서 向하는 겄이 良心作用으<로> 나타난다. 이겄이 하날 대한 義理적 力임바다. 그러니 하날 向하여 **사람은 所望으로 하여 向하여** 나온다. **이 成事함이 最高 理想이다**."(pp. 509-510)

"존재물은 관습위치를 유지하여 있는 중심과 하나 되고자 하여서 작용하는 힘이 대상위치를 변하지 않기 위한 존재물계에 한 의리적 힘이 관성 원리로 된다. 이것이 없는 것에는 상대나 대상 잡지 못하는 것이다. 그런 고로 관성이란 기본존재는 대상 결지성에서 보여주는 상대 간의 정조 작용인 바다. 그리하여 완전을 보수키 위하여 전 존재는 작용하여 영원을 표준하고 있다. 만일 관습성이 없다면 전부는 파괴를 가져 온 바이다. 관성성질은 존재요성 있는 곳에는 반드시 작용한다. 그런 고로 지금 과학은 관성을 잘 이용하여서만이 발달된다. 이와 같은 작용이 우리 사람을 중심하고 사람도 갖고 있기에 양심작용은 본 하늘 선은 작용하는 바다. 여기에 사탄 작용은 외부력과 같은 것인데 우리 양심은 운동하고 있는 내 중심에서 관성작용으로 그러니 하늘 향하여 사람은 소망으로 하여 향하여 나온다. 이 성사함이 최고 이상이다."(509-510쪽)

4) 존재물에 원력과 중심에 대하여

이 내용은 원력을 중심으로 모든 것을 설명하고 있으며, 존재 법칙의 내용을 설명하며 그 내용을 중심으로 태양과 지구 그리고 지구상의 존재물들과의 관계와 그 존재물들의 존재법칙을 자세히 기술하고 있다. 즉 모든 존재물들은 연체적 관계로서 유기적 관계를 맺으며 존재한다는 사실을 원력을 중심으로 설명하고 있다.

"存在物은 對像位置서부터 創造 原性를 가지고아 始作하는 天理인 바다. 그러니 모돈 存在란 名詞 우애는 받드시 其 中心 原力으로써 位置를 定한은 原理를 갓고 그리하여 基本 中心点과 주고바다 圓和的 目的으로 서로 돕고 도응<받으>면서 存在하는 바다. -중략- 太陽

中心한 여러 存在은 原力를 平衡位置<로 하>에서 處하는 <바는> 勿論이면서 其 自体 卽 地球면 地球 自体에 있서서도 中心 太陽애 對하는 原力作用과 갗치 地球 한 自体를 中心으로 하여 作用하여 其 中心를 取하고 있다. 그러무로 地球 自体도 自己 中心位置를 主로 하여 圓運動를 繼續하고 있다. -중략- 그리하여 地球 自体 우에 存在할 수 있는 한 **基盤**으로 되러니 그런 自体에 中心位置를 딴로 定하는 바"(p.515)

"존재물은 대상위치에서부터 창조 원성을 가지고야 시작하는 천리인 바다. 그러니 모든 존재란 명사 위에는 반드시 그 중심 원력으로써 위치를 정하는 원리를 갖고 그리하여 기본 중심점과 주고받아 원화적 목적으로 서로 돕고 도움 받으면서 존재하는 바다. -중략- 태양 중심한 여러 존재는 원력을 평형위치로 하여서 처하는 바는 물론이면서 그 자체 즉 지구면 지구, 자체에 있어서도 중심 태양에 대하는 원력작용과 같이 지구 한 자체를 중심으로 하여 작용하여 그 중심을 취하고 있다. 그러므로 지구 자체도 자기 중심위치를 주로 하여 원운동을 계속하고 있다. -중략 - 그리하여 지구 자체 위에 존재할 수 있는 한 기반으로 되려니 그런 자체에 중심위치를 따로 정하는 바"(515쪽)

"太陽를 中心하고<는> 地球<**自体**>는 中心를 取하고 地球上 存在物로 太陽를 對한 地球에 立場과 갗치 地球上 한 存在도 한 中心를 取하고 있다. 그러면서 地球 上 存在 合하여서 地球에 總合한 原力으로서 太陽과 對하는 바이다. 그런 고로 存在物들은 第一中心지 太陽를 갓고 있는 同時에 第二存在 中心를 定하고 있다. 그겄이 天宙 存在物은 全部가 갗은 存在로 된 듯한 分立된 存在 位置様으로 取하여서 小에서 大까지 作用하여 原力이 連하여서 있습을 알 수 있다. 이와 갈은 原理로써 存在物 全部<은> 한 가지로 되여 잇다. 그러면 第二存在位置<우에>에 있는 <卽> 地球上 存在 自体를 보면 其 自体로써도 한 獨立된 듯한 構造的 作用 原力으로 作用한다. 이것이 創造原理인 바다."(p.516)

"태양을 중심하고는 지구 자체는 중심을 취하고, 지구상 존재물로 태양을 대한 지구의 입장과 같이 지구상 한 존재도 한 중심을 취하고 있다. 그러면서 지구상 존재 합하여서 지구에 총합한 원력으로서 태양과 대하는 바이다. 그런 고로 존재물들은 제일 중심지 태양을 갖고 있는 동시에 제이 존재 중심을 정하고 있다. 그것이 천주 존재물은 전부가 같은 존재로 된 듯한 분립된 존재 위치 모양으로 취하여서 소에서 대까지 작용하여 원력이 연결되어서 있음을 알 수 있다. 이와 같은 원리로써 존재물 전부는 한 가지로 되어 있다. 그러면 제2존재 위치 위에 있는 즉 지구상 존재 자체를 보면 그 자체로써도 한 독립된 듯한 구조적 작용 원력으로 작용한다. 이것이 창조원리인 바다."(516쪽)

"地球가 作用하는 것도 太陽으로 因하여 作用함은 勿論이고 <또> 自体 爲하여 作用함을 勿論인 봐다."(p.517)

"지구가 작용하는 것도 태양으로 인하여 작용함은 물론이고 또 자체 위하여 작용함을 물론인 바다."(517쪽)

모든 존재는 개체목적과 전체목적을 위한 작용을 한다는 점을 지구를 예로 들어 설명하고 있다. 대상원력을 중심으로 지구와 지구상의 존재물(광물, 식물, 동물)들을 정의하고 그들의 존재형태를 언급하며 그들과 사람의 차이점을 양심작용에 두고 그 양심의 작용을 대상원력의 관점으로 설명하면서 인간의 가치와 인간의 삶의 목적과 사명을 밝히고 있다. 또한, 천주의 현상이 이런 기본원력작용을 한 공식으로 원리원상으로 질서정연하게 나타난 것임을 말하고 있다.

"地球도 中心軸를 갖고 있다. 地軸를 南北으로 하고 있다. 그겄은 地球에 原力作用이 磁力線으로 보아도 알 수 있다. 이리하여 地球 自体가 對像形를 取하여 있다. 이 磁力線이 總合하는 位置로서 地軸은 삼고있다. 그리하여 한 中心 軸를 位置잡고서 中心 太陽과 平衡線 <原力>를 取한다. 그와 한 가지로 地球上 存在物도 亦是 갈은 様으로하여 나타난다. 그러니 存在物<이>라 겄은 對像位置를 個体에서면 個体에 定하고는 中心點를 향하는 바는 事實이다. 그러치 못하면 存在位置를 繼續하지 못하는 바이다."(p.519)
"지구도 중심축을 갖고 있다. 지축을 남북으로 하고 있다. 그것은 지구에 원력작용이 자력선으로 봐도 알 수 있다. 이리하여 지구 자체가 대상형을 취하여 있다. 이 자력선이 총합하는 위치로서 지축은 삼고 있다. 그리하여 한 중심축을 위치 잡고서 중심 태양과 평형선 원력을 취한다. 그와 한 가지로 지구상 존재물도 역시 같은 모양으로 하여 나타난다. 그러니 존재물이라는 것은 대상위치를 개체에서면 개체에 정하고는 중심점을 향하는 바는 사실이다. 그렇지 못하면 존재위치를 계속하지 못하는 바이다."(519쪽)

"그러니 한 回路을 通하여 對像位置<로> 주고 받은 原力를 中心하고 存在이 目的를 完成한다. 그러니 存在物들은 各自의 個性中心를 取하고 있다. 地球를 中心하고 보면은 地球 上에는 生物과 無生物이 存在한다. 이겄 亦是 한 가지 原理인 바다. 여기에 無生物은 무었이나 하면 其 存在에 位<置 中心>를 固定位置에 屬하여서 存在原力作用하는 겄에 不過하다. - 중략 - 植物界은 其 中心 原力 作用이 主로 無生物界애 原力作用에 依하여 있는 겄이 表現化하였진 바 이 存在物인 바다. 그리하여 其 原力作用를 地球로 中心하고 作用하여 <存在> 繼續하<은> 날까지 其 存在이 原力을 維持한다. <그러나> 그 作用이 取하여<지>지 못하면 存在를 取하여 腐化하여 其 本体로 化하여서 된 겄애 不過하다."(p.520)
"그러니 한 회로를 통하여 대상위치로 주고받은 원력을 중심하고 존재의 목적을 완성한다. 그러니 존재물들은 각자의 개성 중심을 취하고 있다. 지구를 중심하고 보면 지구상에는 생물과 무생물이 존재한다. 이것 역시 한 가지 원리인 바다. 여기에 무생물은 무엇이나 하면 그 존재의 위치 중심을 고정위치에 속하여서 존재원력 작용하는 것에 불과하다. - 중략 - 식물계는 그 중심 원력 작용이 주로 무생물계의 원력 작용에 의하여 있는 것이 표현화 된 것이 이 존재물인 바다. 그리하여 그 원력작용을 지구로 중심하고 작용하여 존재 계속하는 날까지 그 존재의 원력을 유지한다. 그러나 그 작용이 취하여지지 못하면 존재를 취하여 부화하여 그 본체로 화하여서 된 것에 불과하다."(520쪽)

"動物이란 무었이나 하면 存在原力이 中心 地球原力을 이기고 딴 目的原力를 保有하고 있는 存在가 動物인바다. 그러니 動物은 地球原力 (+) 目的原力을 갓고 있는 바다."(p.522)
"동물이란 무엇인가 하면 존재원력이 중심 지구원력을 이기고 딴 목적원력을 보유하고 있는 존재가 동물인 바다. 그러니 동물은 지구원력 + 목적원력을 갖고 있는 바다."(522쪽)

"存在란 것은 個体存在 構成할 수 있는 對像位置<를> 않가지고는 成立못한다. - 중략 - 이런 基本原理 作用이 存在物 世界에 한 存在<의> 生命要素인 바다. 이것 造成 못하면 存在할 수 없는 同時에 存在하는 其 自体에 無로 되는 길을 보여주는 것의 腐敗이 基本 原因히<라는> 科學的 判斷을 造成하는 바이다."(pp. 521-522)

"존재라는 것은 개체존재 구성할 수 있는 대상위치를 안가지고는 성립 못한다. - 중략 - 이런 기본원리 작용이 존재물 세계에 한 존재의 생명요소인 바다. 이것을 조성 못하면 존재할 수 없는 동시에 존재하는 그 자체에 무로 되는 길을 보여주는 것이 부패의 기본 원인이라는 과학적 판단을 조성하는 바이다."(521-522쪽)

"사람은 動物이 갔고 있는 性動性外 第二作用를 要하고 잇다. 그것은 良心作用인데 이것 亦是 볼 적에 한 對像位置 있는 곳<서>만이 存在始作인바니 良心作用있는 곳에는 其 目的 對像에 作用相對位置 있슴을 알게 되니 卽 善과 最高 理想作用心으로 動作하는 바은 其 對像 第一存在이 依한 바를 決定짓는 바다. 그러니 良心作用도 亦是 創造 基本 原力作用도 爲하여 生起은 바다. 그런 고로 하날이 良心에 옴겨와서 作用하는 바가 않이고 其 原力作用에 依하여 自然的 軌道를 永遠 標準하고 作用하니 其 作用要素에 反對하는 作用만 하면 본 軌道로써 돌리는 힘에 作用이 始作하는 바는 창조 基本 原力 作用인 바<고 이것이 至今까지 神奇하지 않은 良心作用인 바다> 例를 들면 磁針이 南北를 向하는 것이 基本原力인데 東西로 하여 向하여 位置를 定하면은 其 磁針에 作用한은 原力힘은 南北으로 당기는 것과 갗치 良心 亦是 原理向線은 하날 善을 向하는 것이 原則인

데 非良心 이란 作用은 磁針를 東西作用케하는 것과 갖은 곳으로 作用하는 힘"(pp. 524-525)

"사람은 동물이 갖고 있는 성동성외 제2작용을 필요하고 있다. 그것은 양심작용인데 이것 역시 볼 적에 한 대상위치 있는 곳에서만이 존재 시작인 바니 양심작용 있는 곳에는 그 목적 대상의 작용 상대위치 있음을 알게 되니 즉 선과 최고 이상작용심으로 동작하는 바는 그 대상 제1존재에 의한 바를 결정 짓는 바다. 그러니 양심작용도, 역시 창조 기본 원력작용도 위하여 생기는 바다. 그런 고로 하늘의 양심에 옮겨와서 작용하는 바가 아니고, 그 원력작용에 의하여 자연적 궤도를 영원 표준하고 작용하니 그 작용요소에 반대하는 작용만 하면 본궤도로써 돌리는 힘의 작용이 시작하는 바는 창조 기본원력 작용인 바이고, 이것이 지금까지 신기하지 않은 양심작용인 바다. 예를 들면, 자침이 남북을 향하는 것이 기본원력인데 동서로 하여 향하여 위치를 정하면 그 자침에 작용하는 원력의 힘은 남북으로 당기는 것과 같이 양심 역시 원리향선은 하늘 선을 향하는 것이 원칙인데 비양심이란 작용은 자침을 동서 작용케 하는 것과 같은 곳으로 작용하는 힘"(524-525쪽)

"이 基本原力作用 전부가 한 公式과 갖은 原理原狀으로 秩序整然한 實相이 天宙에 現象인 바다. 그러무로 天宙은 한나만 찾저보아도 얻던 存在物이나가 全部가 根本 상를 表現化하여 있다. 이리하여서 한 存在으로써 全体 <存在으>로써 合하여 <完全 全体> 한나로써 돌려야 하면서 또 받아야 할 連關的 位置를 이 創造原力으로 萬天宙에 配列함에 妙味가 創造主이 <相對인> 實相<世界>으로 되면<서> 實在<創造主>에 對한 對像存在로하여 한 目的 <向하여> 주고 받은 作用를 보여주는 天宙를 보아서 小에서 大 卽 全体 世界로써 通하여 그 目的化를 보고 있는 바다. 그리하여 萬物은 사람 爲하여서 存在目的으로하여 對像位置를 갖고 있는 同時에 하날은 사람 中心하고 한 對像位로 對하여 주고 받은 힘를 造成할려는 原力作用인 最高目的인 하날 사랑을<良心> 中心하고 作用한다. 사랑을 받게 할러니 良心은 其 理想目標가 사랑를 받을 하날 對한 對像位置使命 추궁作用의 長成으로 나아가게 하는 <良心作用인> 바다. 사람에 基本目的 中心은 하날 사랑으로하여 中心 定하고 있다. 그겄이 부모 中心하고 낳나나 한 存在 中心地點으로 보여주며 또 夫婦사랑으로 보여주여서 各 存在位置를 定하고 있는 겄이 太陽系<를 中心한 原力作用를 가진 各 存在物>와 한가지다. 그러니 太陽떠나 地球없슬겄이며 地球떠나 地球 上 存在物 없슬 겄이 事實이다."(pp. 527-528)

"이 기본원력작용 전부가 한 공식과 같은 원리원상으로 질서정연한 실상이 천주의 표현인 바다. 그러므로 천주는 하나만 찾아보아도 어떤 존재물이던 전부가 근본상을 표현화하여 있다. 이리하여서 한 존재로서 전체 존재로 합하여 완전 전체 하나로 돌려야 하면서 또 받아야 할 연관적 위치를 이 창조원력으로 만 천주에 배열함의 묘미가 창조주의 상대인 실상세계로 되면서 실재 창조주에 대한 대상존재로 하여 한 목적 향하여 주고받은 작용을 보여주는 천주를 보아서 소에서 대 즉 전체 세계로 통하여 그 목적화를 보고 있는 바다. 그리하여 만물은 사람 위하여서 존재목적으로 하여 대상위치를 갖고 있는 동시에 하늘은 사람 중심하고 한 대상위로 대하여 주고받은 힘을 조성하려는 원력작용인 최고목적인 하늘 사랑을 양심 중심하고 작용한다. 사랑을 받게 하려니 양심은 그 이상목표가 사랑을 받을 하늘 대한 대상위치 사명 추궁작용의 장성으로 나아가게 하는 양심작용인 바다. 사람의 기본목적 중심은 하늘 사랑으로 하여 중심 정하고 있다. 그것이 부모 중심하고 나타나 한 존재 중심지점으로 보여주며 또 부부사랑으로 보여줘서 각 존재위치를 정하고 있는 것이 태양계를 중심한 원력작용을 가진 각 존재물과 한 가지이다. 그러니 태양 떠나 지구 없을 것이며 지구 떠나 지구상 존재물 없는 것이 사실이다."(527-528쪽)

"사람은 하날 對하여서 닮기 爲하여서 最高 努力하여야 하면서 萬物 對하여 保護하면서 全体 사랑으로 連하여 總和를 造成하여 存在ㄴ天宙가 한나로 잘 받고 주는 目的을 하날 中心하여서 한 基臺造成를 目的하여야 하는 바는 勿論인 바다."(p.529)
"사람은 하늘 대하여서 닮기 위하여서 최고 노력해야 하면서 만물 대하여 보호하면서 전체 사랑으로 연결하여 총화를 조성하여 천주 존재가 하나로 잘 받고 주는 목적을 하늘 중심하여서 한 기대조성을 목적해야 하는 바는 물론인 바다."(529쪽)

5) 원력으로 본 삼위격일체

이 부분에서는 원력의 관점에서 모든 존재물의 존재원리와 관계성을 설명하고 있다. 모든 존재는 원력으로 인해 존재하며 존재하는 이상, 모두 연관적 위치를 취하면서 존재해야 완전 존재위치를 정한다는 것이다. 그 연관적 위치는 삼위격위를 기본 단위로 하여 이루어진다는 것이다.

"存在物은 原力으로 因하여 其 位置를 定하고 있는 바는 勿論인데 各己 各自은 中心를 갓고 本 中心体와 向하여 連關적 位置로써 存在를 일우고 있다."(p.531)

"존재물은 원력으로 인하여 그 위치를 정하고 있는 바는 물론인데 각기 각자는 중심을 갖고 본 중심체와 향하여 연관적 위치로써 존재를 이루고 있다."(531쪽)

"原力를 두고 보면은 地球上 存在物은 三体格位를 두고 自我한 <自>体를 對한 原力作用이 있는 바이다. 其 位格을 太陽부터 地球로 地球부터 地球上 存在로 하여 있스니 其 原力으로 보면 三位格爲로써 하여 한 一体的 形線에서 存在하고 있다."(p.532)
"원력을 두고 보면 지구상 존재물은 삼체 각위를 두고 자아 자체를 대한 원력작용이 있는 바이다. 그 위격을 태양부터 지구로, 지구부터 지구상 존재로 하여 있으니 그 원력으로 보면 삼위격위로써 하여 한 일체적 형선에서 존재하고 있다."(532쪽)

"地球上 存在物도 全部가 分立한 目的으로되는 原力作<用>하는 듯 한나 하 目的를 完成하기 爲하여 基礎作用이나 中間作用이나 完成作用<이>나 어는 作用的 責任를 分擔하여서 存在하고 있다."(p.533)
"지구상 존재물도 전부가 분립한 목적으로 되는 원력작용하는 듯 하나 한 목적을 완성하기 위하여 기초작용이나 중간작용이나 완성작용이나 어느 작용적 책임을 분담하여서 존재하고 있다."(533쪽)

"存在하는 以上에는 전부에 連關的 位置를 取하여서만이 完全存在 位置를 定한다."(p.534)
"존재하는 이상에는 전부에 연관적 위치를 취하여서만이 완전존재위치를 정한다."(534쪽)

"天地 창조은 사람 爲하여서 創造하였따는 結論이 된다. - 중략 - 最高 目的位에 있는 者 動物은 植物界를 取하여서 있고 植物은 無生物를 對하여 生에 要素를 取하여는 長成要素로 하고 있다. 그러면서 太陽과 空氣<나 水>로 因하여 動物生存要素를 培養할러니 植物은 空氣로 窒素를 取하여 酸素로써 내주며 動物은 酸素로써 <하는> 生存要素와 植物과 動物로써<하는> 生存要素로<써> **取하는**바이다. 그러니 사람 한나 爲하여 온 存在物은 協力力하는 作用를 하고 있다. 그것이 目的 原理이면서 基本 창조本意이니 사람은 動物를 取하여 植物를 取하여 其 協助要素를 取하여 生存하는 바로 된다. - 중략 - 至今 사람 存在할 수 있기 爲하여서는 無生物 + 植物 + 動物로써 其 **位**로 보아도 사람 한 自体에는 **<地球上 存在目的를>** 다 兼有한 存在인 바다. 그런 고로 物質界的으로 보와도 사람은 三位을 合하여서 物質的 存在体를 構成하고 있다. 그러니 物質界存在世界에 한 結果은 사람인 바다."(pp. 535-536)

"천지 창조는 사람 위하여서 창조하였다는 결론이 된다. - 중략 - 최고 목적위에 있는 자 동물은 식물계를 취하여서 있고 식물은 무생물을 대하여 생의 요소를 취하여는 장성요소로 하고 있다. 그러면서 태양과 공기나 물로 인하여 동물 생존요소를 배양할려니 식물은 공기로 질소를 취하여 산소로써 내주며 동물은 산소로써 하는 생존요소와 식물과 동물로 하는 생존요소로써 취하는 바이다. 그러니 사람 하나 위하여 온 존재물은 협력하는 작용을 하고 있다. 그것이 목적 원리이면서 기본 창조본의이니 사람은 동물을 취하여 식물을 취하여 그 협조 요소를 취하여 생존하는 바로 된다. - 중략 - 지금 사람 존재할 수 있기 위하여서 무생물 + 식물 + 동물로써 그 위로 보아도 사람 한 자체에는 지구상 존재목적을 다 겸유한 존재인 바다. 그런 고로 물질계적으로 봐도 사람은 삼위를 합하여서 물질적 존재체를 구성하고 있다. 그러니 물질계 존재세계에 한 결과는 사람인 바다."(535-536쪽)

또한, 모든 존재가 정분합 원칙으로 삼단계 결실과정을 거쳐 사위기대를 형성하여 완성된다는 창조원리의 핵심내용을 설명하고 있다. 만물과 사람도 모두 삼위격 원력작용을 정하여야 생의 기원이 된다는 점을 강조하며 자세히 언급하고 있다. 그러한 삼위격 관점에서 인간의 구조와 생의 기능에 대하여 분석하여 한 사람의 구조는 천주 전부를 표현화한 사실과 모두 연관적 관계로써 일체를 이루고 있다는 사실을 밝히고 있다.

"사람은 蘇生的 存在인 無生物를 主로하여 植物로 長成 動物 完成으로 한 路程를 **取하는** 存在로 되어서 한 **存在**体를 構成하는 바이다. 그런 고로 여기에蘇生 長成 完成으로 하여서 目的한 目的存在가 한 眞理가 찾어 나온 路程으로 된다. 結實体가 되면 基本創造 基本性品이 完全히 表現化하**여야 한는 바이다**. 무슨 열매나 結實되면은 한 깝플안에 두 **개**이 對像位置를 取하고 있다. 무슨 씨라도 이러한 바다. 그겄은 基本를 發表하는 形으로 되여 있다. 모든 存在의 基本 씨는 창조主니 其 한 存在를 씨로써 發表한다. 한 씨면 씨를 보면은 한 깝플을 쉬워서 한 나 모양으로 보이는 바는 하나님도 合하면 한나 <**로 헤치면 들에**> 모양으로 되여 있다<는> 겄를 中心하고 **지여지엿다**. 그 한 나를 헤치면은 그 씨 않에는 얻던 열매나 二分立되여 對像性으로 되여 있다. 이겄은 天地 창조主 中心을 表示한 바다. 卽 한나에서 한 分立 보아 다는 바를 보여주며 其와 갖치 要素生 異性의 合하여서 한나 되는 곳에서 再出發存在 始作를 보여즘"(p.537)

"사람은 소생적 존재인 무생물을 주로 하여 식물로 장성, 동물 완성으로 한 노정을 취하는 존재로 되어서 한 존재체를 구성하는 바이다. 그런 고로 여기에 소생 장성 완성으로 하여서 목적한 목적존재가 한 진리를 찾아 나온 노정으로 된다. 결실체가 되면 기본창조 기본성품이 완전히 표현화 돼야 하는 바이다. 무슨 열매나 결실되면 한 깝풀 안에 두 개의 대상위치를 취하고 있다. 무슨 씨라도 이러한 바다. 그것은 기본을 발표하는 형으로 되어 있다. 모든 존재의 기본 씨는 창조주니 그 한 존재를 씨로써 발표한다. 한 씨를 보면 한 깝풀을 씌워서 하나 모양으로 보이는 바는 하나님도 합하면 하나로 헤치면 둘의 모양으로 되어 있다는 것을 중심하고 지어졌다. 그 하나를 헤치면 그 씨 안에는 어떤 열매나 이분립되어 대립성으로 되어 있다. 이것은 천지 창조주 중심을 표시한 바다. 즉 하나에서 한 분립 보았다는 바를 보여주며 그와 같이 요소성 이성(異性)이 합하여서 하나 되는 곳에서 재출발 존재 시작을 보여줌."(537쪽)

"열매 한나는 창조<主> 本意의 한나에서 分立性를 發表하는 同時에 分立보아 存在한 其 自体은 蘇生 長成으로 完成으로 하여서 다시 基本 元性으로 還因하여 本体와 合하는 겄이라<는> 創造性를 發表한다. - 중략 - 사람 力 = 地球原力 + 딴 目的原力이란 立場를 取하고 있는 겄이 내 한 自体애는 力를 中心하고 地球 對하여 딴 目的 對하여서 作用하는 두 分立 立場를 取하여 함<이란> 한 **原力으로써 딴 目的原力은 良心原力과 合하여 良心原力에 依하여 作用하여지니** 三位的 立場<인> 完成体로 되여 있다. 이리하여 한 個体를 造成하고 있다. 이리하여서 사람 한 蘇生目的으로하여 내 한 自体에서 長成으로 向하에서 나아가면은 自体인 對像 存在位置를 取하게 된다. 그리하여 異性 對한다. 그러면 이 둘이 <完全> 合하는 時에 完成하는 結實体로 基因하여 둘이 愛으로 한나 되면 子女라는 基本 創造的 第二 調和를 나타내는 바다. 그러니 사람은 異性 **<合하여 完全>** 한나 되면은 그 自体 스사로가 하나님의 한나되는 基本性 合하는 곳으써만이 다시 生이 始作한다는 곳을 보여주는 바는 전부가 창조 **根本**를 表理化한 곳이니 이 目的를 보는 바이다."(pp. 538-539)

"열매 하나는 창조주 본의의 하나에서 분립성을 발표하는 동시에 분립하여 존재한 그 자체는 소생, 장성으로 완성으로 하여서 다시 기본 원성으로 환인하여 본체와 합하는 것이라는 창조성을 발표한다. - 중략 - 사람 힘 = 지구원력 + 땅 목적원력이란 입장을 취하고 있는 것이 내 한 자체에는 힘을 중심하고 지구 대하여 다른 목적 대하여서 작용하는 두 분립 입장을 취하여 함이란 한 원력으로써 다른 목적원력은 양심원력과 합하여 양심원력에 의하여 작용하는 것이니 삼위적 입장인 완성체로 되어 있다. 이리하여 한 개체를 조성하고 있다. 이리하여서 사람 한 소생목적으로 하여 내 한 자체에서 장성으로 향하여서 나아가면 자체인 대상존재 위치를 위하게 된다. 그리하여 이성 대한다. 그러면 이 둘이 완전 합하는 때에 완성하는 결실체로 기인하여 둘이 사랑으로 하나 되면 자녀라는 기본 창조적 제2 조화를 나타내는 바다. 그러니 사람은 이성 합하여 완전 하나 되면 그 자체 스스로가 하나님의 하나 되는 기본성 합하는 곳으로써만이 다시 생이 시작한다는 것을 보여주는 바는 전부가 창조 근본을 표현화한 것이니 이 목적을 보는 바이다."(538-539쪽)

"사람은 하날 對하여 三位格를 定하는 **사랑**을 갖고 있는 同時에 萬物原力 對하여서도 三位原力를 갔고 있다. 이겄은 사람 한나은 全天宙 存在에 合한 表示로써 이러캐 지음 바았다."(p.540)

"사람은 하늘 대하여 삼위격을 정하는 사랑을 갖고 있는 동시에 만물원력 대하여서도 삼위원력을 갖고 있다. 이것은 사람 하나는 전 천주 존재가 합한 표시로써 이렇게 지음받았다."(540쪽)

"이 全部를 보면 萬物 全部 合한 作用를 表示하고 있다. 骨格은 曠物要素로 되여 있스며 內藏機關은 한 植物과도 갓치 되였있다. 肺은 植物에 葉部와 한가지고 心臟部은 幹로 胃部은 根部分으로 살은 흙 相對로 되여 있다. - 중략 - 이 사람 중에 全部가 合한 存在物 作用를 合하여서 生을 維持하기 爲<한> 動物的 作用外 하날 神經作用인 **代身 하날** 目的 完成存在로 되여 있는 바이다. 이와 같이 되였끼에 사람은 肉身生活를 圓滿化가 灵 生長에 直接 右左함으로 우리가 良心生活이란 것이 要求되는 바이다. 그리하여 肉身生活<은> 灵이 長成要素인 營養素이 基本임을 알게 되니 肉과 灵은 同化的 立場<에> 있다는 것을 알 줄 안다. 그러니 肉이자 灵이요 灵이자 肉으로써"(pp. 541-542)
"이 전부를 보면 만물 전부 합한 작용을 표시하고 있다. 골격은 광물요소로 되어 있으며 내장기관은 한 식물과도 같이 되어 있다. 폐는 식물의 나뭇잎 부분과 한가지고, 심장부는 줄기로, 위는 뿌리 부분으로, 살은 흙 상대로 되어 있다. -중략- 이 사람 중에 전부가 합한 존재물 작용을 합하여서 생을 유지하기 위한 동물적 작용 외 하늘 신경작용인 대신 하늘 목적 완성 존재로 되어 있는 바이다. 이와 같이 되었기에 사람은 육신생활을 원만화가 영의 생장에 직접 좌우함으로 우리가 양심생활이란 것이 요구되는 바이다. 그리하여 육신생활은 영이 장성요소인 영양소의 기본임을 알게 되니 육과 영은 동화적 입장에 있다는 것을 알 줄 안다. 그러니 육이자 영이요, 영이자 육으로써"(541-542쪽)

"크게 온 天宙的 構造 位로 보면은 하날은 肺와 갈고 사람은 心臟과 갖고 萬物은 胃와 갖고 <神經은 하나님으로> 되여있다. 그리하여 온 天宙은 神經部分인 創造主를 中心으로 하여 連하여 있다는 것으로 表示化된다. 그러니 사람 한나 中에는 전부가 들어가 完成되여 있는 存在 表現化로 창조받았다. - 중략 - 그러니 文明機構로 주고받은 길로써 하여야만이 發達한은 바로 된다. 이것은 全部가 사람이 幸福 爲하여서 始作이라는 바는 事實인 바다. 그것은 地上天口 爲할러니 그런 發達를 보는 바이다. 끝 12/20"(pp. 543-544)

"크게 온 천주적 구조 위로 보면 하늘은 폐와 같고 사람은 심장과 같고 만물은 위와 같고 신경은 하나님으로 되어 있다. 그리하여 온 천주는 신경부분인 창조주를 중심으로 하여 연결되어 있다는 것으로 표시화된다. 그러니 사람 하나 중에는 전부가 들어가 완성되어 있는 존재 표현화로 창조 받았다. - 중략 - 그러니 문명기구로 주고받은 길로써 해야 만이 발달하는 바로 된다. 이것은 전부가 사람이 행복 위하여서 시작이라는 바는 사실인 바다. 그것은 지상천국 위하려니 그런 발달을 보는 바이다. 끝 12/20"(543-544쪽)

5.「記錄 第五卷(기록 제오권)」(pp. 561-675)

1) 삼권분립과 당에 대한 원리적 의의

먼저 복귀섭리역사를 개괄적으로 기술되어 있다. 모세노정과 예수님노정의 동시성 섭리적 관점에서 설명하고, 세계 제1차 대전이후의 40년 기간의 의미와 세계조류의 섭리적 복귀기간에 대한 의미를 언급하고 있다. 또 성경의 관점에서 민주주의의 의미를 이스라엘 역사의 사사시대로 규정하며, 그 시대의 사명을 재림주 중심한 하나님의 나라를 건설하는 데에 있음을 강조하고 있다. 제2차 세계대전 이후, 미국의 섭리사적 사명에 대한 내용과 재림주가 벌써 이 기간에 장성하여 있다는 바를 언급하고 있다.

> "하나님의 뜻 中에서 攝理를 받고 나온는 人類發展史은 全部가 復歸라는 뜻를 向하여서 나온 바는 事實이다."(p.563)
> "하나님의 뜻 중에서 섭리를 받고 나오는 인류발전사는 전부가 복귀라는 뜻을 향하여서 나온 바는 사실이다."(563쪽)

> "이스라엘 百姓이 曠野에서 사탄 對하여서 싸운 겄과 갗치 全 世界 信仰口들은 合하여서 사탄를 本格的으로 對하는 바가 第一次 世界大戰으로 基因 보아온다. 그리하여 第二次 大戰으로 第三次 大戰으로 하는 歷史的 段階를 向하고 있는 바는 至今 이스라엘 百姓이 曠野 四十年 期間과 같은 겄이 至今 全世界的으로 展開된 바가 一次, 二次, 三次로 하여 四十年 期間內로 向하고저 하는 하나님이 뜻하는 復歸路程를 보여즙이다."(p.564)
> "이스라엘 백성이 광야에서 사탄 대하여서 싸운 것과 같이 전 세계 신앙국들은 합하여서 사탄을 본격적으로 대하는 바가 제1차 세계대전으로 기인된다. 그리하여 제2차 대전으로 제3차 대전으로 하는 역사적 단계를 향하고 있는 바는 지금 이스라엘 백성의 광야 40년 기간과 같은 것이 지금 전 세계적으로 전개된 바가 1차, 2차, 3차로 하여 40년 기간 내로 향하고자 하는 하나님이 뜻하는 복귀노정을 보여줌이다."(564쪽)

"뜻를 成事할 基礎的 口家形体로 造成하기 爲할러니 民主主義 口家 造成를 보는 바다. 그러면 하나님이 目的은 가나안 땅에 들어가서 口家 建設과 갈치 其 目的를 繼承하기 爲하여서 準備段階를 對하고 있는 時代가 至今 民主主義 口家의 根本目的"(p.564)
"뜻을 성사할 기초적 국가형체로 조성하기 위하려니 민주주의 국가 조성을 보는 바다. 그러면 하나님의 목적은 가나안 땅에 들어가서 국가 건설과 같이 그 목적을 계승하기 위하여서 준비단계를 대하고 있는 시대가 지금 민주주의 국가의 근본목적"(564쪽)

"지금 聖經上으로 보면은 民主主義 時代는 바는 이스라엘百姓 앞에 口家造成하기 前 士師時代와 갈은 期間이다. 그러무로 누구나가 中心 <主權者> 될 수 있는 時代를 代身表示하는 時代이다."(p.565)
"지금 성경상으로 보면 민주주의 시대는 이스라엘 백성 앞에 국가조성하기 전 사사시대와 같은 기간이다. 그러므로 누구나가 중심 주권자 될 수 있는 시대를 대신 표시하는 시대이다."(565쪽)

"米口으로 因하여 하나님은 基<本>目的를 成事할 最高位에 두었 있슴를 米口民은 잘 알어야 한다."(p.566)
"미국으로 인하여 하나님은 기본목적을 성사할 최고위에 뒀음을 미국민은 잘 알아야 한다."(566쪽)

"至今 生覺하여야 할 바는 四十年 期間 復歸路中에서 서 있는 世界정세를 볼 적에 벌서 再臨主은 이 期間에 長成하여 있다는 바도"(p.567)
"지금 생각해야 할 바는 40년 기간 복귀노중에서 서 있는 세계정세를 볼 적에 벌써 재림주는 이 기간에 장성하여 있다는 바도"(567쪽)

지상에 대한 하나님의 섭리를 국가형태에 대한 내용을 중심하고 기술하고 있다. 삼권분립의 원리적 근거를 인체의 기능을 비유로 설명하고 있다. 그 중 당(黨)의 역할은 인체의 신경계관의 역할로서 하나님을 대신한 기관으로서의 역할임을 강조하고 있다. 동시에 그 당의 역할이 바로 하나님의 직접주관을 받아야 하는 기독교의 역할로서 기독교가 하나 되어 하늘의 부모를 중심으로 세계통일을 완성하여 지상천국의 국가형체를 완성해야 함을 권면하고 있다. 그 사명을 완수 못할 때는 그 목적을 딴 곳으로 옮겨서라도 완성하신다는 경고의 메시지도 담겨있다.

> "사람은 하나님의 形像를 標準하고 口家나 社會은 사람을 알아야 하는 것이 目的으로 되여 있다. 그러니 하나님과 사람은 한 形像이니 사람과 口家도 代身 사람 形体로 完成하여야 하는 것이 目的이다."(p.568)
> "사람은 하나님의 형상을 표준하고 국가나 사회는 사람을 알아야 하는 것이 목적으로 되어 있다. 그러니 하나님과 사람은 한 형상이니 사람과 국가도 대신 사람 형체로 완성해야 하는 것이 목적이다."(569쪽)

> "三權이란 部分은 사람에게 있서 三作用 授受機關이 있는 것과 갖치 口家도 三作用 授受機關이 生起여야 하는 바니 三權 分立이 始作한은 原理的 由來가 있는 바이다. 사람에게 肺에 機<關> 代身한 것이 政府인(立法機關인)바며, 心臟機關를 代身한 것이 司法機關이며 胃에 機關를 代身한 바가 行政機關인 바다. 이리하여 한 口家으로 完成하여 잘 주고받은 곳에서만이 口家가 維持하여 온 바이다."(p.569)
> "삼권이란 부분은 사람에게 있어 세작용 수수기관이 있는 것과 같이 국가도 세작용 수수기관이 생겨야 하는 바니 삼권 분립이 시작하는 원리적 유래가 있는 바이다. 사람에게 폐의 기관 대신한 것이 정부인(입법기관인)

바며, 심장기관을 대신한 것이 사법기관이며, 위의 기관을 대신한 바가 행정기관인 바다. 이리하여 한 국가로 완성하여 잘 주고받은 곳에서만이 국가가 유지하여 온 바이다.”(569쪽)

“三權分立이 生起<여진> 以後 至今에 왓서는 하님의 地上 直接 攝理를 하여야 할 歷史的 目的 時代가 왓기에 地上에 <는 그 뜻를 繼承하기 위하야 黨이>生起게 되는 바는 根本 하나님의 攝理的 原因으로 因하여 至今 黨이 生起은 바다.”(p.570)
“삼권분립이 생긴 이후 지금에 와서는 하나님의 지상 직접 섭리를 해야 할 역사적 목적시대가 왔기에 지상에는 그 뜻을 계승하기 위해야 당이 생기게 되는 바는 근본 하나님의 섭리적 원인으로 인하여 지금 당이 생기는 바다.”(570쪽)

“이 黨的 責任 完成者들은 하날 代身한 基督敎이 重大責任으로 되여 있다. 그러면 世上에 黨이 始作하였스니 하날 神{脛} 黨 使命은 반드시 基督敎가 責任할 重要目的인 바다.”(p.571)
“이 당적 책임 완성자들은 하늘 대신한 기독교의 중대책임으로 되어 있다. 그러면 세상에 당이 시작하였으니 하늘 신경 당 사명은 반드시 기독교가 책임할 중요목적인 바다.”(571쪽)

“<하날 代身한> 神脛系管은 三權機管를 全部 通하는 特權位를 完成하여야 하는 바가 目的이다.”(p.572)
“하늘 대신한 신경계관은 삼권기관을 전부 통하는 특권위를 완성해야 하는 바가 목적이다.”(572쪽)

"만일 目的 完遂 못하면은 하날은 旣必코 이 目的를 딴 곳으로 向하여서도 完遂할 바다."(p.574)
"만일 목적 완수 못하면 하늘은 기필코 이 목적을 딴 곳을 향하여서도 완수할 바다."(574쪽)

2) 원리복귀세계란 <창조>기본 자아 완성세계

이 제목은 표지 뒤에 있는 제목과 본문에 있는 제목이 다른데, 본문에는 표지 뒤에 있는 제목에 없는 '창조'라는 단어가 첨가되어 있다. 하나님께서 인간을 창조하신 본연의 뜻이 무엇인가에 대한 원리적 설명과 역사를 통해 그 내용을 찾아 세우기 위한 것이 복귀섭리역사임을 설명하고 있다. 사탄을 굴복하고 다시 하나님의 창조이상세계를 시작하기 위해서는 하나님을 중심하고 창조본연의 이상을 완성한 아담, 해와가 나타나야 한다는 점과 그 존재가 바로 완성 아담으로 오는 재림주를 통해 완성된다는 사실을 강조하고 있다.

"하나님은 사람 創造하심은 最高原理完成를<보아 一体로 하기>爲한 바가 本意였다. 사람이 本來은 하나님의 한 몸으로써 神位에 合한 重要한 目的를 갔고 지음 받았다. - 중략 - 사람이 存在하는 以上 其 存在位置를 定할러니 언제나 完成位置를 찾으여야 完全存在라는 바가 事實이니 이곳까지 사람은 目的하여 찾어 올 나온 길이 救援에 路程이면서 하나님의 攝理路程이다. 그러면 하나님이 目的은 사람를 찾지 않으면은 對像位置를 일어버린 바니 全 目的과 理想은 其 成立를 볼 수 없는 바가 **創造的 原理로 되어 잇다.**"(p.575)
"하나님은 사람 창조하심은 최고원리완성을 보아 일체로 하기 위한 바가 본의였다. 사람이 본래 하나님의 한 몸으로써 신위에 합한 중요한 목적을 갖고 지음받았다. - 중략 - 사람이 존재하는 이상, 그 존재위치를 정할려니 언제나 완성위치를 찾아야 완전존재라는 바가 사실이니 이곳까지 사람은 목적하여 찾아 올라온 길이 구원의 노정이면서 하나님의 섭리노정이다. 그러면 하나님의 목적은 사람을 찾지 않으면 대상위치를 잃어버린 바니 전 목적과 이상은 그 성립을 볼 수 없는 바가 창조적 원리로 되어 있다."(575쪽)

"<人類은 歷史 前 時代를 目標하니 人類>歷史은 原始出發點 時代形으로 돌아온 바다. 그리하여 非原理出發級 <墮落始作級>까지 돌아와야 하나님은 다시금 사람을 對하여서 基本 對상 完成를 할 바이다."(p.576)
"인류는 역사 전 시대를 목표하니 인류역사는 원시출발점시대형으로 돌아온 바다. 그리하여 비원리출발급 타락시작급까지 돌아와야 하나님은 다시금 사람을 대하여서 기본 대상 완성을 할 바이다."(576쪽)

"歷史은 基本<墮落>出發點인 原始時代(在?)ㇸ를 向하여 復歸하는 證據로써 보여 진다. 그러면 사탄은 屈服할 수 있는 原理時代은 얻던 時代나 하면은 基本<原理完成한 하나님 中心한> 存在가 生起여야 始作인 바다."(p.577)
"역사는 기본 타락출발점인 원시시대를 향하여 복귀하는 증거로써 보여진다. 그러면 사탄은 굴복할 수 있는 원리시대는 어떤 시대나 하면 기본 원리완성한 하나님 중심한 존재가 생겨야 시작인 바다."(577쪽)

"이러하여 再出發할 수 잇는 原始<形>的 基點을 中心하고는 生起여야할 問題 存在은 하나님이고 그 다음은 하나님을 中心한 아담 해와라는 <바는> 事實이다. - 중략 - **原理完成한 아담 해와가 하나님을 中心하고 生起여야 되는바다. 이 存在가 根本 人生 祖上인 바다. 이 存在가 完成아담으로 오는 再臨主다. 이로 因하여 天宙 中心 父母가 完成된다.** 萬一 墮落없서스면은 아담 해와는 하나님과 三位一体로 하여 全 人類은 基本 血代로 因하여 永生으로 始作할 바가 基本이였다. 그저 인간은 原理世界엇갰는데 卽 아담 해와은 우리 基本 原理完成 父母로써 하날까지 完成할 바이였는데"(p.578)

"이러하여 재출발할 수 있는 원시형적 기점을 중심하고 생겨야 할 문제 존재는 하나님이고, 그 다음은 하나님을 중심한 아담 해와라는 바는 사실이다. - 중략 - 원리 완성한 아담 해와가 하나님을 중심하고 생겨야 되는 바다. 이 존재가 근본 인생 조상인 바다. 이 존재가 완성아담으로 오는 재림주다. 이로 인하여 천주 중심 부모가 완성된다. 만일 타락 없었으면 아담 해와는 하나님과 삼위일체로 하여 전 인류는 기본 혈대로 인하여 영생으로 시작할 바가 기본이었다. 그저 인간은 원리세계였겠는데 즉 아담 해와는 우리 기본 원리완성부모로서 하늘까지 완성할 바였는데"(578쪽)

하늘 부모의 가치에 대한 설명과 그런 귀한 하늘의 부모를 만난 우리들이 해야 할 책임에 대하여 모심의 생활을 중심으로 설명하고 있다. 또한, 기본 자아완성은 이러한 부모 품안에서만이 성사할 수 있다고 한다. 이상세계는 양심과 충효 및 사제의 의무를 완성하는 시대이며, 이러한 목적을 완성하기 위해 책임을 다해야 할 것을 권면하고 있다.

"父母 없든 우리에게 父母를 찾엇따는 喜消息은 무었 주고 밖굴 쑤 없는 바이다. 그러니 至今 全 人類은 勿論이면서 하날 간 聖徒 亦是 樂園이란 準備處에서 居하는 바는 基本 原理 完成를 爲하여 苦待하는 바로 되어있다. <그러니 天口 간 灵人이나 其外 全 하날 存在은 天口生活을 못하고 잇는 바다. 이제부터 天口은 하날 父母를 中心하고 처음으로 始作하는 바이다."(p.579)
"부모 없던 우리에게 부모를 찾았다는 기쁜 소식은 무엇을 주고도 바꿀 수 없는 바이다. 그러니 지금 전 인류는 물론이면서 하늘 간 성도 역시 낙원이란 준비하는 곳에서 거하는 바는 기본 원리완성을 위하여 고대하는 바로 되어 있다. 그러니 천국 간 영인이나 그 외 전 하늘 존재는 천국생활을 못하고 있는 바다. 이제부터 천국은 하늘 부모를 중심하고 처음으로 시작하는 바이다."(579쪽)

"우리 人間은 무었으로 報答할가? 그러니 今後부터은 報答이 길은 原理完成 再臨主를 中心한 父母와 合하여서 基本 血代 繼承과 合하여서 至今까지 非原理로써 우리를 欺瞞하여온 사탄對하여서 主管과 同時에 支配하여서 갑파 돌리지 않으면 안되는 時代로 되는 바다. - 중략 - 全 世界 人類은 原理的 中心 父母를 侍奉하여 全体 完成를 目標하여야 한다. 이겄를 알고 얼마나 誠心 다 하여도 不足함을 갑플 바 없슬 바이다! 이러치 못하면은 原理를 발아오던 사탄이 우리를 다시금 侵入하는 길이 다시 生起는 바이다. 그러니 이 原理 父母를 알고 侍奉이 사탄 對하여 勝利하는 中心방패으로 되며 勝利에 基本 이다."(p.580)
"우리 인간은 무엇으로 보답할 것인가? 그러니 금후부터는 보답의 길은 원리완성, 재림주를 중심한 부모와 합하여서 기본 혈대 계승과 합하여서 지금까지 비원리로써 우리를 기만하여 온 사탄 대하여서 주관과 동시에 지배하여서 갚아 돌리지 않으면 안 되는 시대로 되는 바다. - 중략 - 전 세계 인류는 원리적 중심 부모를 시봉하여 전체 완성을 목표해야 한다. 이것을 알고 얼마나 성심 다 하여도 부족함을 갚을 수 없을 바이다! 이렇지 못하면 원리를 바라오던 사탄이 우리를 다시금 침입하는 길이 다시 생기는 바이다. 그러니 이 원리부모를 알고 시봉하는 것이 사탄 대하여 승리하는 중심 방패가 되며 승리의 기본이다."(580쪽)

"**原理的 하날 父母를 誠心다하여** 侍奉하여야 한는 바다. 其 父母 픔안으로 와서만이 成事한은 <基本>自我完成를 보는 바이다."(p.581)
"원리적 하늘 부모를 성심 다하여 시봉해야 하는 바다. 그 부모 품안으로 와서만이 성사하는 기본 자아완성을 보는 바이다."(581쪽)

"理想世界은 忠臣를 높이는 時代요 孝道를 높피는 時代요 師弟<의 義務>를 完成하는 時代인 바다.- 중략 -누구나가 完成 爲하여 總完擊하는 時代니 惡이나 罪보면은 끝까지 清算하기 爲하여서 努力하여야 할 바다. 그러니 全世界를 自己이 世界로써 合하는 兄弟로써 民族이 分別없는 理想民族建設를 하날은 目的하는 바다. 그러니 原理 아는 信者은 全世界가 이 目的를 完成할 때까지 努力할 責任인 바면서 하날 아바지 어머니이 使命目的이니 孝子나 忠臣이 되러면 其 使命을 다하는 겄이여야 한다."(pp. 582-583)
"이상세계는 충신을 높이는 시대요, 효도를 높이는 시대요, 제자의 의무를 완성하는 시대인 바다. - 중략 - 누구나가 완성 위하여 총완격하는 시대이니 악이나 죄보면 끝까지 청산하기 위해서 노력해야 할 바다. 그러니 전

세계를 자기의 세계로써 합하는 형제로써 민족이 분별없는 이상민족건설을 하늘은 목적하는 바다. 그러니 원리 아는 신자는 전 세계가 이 목적을 완성할 때까지 노력할 책임인 바면서 하늘 아버지 어머니의 사명 목적이나 효자나 충신이 되려면 그 사명을 다하는 것이어야 한다."(582-583쪽)

마지막으로 개인적 신앙생활의 중요성과 전체섭리의 책임을 일조해야 함을 강조하면서 원리완성인의 사명을 3대 축복을 완성한 사위기대완성으로서 결론을 짓고 있다.

"惡를 對하여 自我 團束이라는 바가 重要한 겄으로 된다. 그러니 뜻 中心하고 生活할바며 生涯로써 目的하여 自我完成하면서 全体完成으로 協助하여 나아가지 않으면 안이 된다. - 중략 - 自我 完成하여 하날 對상되면은 地上 상대를 取하여 自我와 完全 合하는 對상 完成하여 한 몸되고 肉身父母와 한나되고 하날 父母와 한나되여 하날과 땅이 <一体>完成하는 立場를 定하고 萬物까지 한나로 合하게 하여 나아가는 그곳이 우리 原理 完成人이 使命으로 된다. <이것이 理想 論 目的이다> 이겄 위하여 六千年 歷史를 두고 하나님이 찾고저 하는 根本目的이면서 完成하여야 한은 人間에 한 課業으로 되여 있다. 그러니 우리 人間은 時를 다투워 地上天口를 目標로 하여 무엀 애길야!!"(p.585)
"악을 대하여 자아 단속이라는 바가 중요한 것으로 된다. 그러니 뜻 중심하고 생활할 바며 생애로써 목적하여 자아완성하면서 전체완성으로 협조하여 나아가지 않으면 아니 된다. - 중략- 자아완성하여 하늘 대상 되면 지상 상대를 취하여 자아와 완전 합하는 대상완성하여 한 몸되고 육신부모와 하나되고 하늘 부모와 하나되어 하늘과 땅이 일체 완성하는 입장을 정하고 만물까지 하나로 합하게 하여 나아가는 그곳이 우리 원리 완성인의 사명으로 된다. 이것이 이상론 목적이다. 이것을 위하여 6천년 역사를 두고 하나님이 찾고자 하는 근본목적이면서 완성해야 하는 인간의 한 과업으로 되어 있다. 그러니 우리 인간은 때를 다퉈 지상천국을 목표로 하여 무엇 애길야!!"(585쪽)

"서로 協力하여 中心를 높이면서 自我를 빨리 完成하여 原理 주관 完成을 하날은 우리를 對하여서 苦待하는 바이다. 그러하야 地上目的을 빨리 完成할 바이다. 여기에 <基本>自我完成과 하날<基本>完成이란 目的를 보는 바이다."(p.586)

"서로 협력하여 중심을 높이면서 자아를 빨리 완성하여 원리 주관 완성을 하늘은 우리를 대하여서 고대하는 바이다. 그리하여 지상목적을 빨리 완성할 바이다. 여기에 기본자아완성과 하늘기본완성이란 목적을 보는 바이다."(586쪽)

3) 창조세계가 진화적 논리에 적용되은 근본의의

여기서는 두 주제에 대하여 설명하고 있다. 하나는 제목의 주제에 대한 내용으로써 창조세계가 진화적 논리에 적용되는 이유에 대한 설명과 함께 진화론의 문제점에 대하여 설명하고 있다.

모든 존재는 상대를 위하여 대상완성을 목적하고 시작하므로 한 존재가 시작하는 상대위치로부터 대상위치까지 찾아 나오는 데는 진리 노정(소생에서 장성으로 장성에서 완성으로 발전하는 노정)이 있으며, 그 진리노정으로 하여 완전 대상목적을 구성하게 하는 데에 그 목적이 있다는 것이다. 즉 모든 존재물은 연관적 입장에서 완전 기본완성을 향하여 협조하는 요소적 위치로서 존재물들은 각 개성위를 갖고 서로 합하여 받고 주면서 하나의 결실 목적으로 향하여 나타나는 현상이 창조세계의 진리라는 것이다. 또한, 존재물은 상대와 대상을 필요로 하고, 연관하는 위치를 정하여야 만이 자아완성인 동시에 상대와 대상을 완전, 완성하여서 목적존재위치를 정할 수 있다는 것이다. 그리고 그 존재위치란 기본대상위치를 정하여 나오는 도중에서 보여주는 하나의 천주 요소형체를 보여주는 것이며, 작은 존재목적은 보다 큰 존재의 존재목적을 위하고, 큰 존재는 하나의 완전기본목적을 향하여 합한다고 한다. 합한 후 또 다시 작은 존재로서 나누어지는 것이 바로 전체 개성존재물로 보여 지는 창조물 세계의 진상이라는 것이다. 창조원리가 이렇듯 소(小)에서부터 대(大)의 존재로 진급적(進級的) 위(位)를 보여주면서 하나의 완성목적을 향하게 지었기 때문에 진화적 논리가 적용을 보면서 강식약육(强食弱肉)이란 다윈의 논리가 적용되는 것이라고 자세히 설명하고 있다.

> "한 存在가 始作하는 相對位置부터 對像位置까지 찾어 나오는 데는 眞理 路程으로 보여지여 其 灵은 한 段階을 向하여 蘇生에서 長成으로 完成으로 하여 完全 對像存在로 하여 小 存在物은 大에 存在物에 <**對한**> 完全對像目的를 具成하는 데 한 要素的 存在目的를 取하여 全体 合하여서 한 <**完全**> 基本對像를 向하여 全 天宙 存在物은 連關<**的 立場에서**>長成으로 完成으로 하여 最高 한나로 合体하여 <**完全**> 基本完成를 向하여 協助하는 要素的 位로써 存在物들은 各 個性位를 갔고 서로 合하여 <받고> 주며 하면서 한 結實 目的으로 向하여 나타나는 現象이 이 創造<世界>의 眞理인 바이다."(p.587)
>
> "한 존재가 시작하는 상대위치부터 대상위치까지 찾아 나오는 데는 진리

노정으로 보여줘 그 영은 한 단계를 향하여 소생에서 장성으로 완성으로 하여 완전 대상존재로 하여 작은 존재물은 큰 존재물에 대한 완전대상목적을 구성하는 데 한 요소적 존재목적을 취하여 전체 합하여서 한 완전 기본대상을 향하여 전 천주 존재물은 연관적 입장에서 장성으로 완성으로 하여 최고 하나로 합체하여 완전 기본완성을 향하여 협조하는 요소적 위로써 존재물들은 각 개성위를 갖고 서로 합하여 받고주며 하면서 한 결실목적으로 향하여 나타나는 현상이 이 창조세계의 진리인 바이다."(587쪽)

"其 存在位置란 바는 <基本>對상位置를 定하여 나오는 途中에서 보여주는 한 天宙에 要素 形体를 보여주는 바다. 그러니 小한 存在目的은 대한 存在目的 爲하여서고 大한 存在은 한 完全 基本目的를 向하여 合하고는 또 다시금 小로서 나누여지어 全体 個性存在物로 보여주는 바가 至今 天宙에 存在하는 創造物世界에 眞狀인 바다."(p.589)
"그 존재위치란 바는 기본 대상위치를 정하여 나오는 도중에서 보여주는 한 천주의 요소 형체를 보여주는 바다. 그러니 작은 존재목적은 큰 존재목적을 위하여서 큰 존재는 한 완전 기본목적을 향하여 합하고는 또 다시금 작은 것으로서 나눠져 전체 개성 존재물로 보여주는 바가 지금 천주에 존재하는 창조물세계의 진상인 바다."(589쪽)

"小에서부터 大에 存在로 進級的 창조섭리를 보는 바로> 나타나니 한 進化的 論理가 適用를 보면서 强食弱肉이란 타윈이 論理를 보는 바이다."(p.591)
"작은 것에서부터 큰 존재로 진급적 창조섭리를 보는 바로 나타나니 한 진화적 논리가 적용을 보면서 강식약육이란 다윈의 논리를 보는 바이다."(591쪽)

다른 하나는 위에서 언급하고 있는 창조원리의 내용을 중심으로 인간의 가치와 인간과 피조세계와의 관계를 설명하고 있다. 즉 존재하는 최고목적은 하나님을 위하여 완전대상위치를 취하기 위한 것인데 그런 위치를 취할 수 있는 존재로 창조 받은 것이 인간이기 때문에 천주간의 피조물은 사람 하나 완성시키기 위하여서 존재한다는 것이다. 또한, 인간을 기준하여서 피조물을 창조하였고, 인간의 존재형으로 표현화시킨 목적도 사람을 위하는 데에 있다는 것이다. 사람과 피조세계의 관계를 구성요소의 측면과 구조적 측면 그리고 성품적 측면에서 언급하고 있다. 결국 사람의 완성은 천주 존재 완성이라는 사실이며, 하나님은 그런 사람 중심하고 온 천주와 세계를 창조본성 완성하여 원리주관을 시작할 수 있으며 지상천국 목적을 완성하는 것임을 강조하고 있다.

"存在하는 最高 目的은 基本 主人公 創造主를 爲하여 完全對상位置를 取하기 爲하여서라는 바가 結論으로 되니"(p.592)
"존재하는 최고 목적은 기본 주인공 창조주를 위하여 완전대상위치를 취하기 위하여서라는 바가 결론으로 되니"(592쪽)

"이 基本 完成 最高 相對位置에 있는 存在가 누구나 하면 사람인 바이다. 그러니 사람 한나 爲하여 小와 大에 對한 存在位置를 갔개 한 目的이 있는 바로 된다. 그러니 사람 한나 完成 爲하여서 天宙間 被造物<온> 其 目的를 向하여 存在하는 바다. 그겄은 사람은 창조主에 相對位를 잡고 있기애다."(p.593)
"이 기본 완성 최고 상대위치에 있는 존재가 누구냐 하면 사람인 바이다. 그러니 사람 하나 위하여 작은 것과 큰 것에 대한 존재위치를 갖게 한 목적이 있는 바로 된다. 그러니 사람 하나 완성 위하여서 천주 간 피조물은

그 목적을 향하여 존재하는 바다. 그것은 사람이 창조주의 상대위를 잡고 있기 때문이다."(593쪽)

"하나님은 사람를 中心하니 사람 基準하여서 其 存在形으로 表現化 **시켜서** 사람에 慰勞物界를 造成한 바가 動<**植**>物界인 바다. 그러니 사람 한나 中에는 全部 合한 中心 基本体로 되여 있다. 天宙 創造 蘇生級과 長成級과 完成級를 全部 받아야 만이 完成하여 存在하는 바다. 卽 光과 空氣와 水과 地과 + 植物 + 動物로 되여 있다."(p.599)
"하나님은 사람을 중심하니 사람 기준하여서 그 존재형으로 표현화시켜서 사람의 위로물계를 조성한 바가 동식물계인 바다. 그러니 사람 하나 가운데는 전부 합한 중심 기본체로 되어 있다. 천주 창조 소생급과 장성급과 완성급을 전부 받아야 만이 완성하여 존재하는 바다. 즉 빛과 공기와 물과 흙과 식물, 동물로 되어 있다."(599쪽)

"사람 構造를 보<아>도 사람은 全 存在物界를 合하여 對하는 構造를 보여주고 있다. 사람을 分析하면 全 要素를 보여준은 바도 그 目的으로 因한다 또 사람 한나은 온 天宙를 상증하여지였다. 天宙 全体를 상증하여 보요준다. 蘇生部分級으로 骨格를 보여주며 長成級으로 몸를 보여주며 完成級으로는 內部機關를 보여준다. 그리하여 그 部分들은 天宙 存在物를 상증하여 있다. 사람 胃에 部分은 植物 表示로 한 部分이고 心臟이 몸에서 躍動하듯이 한 動物 部分를 表示한 바며 肺은 하날을 表示로 한 部分이며 <두뇌부와> 神脛은 하나님을 表示한 部分이며 外部로 보여지는 雙手은 하날 父母 表示로 雙足은 땅 父母로 表示한 바이다."(p.600)

"사람 구조를 보아도 사람은 전 존재물계를 합하여 대하는 구조를 보여주고 있다. 사람을 분석하면 전 요소를 보여주는 바도 그 목적으로 인한다. 또 사람 하나는 온 천주를 상징하여 지었다. 천주 전체를 상징하여 보여준다. 소생부분급으로 골격을 보여주며, 장성급으로 몸을 보여주며, 완성급으로는 내부기관을 보여준다. 그리하여 그 부분들은 천주 존재물을 상징하고 있다. 사람 위의 부분은 식물 표시로 한 부분이고, 심장이 몸에서 약동하듯이 한 동물 부분을 표시한 바며, 폐는 하늘을 표시로 한 부분이며 두뇌부와 신경은 하나님을 표시한 부분이며 외부로 보여 지는 쌍수는 하늘 부모 표시로, 양발은 땅 부모로 표시한 바이다."(600쪽)

"사람은 創造 性品的 立場를 볼 적에도 어느 萬物인 갔지 못한 完備形를 갔고 있는 同時에 其 自体 中에 全要素를 갓고 있는 形를 取하여 合한 自体이니 萬物까지 主管할 수 있는 完全存在였다."(p.601)
"사람은 창조 성품적 입장을 볼 적에도 어느 만물이 갖지 못한 완비형을 갖고 있는 동시에 그 자체 가운데에 전 요소를 갖고 있는 형을 취하여 합한 자체이니 만물까지 주관할 수 있는 완전 존재였다."(601쪽)

"그러니 사람이 自身만 完成하였스면은 온 天宙 存在 完成이니"(p.601)
"그러니 사람이 자신만 완성하였으면 온 천주 존재 완성이니"(601쪽)

"地球上에 사람 代身構造形 世界를 造成하여 사람이 基本 相對形를 取하여 對像目的 完遂하면은 하나님은 사람 中心하고 온 天宙와 온 世界를 基本 創造本性 完成하여 原理主管를 始作할 바는 되여있다. 그리하<여> 萬物 合하여 사람 일우고 世上 對像되여야 合하여 하날

對像完成하여 땅이나 하날이 地上天口 目的을 完成하는 바이다. 그러니 하나님의 사람과 世界은 一体를 完成하는 바다."(p.602)

"지구상에 사람 대신 구조형 세계를 조성하여 사람이 기본 상대형을 취하여 대상목적 완수하면 하나님은 사람 중심하고 온 천주와 온 세계를 기본 창조본성 완성하여 원리주관을 시작할 바는 되어 있다. 그리하여 만물 합하여 사람 이루고 세상 대상되어야 합하여 하늘 대상완성하여 땅이나 하늘이 천상천국 목적을 완성하는 바이다. 그러니 하나님의 사람과 세계는 일체를 완성하는 바다."(602쪽)

4) 반대성 작용은 각자가 원리완성를 위하여 존재함

여기서는 창조원리에 입각하여 반대성 작용의 의의와 동기 그리고 역할에 대하여 설명하고 있다. 흥미로운 점은 반대라는 명사는 비원리이며 원리를 파괴하는 침해작용이지만, 본래부터 반대성은 있다는 내용이다. 즉 '반대성'이란 작용은 원리에 반하는 작용이 생기면 각 존재물 자체들이 배척하는 작용을 말하는 것인데, 그 작용은 자체를 보호하기 위한 것이며 기본 원리 완성을 위하여 모든 존재물이 갖고 있다는 점이다. 또한, 그 작용은 다른 존재물에 대하여서는 완성위치를 조성하라는 자극이라는 것이다.

"本來부터 反對性이란 存在은 없섰든 바나하면 그러치안다. 本來부터 있다. 反對라는 名詞은 非原理란바다. 卽 原理를 破壞한은 侵害作用이다. 그러무로 各 存在物은 原理를 反하는 作用이 生起면 其自体은 排척하는 作用를 한다. 그것은 原理線上에선 自体에서는 保護的 作用인바다."(p.603)

“본래부터 반대성이란 존재는 없었던 바인가 하면 그렇지 않다. 본래부터 있다. 반대라는 명사는 비원리란 바다. 즉 원리를 파괴하는 침해 작용이다. 그러므로 각 존재물은 원리를 반하는 작용이 생기면 그 자체는 배척하는 작용을 한다. 그것은 원리선상에선 자체에서는 보호적 작용인 바다.”(603쪽)

“이 힘이란 바는 基本 原理 完成를 爲하여 存在物을 어는 것이나 갔고 있는 바이다.”(p.604)
“이 힘이란 바는 기본 원리 완성을 위하여 존재물을 어느 것이나 갖고 있는 바이다.”(604쪽)

“反對란 名詞은 自体 原理完成를 維持하기 爲한 作用인 同時에 딴 存在物에 對하여 完成位置를 造成하라는 命令인 바다. 그러니 存在物은 全部가 對상位置를 갔고 있으니 네이 完成地를 찾어가라는 것이 反對作用인 바다. 그러니 其 作用은 全部가 完全를 爲한 힘인 바다.”(pp. 610-611)
“반대란 명사는 자체 원리완성을 유지하기 위한 작용인 동시에 다른 존재물에 대하여 완성위치를 조성하라는 명령인 바다. 그러니 존재물은 전부가 대상위치를 갖고 있으니 너의 완성지를 찾아가라는 것이 반대작용인 바다. 그러니 그 작용은 전부가 완전을 위한 힘인 바다.”(610-611쪽)

그리고 그러한 반대 작용이 어떻게 창조원리 속에서 창조목적 완성을 위한 역할을 하는 지에 대하여 전기 N과 S 작용의 실례를 들어 자세히 설명하고 있다.

“<創造世界> 全部은 原理完成 爲하여 反對作用하는 힘이 있기에 各

自 完成할 수 있는 創造原性를 갔고 存在하는 以上, 幸福를 標準하개 되여 있스니 사탄까지 安心<하는 自由로 두워 原理結果를 바라는>立場이였다."(p.613)
"창조세계 전부는 원리완성 위하여 반대작용하는 힘이 있기에 각자 완성할 수 있는 창조원성을 갖고 존재하는 이상, 행복을 표준하게 되어 있으니 사탄까지 안심하는 자유로 둬 원리결과를 바라는 입장이었다."(613쪽)

"N은 N을 對하여 合하는 作用은 어는 時나 하면은 相對位置를 定하고 對像位置를 定하여 完全位置를 定하지 못하였슬 때에는 N은 N을 對하여 合하는 作用은 하나 N를 對한 相對位置를 取하고 對상位置를 잡으면은 N은 N를 對하고 反對作用한다."(p.619)
"N은 N을 대하여 합하는 작용은 어느 때나 하면 상대위치를 정하고 대상위치를 정하여 완전위치를 정하지 못하였을 때에는 N은 N을 대하여 합하는 작용은 하나, N을 대한 상대위치를 취하고 대상위치를 잡으면 N은 N을 대하고 반대작용한다."(619쪽)

"이 作用은 基本 N를 造成할 수 있는 힘의 남어 있는 곳에는 이 힘의 總和할 때가지 作用하여 한 存在体를 具成한다. 이와 갈은 妙味을 여러 貌樣으로 配烈함이 한 基本힘을 中心하고 지여 짐을 알 수 있는 바이다."(p.620)
"이 작용은 기본 N을 조성할 수 있는 힘이 남아 있는 곳에는 이 힘의 총화할 때까지 작용하여 한 존재체를 구성한다. 이와 같은 묘미를 여러 모양으로 배열함이 한 기본힘을 중심하고 지어짐을 알 수 있는 바이다."(620쪽)

하나님의 창조가 정분합작용의 창조원리에 의하여 창조되었기 때문에 그러한 원리작용를 중심하고 한 개체 완성으로 상대 취하여 대상과 완전으로 합하여 하늘과 합하는 것이 원리복귀세계이며 원화세계라고 강조한다. 비원리세계를 원리적 세계로 찾아 세우는 중심존재가 바로 '나'이니 자기 완성하여 원리를 세우면 하늘은 나와 원리 작용하여 완전한 생애를 목적해야 하는 것이며, 새 역사는 여기서 시작을 하는 것이라고 결론을 짓고 있다.

"天宙之間에 N를 對하는 S가 生起는 바는 하나님 自体가 NS엿뜻 本体를 解体하여 둔 것과 갓치 된 것이니 또 다시금 其 本 힘과 合하는 完全N만 生起면은 S은 其 힘 N를 對하여 距離의 支配를 받지 않코 찾저와서 對하는 것은 다시 <u>基本 合体目的으로</u> 한 原理니 그런 結果를 가저온은 바이다."(p.621)

"천주지간에 N을 대하는 S가 생기는 바는 하나님 자체가 NS였던 본체를 해체하여 둔 것과 같이 된 것이니, 또 다시금 그 본 힘과 합하는 완전 N만 생기면 S는 그 힘 N을 대하여 거리의 지배를 받지 않고 찾아와서 대하는 것은 다시 기본 합체목적으로 한 원리이니 그런 결과를 가져오는 바이다."(621쪽)

"原理復歸世界은 原理作用를 中心하고 한 個体完成으로 相對 取하여 對상完全으로 合하여 창조原理性 合하여 基本하날과 合하는 것이 目的인 바다. 그러니 基本으로 돌아갈러니 原理性 完成하여야 만이 하날과 合하는 바로 된다. 그러니 幸福 始作를 보는 바이다. 그러니 이곳은 하나님과 直接立場이면<서> 한 回路線上이니 하나님이 깁버함이 내이 깁버하는 한 N를 對한 S이 存在目的를 完成하여 秩序的 位를

定하여서 基本를 通하여 生에 要素를 받아즐기면서 돌리면서 즐기며 사는 世界가 原理復歸世界<인> 圓和世界인 바다."(pp. 623-624)
"원리복귀세계는 원리작용을 중심하고 한 개체완성으로 상대 취하여 대상완전으로 합하여 창조원리성 합하여 기본 하늘과 합하는 것이 목적인 바다. 그러니 기본으로 돌아가려니 원리성 완성해야 만이 하늘과 합하는 바로 된다. 그러니 행복 시작을 보는 바이다. 그러니 이곳은 하나님과 직접 입장이면서 한 회로선상이니 하나님이 기뻐함이 나의 기뻐하는 한 N을 대한 S의 존재목적을 완성하여 질서적 위를 정하여서 기본을 통하여 생의 요소를 받아 즐기면서 돌리면서 즐기며 사는 세계가 원리복귀세계인 원화세계인 바다."(623-624쪽)

"全部과 깁버 和動하는 中心存在이 責任存在가 現實'自我'인 我인 바다. 그러니 먼츰 非原理世界를 原理的 世界로 찾어 세우여야 아은 하날 對한 世界사람<이> 責任<를> 完成하여 本原理的 世界로 하여 非原理存在가 自然屈服하는 世界를 造成하여야 하지 않겠는가. 그러니 우리는 이 基本完成할 中心 하날 父母와 合하고 肉身父母와 合하고 自己 對상 合하고 良心를 主로하여 拘束없는 立場에 서면 모든 基本完成이니 自然的으로 모든 完成를 가저 오는 바이다. 그러니 사탄 잇따고 걱정 말고 自己 完成하여 原理 立場세면 하날은 나와 原理 作用하여 本 軌道外 겄은 없시하는 作用를 따라 完全한 生涯를 目的하여야 하는 바다. - 중략 - <여기서부터 새 歷史은 始作를 보는 바다.>"(pp. 625-626)
"전부가 기뻐 화동하는 중심존재의 책임존재가 현실 자아인 나인 바다. 그러니 먼저 비원리세계를 원리적 세계로 찾아 세워야 하는 하늘 대한 세계 사람의 책임을 완성하여 본원리적 세계로 하여 비원리세계가 자연굴복하는 세계를 조성해야 하지 않겠는가. 그러니 우리는 이 기본 완성할 중심 하늘부모와 합하고 육신부모와 합하고 자기 대상 합하고 양심을 주로 하여 구속 없는 입장에 서면 모든 기본 완성이니 자연적으로 모든 완성을 가져오는 바이다. 그러니 사탄 있다고 걱정 말고 자기 완성하여 원리입장에 서면 하늘은 나와 원리 작용하여 본 궤도 외 것은 없이 하는 작용을 따라 완전한 생애를 목적해야 하는 바다. - 중략 - 여기서부터 새 역사는 시작을 보는 바다."(625-626쪽)

5) 분립과 합체은 기본원리완성를 위하여 시작함

이 부분에서는 정분합작용의 원리로서 하나님 하나에서 피조물이 창조된 과정을 자세히 설명하고 있다. 그 원리에 입각하여 모든 존재의 창조목적이 하나님과 합하는 데에 있음을 말하고 있다. 또한, 그런 원리완성을 사랑의 관점에서 가정을 통해 살펴보고 있다. 하늘에 간 사람이 고대하는 때는 완성인 아담, 해와가 하나님과 합체하여 하나님 아버지와 어머님으로 완성하여 기본 완성하는 점이 처음으로 존재목적이 완성하는 때이며 천주의 행복이 시작하는 때임을 강조하고 있다.

"創造原理的으로 보면은 本來은 하나님 한나에서부터 始作이다. 그러니 한나에서 分立性를 두워서 創造받게 됨에 目的은 다시금 한나를 合하기 爲하여서 始作인 바다. 그러니 하나님은 兩性 分立를 始作한 바는 自己 自体 <형상으로> 벌려 노은 것이며 그것이 한 完全自体들로서 各己 蘇生長成完成하여서는 다시금 合하여서 하날과 合하기 爲한 目的이다. 卽 하나님과 한나되기 爲한 바다. 그러니 世界

上 存在物은 全部가 相對性를 取하여<**對상 완성하여**>서 完全한 나를 일우기"(p.627)

"창조원리적으로 보면 본래는 하나님 하나에서부터 시작이다. 그러니 하나에서 분립성을 두어서 창조받게 됨의 목적은 다시금 하나를 합하기 위하여서 시작인 바다. 그러니 하나님은 양성 분립을 시작한 바는 자기 자체 형상으로 벌려 놓은 것이며 그것이 한 완전자체들로서 각기 소생 장성 완성하여서는 다시금 합하여서 하늘과 합하기 위한 목적이다. 즉 하나님과 하나 되기 위한 바다. 그러니 세계상 존재물은 전부가 상대성을 취하여 대상완성하여서 완전한 나를 이루기"(627쪽)

"하나님의 根本 사람 創造이 本意은 自己 한나로부터 分立하였다가 다시 合**体**하여서 代身 存在들를 繁殖터**로** 하여 하날에 옴기고저 함이 사람 창조**며 그것이 基本** 創造目的이다. - 중략 - 卽 夫婦를 <**中心한 사랑을**> 살펴보면은 사**랑**도 이런 目的上에서 作用한다. 그러니 사랑를 中心하고 본 原理完成이니 언재나 合할 수 있는 路線를 잡고는 分立하였따가 合하였다가 하는 바로 其 作用를 본다. 其 目的은 무슨 目的이나 하면 第二**自**我들를 보기 爲한 目的에서 子女이**란 겄으로** 繁殖性를 보여준다. 그러무로 그런 곳에는 基本体性으로 男女이 再出發를 造成하는 바다. 그러니 理想的 사랑은 原理完成하는 곳에서만의 始作된다."(pp. 628-629)

"하나님의 근본 사람 창조의 본의는 자기 하나로부터 분립하였다가 다시 합체하여서 대신 존재들을 번식 터로 하여 하늘에 옮기고자 함이 사람 창조며 그것이 기본 창조목적이다. - 중략 - 즉 부부를 중심한 사랑을 살펴보면 사랑도 이런 목적상에서 작용한다. 그러니 사랑을 중심하고 본 원리완성이니 언제나 합할 수 있는 노선을 잡고는 분립하였다가 합하였다가 하는 바로 그 작용을 본다. 그 목적은 무슨 목적이냐 하면 제이자아들을 보기 위한 목적에서 자녀라는 것으로 번식성을 보여준다. 그러므로 그런 곳에는 기본체성으로 남녀의 재출발을 조성하는 바다. 그러니 이상적 사랑은 원리완성하는 곳에서만이 시작된다."(628-629쪽)

"사람은 하날父母와 合하여서 <비로서> 基本目的을 完成한 自体들로서는 理想夫婦가 目的인 바다. - 중략 - 또 하날간 사람도 하날 父母 앞에 한 夫婦로 世上과 같은 한 家庭 完成하여 세우게 되니 하날 全体 灵人들은 地上 向하여 理想으로 苦待하는 바다."(p.633)
"사람은 하늘부모와 합하여서 비로소 기본목적을 완성한 자체들로서는 이상부부가 목적인 바다. - 중략 - 또 하늘간 사람도 하늘부모 앞에 한 부부로 세상과 같은 한 가정 완성하여 세우게 되니 하늘 전체 영인들은 지상 향하여 이상으로 고대하는 바다."(633쪽)

다음에서는 원리완성한 세계에 대하여 설명하고 현 시대에 대한 원리적 해석과 앞으로 펼쳐질 세계의 상황에 대하여 예언을 하고 있으며, 지금의 때가 이상시대를 이루기 위한 시대로서 악을 대하여 분립하는 때이며, 더 높은 원리완성하기 위하여 분립을 시작해야 하는 때라는 사실을 설명하고 있다.

"原理世界란 얻던 世界냐하면 存在目的 完成世界인 바다. 그러니 各個存在은 全 精力 다하여 基本 <하날를> 協助하는 世界인 바다. 그러니 各 自은 自己이 才能과 特性을 自由로히 發揮할 수 있는 世界인 바는 事實이다. 그러니 사람은 여기에 自由理想과 사랑理想과 個

性完成이란 目的를 完成하는 바다. - 중략 - 至今 拘束世界로부터 **<原理世界로 向하니>** 新現象이 보여지는 바다. **卽 中心를 달리하고 始作하니 至今까지 維持하여** 오는 世界에서는 破壞인 듯하게 보여 주는 **事實도** 나타나다."(pp. 636-637)

"원리세계란 어떤 세계냐 하면 존재목적 완성세계인 바다. 그러니 각 개체 존재는 전 정력 다하여 기본 하늘을 협조하는 세계인 바다. 그러니 각자는 자기의 재능과 특성을 자유로이 발휘할 수 있는 세계인 바는 사실이다. 그러니 사람은 여기에 자유이상과 사랑이상과 개성완성이란 목적을 완성하는 바다. - 중략 - 지금 구속세계로부터 원리세계로 향하니 새로운 현상이 보여주는 바다. 즉 중심을 달리하고 시작하니 지금까지 유지하여 오는 세계에서는 파괴인 듯하게 보여주는 사실도 나타나다."(636-637쪽)

"그러니 世界은 **<한나로 合하는>** 口際統治時代로 向하여 나아간다. 그러면 今後 UN이 使命은 全体 統治問題를 完成하여야 한다. 반드시 또 그러케 된다. 그러니 民族만으로 第一主義를 取하는냐 **그것은 <原理로 보와>** 있슬 수 없다. 口家만으로 世界를 取코저 하는냐 **<그도>** 있스수 없다. 그러니 全体 **合体**하여서 世界를 取하여서 **和動하개** 하고저 하는 바가 基本 **<하나님을 中心한>** 存在 目的이다."(p.638)

"그러니 세계는 하나로 합하는 국제통치시대로 향하여 나아간다. 그러면 금후 UN의 사명은 전체통치문제를 완성해야 한다. 반드시 또 그렇게 된다. 그러니 민족만으로 제일주의를 취하느냐 그것은 원리로 보와 있을 수 없다. 국가만으로 세계를 취하고자 하느냐 그도 있을 수 없다. 그러니 전체 합체하여서 세계를 취하여서 화동하게 하고자 하는 바가 기본 하나님을 중심한 존재 목적이다."(638쪽)

"至今 <時代은 基本原理>段階를 向하여 넘어가는 焦點時代이니 先進口家들은 原理 未完成곳은 分立 보와 <원리>完成 곳을 向하여 <서> 나아간다. 그러니 至今 世上에 사랑을 中心하고도 原理完成形를 찾게 되니 卽 理想型을 取캐되니 自然的<으로> 離婚 等이 만아지는 바는 至今까지 非原理的 立場에 있섰든 곳을 벘서 나오는 겄을 表示한다."(pp. 639-640)
"지금 시대는 기본원리단계를 향하여 넘어가는 초점시대이니 선진국가들은 원리미완성한 곳은 분립을 보아 원리완성한 곳을 향하여서 나아간다. 그러니 지금 세상에 사랑을 중심하고도 원리완성형을 찾게 되니 즉 이상형을 취케 되니 자연적으로 이혼 등이 많아지는 바는 지금까지 비원리적 입장에 있었던 곳을 벗어 나오는 것을 표시한다."(639-640쪽)

"至今 分立 보아 찾은 때에 함부로 사랑하여 合하면은 뜻 延長이 되니 方向를 달리 取함에서 始作봄을 안아야 한다."(p.643)
"지금 분립 보아 찾은 때에 함부로 사랑하여 합하면 뜻 연장이 되니 방향을 달리 취함에서 시작 봄을 알아야 한다."(643쪽)

"原理線上에는 分立性를 보면 볼 수록 自我完成과 自己目的完成를 돕는 일로 되여 진다. -중략- 하나님도 <分立性으로> 사람 創造하심도 더 높은 자극的 사랑를 爲하여 分立하신 바다. - 중략 - 그러니 사람 ᄲ 글리 <分立된 自体로 對상 合体하여서> 뜻 成事로써 하날과 合하여서 完成하여야 幸福과 理想인바다."(p.644)
"원리선상에는 분립성을 보면 볼수록 자아완성과 자기목적완성을 돕는 일로 되어진다. - 중략 - 하나님도 분립성으로 사람 창조하심도 더 높은 자극적 사랑을 위하여 분립하신 바다. - 중략 - 그러니 사람이 빨리 분립된 자체로 대상 합체하여서 뜻 성사로써 하늘과 합하여서 완성해야 행복과 이상인 바다."(644쪽)

6) 하나님 아바지만으로 모시는 영인은 미완전생

하나님께서 아버지격으로 계시는 이유는 타락으로 인하여 사람이 미완성하였기 때문이라고 설명한다. 그렇기 때문에 인류는 어머님을 갖지 못한 아버지 속에 있는 자녀와 같은 입장이라는 점을 강조하며, 하나님도 어머니적 존재를 찾아 나오는 것이라고 언급한다. 그리하여 기본 하나님을 중심하고 영육이 합한 부모를 조성하기 위해 섭리하여 나온 것임을 강조하고 있다. 그 섭리의 완성이 재림주에 의하여 진행되어짐을 자세히 기술하고 있다.

"至今까지 墮落으로 因하여 사람의 未完成하였스니 사람은 하나님 아바지만으로 하여 나오고 있다. - 중략 - 아바지 속에 있는 子女은 有하여도 받드시 사랑을 中心하고 어머니 이 몸을 通하여야 만이 다시금 第二世 生存体를 具成하여 한 代身力活를 갔게 되는 바다."(p.645)
"지금까지 타락으로 인하여 사람이 미완성하였으니 사람은 하나님 아버지만으로 하여 나오고 있다. - 중략 - 아버지 속에 있는 자녀는 있어도 반드시 사랑을 중심하고 어머니 이 몸을 통하여야 만이 다시금 제이세 생존체를 구성하여 한 대신역할을 갖게 되는 바다."(645쪽)

"아직까지 基本 世上에 나올 수 없는 어머님를 잡지 못한 아바지 속에 있는 (女乀子)와 한 가지 立場이다. 그러니 이 子女로 된 存立들은 받

드시 要求하는 바는 어머님을 要求하게 되는 바로 되여 있다."(p.646)
"아직까지 기본 세상에 나올 수 없는 어머님을 잡지 못한 아버지 속에 있는 자녀와 한 가지 입장이다. 그러니 이 자녀로 된 존립들은 반드시 요구하는 바는 어머님을 요구하게 되는 바로 되어 있다."(646쪽)

"代身 땅에 再臨하여 基本 하나님을 中心하고 灵肉이 合한 父母를 造成하여서 하날 灵人들은 代身 繼代를 받는 바로 되어 있다."(p.647)
"대신 땅에 재림하여 기본 하나님을 중심하고 영육이 합한 부모를 조성하여서 하늘 영인들은 대신 계대를 받는 바로 되어 있다."(647쪽)

"再臨으로 因하여 基本 아바지 어머님을 完成하여서 養子繼代와 갈치 第二次 生를 받아서 <아바지>어머님을 모시는 겄이니 이겄이 再臨復活애 目的인 바다."(p.648)
"재림으로 인하여 기본 아버지 어머님을 완성하여서 양자계대와 같이 제이차 생을 받아서 아버지 어머님을 모시는 것이니 이것이 재림부활의 목적인 바다."(648쪽)

"하나님를 對할 수 있는 基本사람이 完成되여 하나님과 合하여 基本完成父母로 始作를 보와서 創造基本完成하여 하나님 아바지 <어머니> 이 몸을 받은 原理人間이 始作를 발아는 바가 目的으로 되여 있다."(p.649)
"하나님을 대할 수 있는 기본사람이 완성되어 하나님과 합하여 기본완성부모로 시작을 보아서 창조기본완성하여 하나님 아버지 어머니 이 몸을 받은 원리인간의 시작을 바라는 바가 목적으로 되어 있다."(649쪽)

“再臨主라도 後에는 하날아바지도 再臨主 完成体로 하날도 **<땅도>** 나타나는 바이다. 그리하여 어머님를 完成하여 天宙 中心으로 萬 成事로써 理想始作하여 完全完成를 하날과 땅으로 連하여 完成하는 바다.”(p.650)

“재림주라도 후에는 하늘아버지도 재림주 완성체로 하늘도 땅도 나타나는 바이다. 그러하여 어머님을 완성하여 천주 중심으로 만 성사로써 이상 시작하여 완전완성을 하늘과 땅으로 연하여 완성하는 바다.”(650쪽)

“하나님은 아바지 ᄲᅮᆫ이 안이고 어머니 合하여 基本 完成 보아진다. 그러니 하날은 이 날이 全 所望과 苦待이였다. 그러니 至今 世上 있는 人類은 참父母를 主로 하여서 永遠 建設를 보아야 한다. 再臨 아바지는 永遠한 아바지로써 이 내 님도 永遠한 어머니로써 新 出發하는 바다.”(p.651)

“하나님은 아버지뿐이 아니고 어머님 합하여 기본 완성 보여 진다. 그러니 하늘은 이 날이 전 소망과 고대였다. 그러니 지금 세상에 있는 인류는 참부모를 주로 하여서 영원 건설을 보아야 한다. 재림아버지는 영원한 아버지로써 이 내 님도 영원한 어머니로써 새로운 출발하는 바다.”(651쪽)

이후에 하나님이 육신을 창조하신 의의에 대한 원리적 설명으로서 육신의 가치에 대하여 자세히 설명하고 있다. 그러한 육신의 가치가 있기 때문에 예수도 육신을 쓰고 지상에서 섭리를 완성해야 함을 강조하고 있다.

“하날아바지 目的인 **바는 <땅에서 아바지>** 어머님을 모시여서 萬天宙에 뜻를 造成하여 原理的 하날 對함을 造成하여 사탄 侵害 없는

本 世界를 造成하여야 하는 바이다. 이리하여 肉身 生부터 永生 始作를 完成하는 바이다."(p.652)
"하늘아버지 목적인 바는 땅에서 아버지 어머님을 모셔서 만 천주의 뜻을 조성하여 원리적 하늘 대함을 조성하여 사탄 침해 없는 본 세계를 조성해야 하는 바이다. 이리하여 육신 생으로부터 영생 시작을 완성하는 바이다." (652쪽)

"하나님의 本來 창조한 目的은 自己 自体은 中和性으로 있서서 男性으로 아바지格으로 있개되였다. 그런 自己 自体 속에 있는 男性과 女性部分들을 따로 分立한 立場를 取하기 爲하여서 肉身 창조를 하였다. 그런 고로 本來 肉身이란 存在은 하나님의 外形像으로 된 存在면서 其 속에 生心를 주웨서 함끼 長成하여 하는 사랑를 받게 될 때까지 肉身과 分立할 수 없는 한나로써 蘇生을 長成으로 完成으로 하여 一体化가 目的이였다. 그러니 創造받은 사람은 肉身 몸 속에 하나님 몸 中에 있는 基本 男性女性에 核体로써 너어 둔 것이 **<아담 해와이>** 生心存在이였다. 이 存在가 完全夫婦 사랑를 함으로써 한 完全 存在体를 構成받아 한 分体完成를 要하는 - 중략 - 基本으로 사람을 肉身를 通하여 合하여서 完成하여야 完全生이 始作으로 한 것이 原理인 바이다."(pp. 653-654)
"하나님이 본래 창조한 목적은 자기 자체는 중화성으로 있어서 남성으로 아버지격으로 있게 되었다. 그런 자기 자체 속에 있는 남성과 여성 부분들을 따로 분립한 입장을 취하기 위하여서 육신 창조를 하였다. 그런 고로 본래 육신이란 존재는 하나님의 외형상으로 된 존재면서 그 속에 생심을 주어서 함께 장성하여 하는 사랑을 받게 될 때까지 육신과 분립할 수 없는 하나로써 소생을 장성으로, 완성으로 하여 일체화가 목적이었다. 그러니 창조받는 사람은 육신 몸 속에 하나님 몸 중에 있는 기본 남성 여성의 핵체로서 넣어 둔 것이 아담 해와의 생심 존재였다. 이 존재가 완전부부 사랑을 함으로써 한 완전 존재체를 구성 받아 한 분체완성을 요하는 - 중략 - 기본으로 사람을 육신을 통하여 합하여서 완성해야 완전생의 시작으로 한 것이 원리인 바이다."(653-654쪽)

"基本完成하였스면은 그야말로 貴한 自体이다. 卽 肉身은 지극이 價値있는 存在이다. 이 肉身있끼에 灵人体 完成하면 아름다음를 完成할 바임으로 天使까지 불러워 하는 바로 된 肉身이였다."(p.655)
"기본 완성하였으면 그야말로 귀한 자체이다. 즉 육신은 지극히 가치 있는 존재이다. 이 육신이 있기에 영인체 완성하면 아름다움을 완성할 바이므로 천사까지 부러워하는 바로 된 것이 육신이었다."(655쪽)

"예수는 第二아담 完成者로써 다시는 墮落없기 爲하여 땅에<서>부터 主管 해와를 造成하여 基本를 代하고저 한 바이다. - 중략 - 예수이 要求도 聖神도 하나님도 全部가 肉身完成 基本完成目的으로 하고 있는 바이다. 그러니 基本 창조原理完成하여서 만이 根本 아바지를 中心하고 있는 存在들은 어머님을 通하여야만 肉身를 完成하니 全部가 再臨를 完成할 肉身完成창조人 基本体 三次아담 再臨父와 母를 竭望하는 바이다."(pp. 657-658)
"예수는 제2아담 완성자로서 다시는 타락 없기 위하여 땅에서부터 주관 해와를 조성하여 기본을 대신하고자 한 바이다. - 중략 - 예수의 요구도, 성신도, 하나님도 전부가 육신완성 기본완성목적으로 하고 있는 바이다. 그러니 기본 창조원리완성해서 만이 근본 아버지를 중심하고 있는 존재들은 어머님을 통해야 만이 육신을 완성하니 전부가 재림을 완성할 육신완성 창조인 기본체 3차 아담 재림아버지와 어머니를 갈망하는 바이다."(657-658쪽)

"肉身이 第一 貴한 存在니 肉身 때 未完成하면은 永遠한 未完成이라는 큰 나큰 問題가 生起니 엇지 하날은 念慮하지 않으면 안 될 바가 原理로 된다.그러니 地上肉身 떠난 灵人体 없고 地上 떠난 天口 없는 바를 確實이 알려야 한다."(p.659)
"육신이 제일 귀한 존재이니 육신 때 미완성하면 영원한 미완성이라는 크나큰 문제가 생기니 어찌 하늘은 염려하지 않으면 안 될 바가 원리로 된다. 그러니 지상 육신 떠난 영인체 없고 지상 떠난 천국 없는 바를 확실히 알아야 한다.(659쪽)

"**<完成人 아바지>** 어머님과 合하는 **<하날>** 아바지를 보는 바가 <**창조**>完成**인** 根本的 目的이다.- 중략 – 하나님 아바지 픔에서 부터 하나님어머님 픔으로 通하여 하날 사랑과 合하여야 基本完成를 보는 바이다."(p.660)
"완성인 아버지 어머님과 합하는 하늘 아버지를 보는 바가 창조완성인 근본적 목적이다. - 중략- 하나님아버지 품에서부터 하나님 어머님 품으로 통하여 하늘사랑과 합해야 기본완성을 보는 바이다."(660쪽)

7) 존재구성과 대상원력에 범위

이 부분에서는 '핵체'와 '부체'라는 독특한 어휘를 사용하여 그 두 관계로서 모든 존재의 구성 원리를 설명하고 있다. 모든 존재는 이 두 요소의 관계로 구성되어 있고, 또 한 핵체 존재로 그 자체 안에 핵체형과 부체형을 갖고 있다. 이러한 원리로 물질세계를 살펴보며 모든 존재를 이루고 있는 원소존재들이 다른 이유를 그 핵체와 부체간에 일어나는 원력작용간의 차이-원력회장(原力回章)-로 언급하고 있다. 그에 대한 구체적 실례를 태양과 지구의 예를 들어 설명하고 있다.

> "存在物은 얻던 存在物이나가 全部가 相對를 두고 始作하여 對像目的으로 向하여 完全 合하는 原力作用를 보는 데서 完全存在位置를 定하는 바이다."(p.661)
> "존재물은 어떤 존재물이든 전부가 상대를 두고 시작하여 대상목적으로 향하여 완전 합하는 원력작용을 보는 데서 완전존재위치를 정하는 바이다."(661쪽)

> "對상目的의 成立를 볼러면 卽 얻던<한> 存在가 한 中心格形를 取하게 된다며 其 相對位置로 된 存在은 被動格 立場이 成立를 要하여야만 對상目的이 成立되는 바이다. 서로 動的 立場이나 被動的 立場이나 갈이 取하고저 하는 데는 對상目的은 根本的으로 具成할 수 없는 바이다. 이겄를 **다른** 名詞로써 記錄하면 動的 存在形를 核体라 하고 被動的 存在形을 附体라 하여서 **<나는>** 말할러 한다. 그러니 對상存在하면 받드시 核体와 附体를 合한 存在라는 바로 된다."(p.661)
> "대상목적의 성립을 보려면, 즉 어떤 한 존재가 한 중심격형을 취하게 된다면 그 상대위치로 된 존재는 피동격 입장의 성립을 요해야만 대상목적이 성립되는 바이다. 서로 동적 입장이나 피동적 입장이나 같이 취하고자 하는 데는 대상목적은 근본적으로 구성할 수 없는 바이다. 이것을 다른 명

사로써 기록하면 동적 존재형을 핵체라 하고 피동적 존재형을 부체라 하여서 나는 말하려고 한다. 그러니 대상존재하면 반드시 핵체와 부체를 합한 존재라는 바로 된다."(661쪽)

"한 核体 存在를 찾어 보아도 核体要素形 만이 않이고 其 속에 附体形를 갔고 있는 바이다. 그리하여 비로서 한 完全存在 核体<이니 附体形으>로 되는 바이다."(p.662)
"한 핵체 존재를 찾아보아도 핵체요소형 만이 아니고 그 속에 부체형을 갖고 있는 바이다. 그리하여 비로소 한 완전존재 핵체이니 부체형으로 되는 바이다."(662쪽)

"其 各 原素存在은 原力를 갔고 있는 바다. 其 原力 作用은 同形体은 相互間 合하러고 하는 作用를 보여준다. 그러면 各 元素가 달으나만치 其 原力作用하는 주고받은 回章이 갔지안타. 이 原力回章이 갔지안으니 各樣 原素形으로 보여준다. 이 原力回章이 同形들은 相互間 合할러는 始作를 하는 바이다."(p.663)
"그 각 원소존재는 원력을 갖고 있는 바다. 그 원력 작용은 동형체를 상호간 합하려고 하는 작용을 보여준다. 그러면 각 원소가 다름만큼 그 원력작용하는 주고받는 회장이 같지 않다. 이 원력회장이 같지 않으니 각양 원소형으로 보여준다. 이 원력회장의 동형들은 상호간 합하려는 시작을 하는 바이다."(663쪽)

"그러니 其 核体면 核体만으로 되여 있지 안코 附体면 附体만으로 되여 있지 안코 兩性 体形 兼한 存在体로 되여 있는 바를 나는 創造性을 두어 말하는 바이다."(p.664)

"그러니 그 핵체면 핵체만으로 되어 있지 않고 부체면 부체만으로 되어 있지 않고 양성 체형을 겸한 존재체로 되어 있는 바를 나는 창조성을 두어 말하는 바이다."(664쪽)

"核体와 附体은 ㊉㊀作用과 갗치 서로 당기고 주고 있는 바이다. 그리하 存在体를 構成하여 있다. 그러면서 太陽을 한 天体에 對하여 核体形으로 되여 行星들은 한 附体로써 其 存在位置를 定하고 있다."(p.665)

"핵체와 부체는 ㊉㊀작용과 같이 서로 당기고 주고 있는 바이다. 그리하여 존재체를 구성하여 있다. 그러면서 태양을 한 천체에 대하여 핵체형으로 되어 행성들은 한 부체로써 그 존재위치를 정하고 있다."(665쪽)

"地球內 構造要素도 갗은 原理的 原力作用를 하나 地球原力를 갓고 있기에 그 構成要素들은 地球內에서 太陽原力 作用으로 因하여 地球에는 地層이 生起은 基本原因이 始作를 보는 바이다. 또 地球 自体들이 同形 原素은 合하려고 하는 作用도 影響를 보는 바다. 그런고로 至今 地質學的 考察로 본 地層으로 因하여 地球 生成年限를 定하는 바는 큰 誤解하는 結論를 본다. 그러키에이 創造原力으로 보면 한 存在体가 分立된다는 바는 外部力를 갓인 存在<가> 안이고는 分立할 수 없는 바가 結論된다."(pp. 668-669)

"지구 내 구조요소도 같은 원리적 원력작용을 하나 지구원력을 갖고 있기에 그 구성요소들은 지구 내에서 태양원력 작용으로 인하여 지구에는 지층이 생기는 기본원인의 시작을 보는 바이다. 또 지구 자체들이 동형 원소는 합하려고 하는 작용도 영향을 보는 바다. 그런 고로 지금 지질학적 고찰로 본 지층으로 인하여 지구 생성 연한을 정하는 바는 큰 오해하는 결론을 본다. 그렇기에 이 창조원력으로 보면 한 존재체가 분립된다는 바는 외부력을 가진 존재가 아니고는 분립할 수 없는 바가 결론된다."(668-669쪽)

또한, 각 존재들 간의 원력작용으로 인간의 감각작용과 인식작용에 대하여 자세히 설명하고 있다. 지식에 대한 새로운 해석과 지식도 인간의 영소를 장성할 수 있는 자극을 보여준다는 점을 언급하며, 인간의 인식적 작용이 어떤 의미를 갖고 있고, 어떤 과정을 거쳐 창조목적을 완성하는 데에 기여하는가를 설명하고 있다. 또 그러한 작용들의 설명을 통해 하나님과 인간과 만물간의 연관적 관계를 자세히 기술하고 있다.

"地球上에는 많은 存在物이 存在한다. 全部가 各科 原力作用를 **한다고 하면** 그 作用의 웨 나타나지 않으가? 生覺킬 바다. 그겄은 作用하되 地球原力이 作用하은 힘보담 以下에 힘으로 作用하니 移動相를 보지 못한다. 石重石갛은 겄은 地球原力보담 以上에 原力作用를 하기에 移動作用를 하는 바다. 그리니 存在体가 構成되는 바은 이 原力 作用이 있기에 만흔 原素들이 한 存在体를 構成할 수 있는 바이다."(p.670)

"지구상에는 많은 존재물이 존재한다. 전부가 각과 원력작용을 한다고 하면 그 작용이 왜 나타나지 않는가 생각할 바다. 그것은 작용하되 지구원력이 작용하는 힘보다 이하의 힘으로 작용하니 이동상을 보지 못한다. 석중석같은 것은 지구원력보다 이상의 원력작용을 하기에 이동작용을 하는 바다. 그러니 존재체가 구성되는 바는 이 원력작용이 있기에 많은 원소들이 한 존재체를 구성할 수 있는 바이다."(670쪽)

“作用이 始作하는 곳에 반드시 相對되는 原力作用를 보여 주여 對상目的하는 곳에서만 作用이나 感覺이나 直感 直覺이나나 体驗되는 바이다.”(pp. 671 -672)
“작용이 시작하는 곳에 반드시 상대되는 원력작용을 보여줘 대상목적하는 곳에서만 작용이나 감각이나 직감 직각이나가 체험되는 바이다.”(671-672쪽)

“肉身에서 늬겨지는 感覺은 全部가 갈은 對상 原力作用이 外部와 有할 的에 其 存在이 原力作用으로 因하여 作用라는 感覺을 分析하는 神經作用으로 因하여서 認定되는 바다. 이 頭腦 神經作用은 心理(良心)에 한 附体作用으로 나타난다. 이 附体作用이 心理에 核体와 完全 合할 수 있는 겄으로 合致될 때에 언제나 남은 認識性를 造成하는 바다. 이 認識은 한 完全体로서 第二 認識를 具別할 수 있는 活動이 展開를 보와 全体와 合하고저 하는 바로 作用할러고 한다. 그리하여 心理內部的 (灵에) 認識한 附体로써 永續的 認識으로 向하고 <저> 하는 바이다. 그런고로 사람의 知識이란 바는 肉身<對상原力> 感覺과 心理과 한 對상路線를 찾게될 때 그 合합에 關係<刺戟을> 表示한은 바를 知識이라 한다. 이 合함에 關係가 完全히 心理와 한나되면은 灵에 한 附体로 된 心理을 灵를 對하여 作用를 伝하는 바로 나타난다. 그리하여 心理 核体(灵, 生心)은 作用를 始作하여 其 心理作用를 對하여 合하는 作用이 成立되면은 其 作用的 知識은 언제나 灵素를 長成하개 하는 刺戟를 보여준다.”(pp. 672-673)
“육신에서 느껴지는 감각은 전부가 같은 대상 원력작용이 외부와 있을 적에 그 존재의 원력작용으로 인하여 작용이라는 감각을 분석하는 신경작용으로 인하여 인정되는 바이다. 이 두뇌 신경작용은 심리(양심)에 한 부체작용으로 나타난다. 이 부체작용이 심리에 핵체와 완전 합할 수 있는 것으로 합치될 때에 언제나 남은 인식성을 조성하는 바이다. 이 인식은 한 완전체로서 제이인식을 구별할 수 있는 활동의 전개를 보와 전체와 합하고자 하는 바로 작용하려고 한다. 그리하여 심리 내부적 영(靈)에 인식한 부체로서 영속적 인식으로 향하고자 하는 바이다. 그런 고로 사람의 지식이란 바는 육신 대상원력 감각과 심리와 한 대상노선을 찾게 될 때 그 합함의 관계자극을 표시하는 바를 인식이라 한다. 이 합함의 관계가 완전히 심리와 하나 되면 영(靈)의 한 부체로 된 심리를 영(靈)을 대하여 작용을 전하는 바로 나타난다. 그리하여 심리 핵체(영, 생심)는 작용을 시작하여 그 심리작용을 대하여 합하는 작용이 성립되면 그 작용적 지식은 언제나 영소를 장성하게 하는 자극을 보여준다."(672-673쪽)

"사람이 心理的統率를 보와 <理想를 발아는> 바는 灵에 대한 完全附体로 되기 위하여 要求되는 存在本性인 바다. → 灵은 全存在根本인 창조주와 合하는 附体니 全 被造存在 要素를 主管할 수 있는 要素로써 되여있스니 灵은 心理(良心)으로 肉身으로 外界가지 合하여 連한 창조성 善를 要求하니 사람은 理想자극을 자연的으로 받은바다. 여기에 知覺과 直覺과 直感상를 보여주는 原因이 生起는 바이다.>"(p.673)

"사람이 심리적 통솔을 보아 이상을 바라는 바는 영(靈)에 대한 완전 부체로 되기 위하여 요구되는 존재본성인 바다. 영(靈)은 전 존재근본인 창조주와 합하는 부체니 전 피조존재 요소를 주관할 수 있는 요소로서 되어 있으니 영(靈)은 심리(양심)으로 육신으로 외계까지 합하여 연한 창조성 선을 요구하니 사람은 이상자극을 자연적으로 받은 바다. 여기에 지각과 직각과 직감상을 보여주는 원인이 생기는 바이다."(673쪽)

"그겄은 灵를 核体로 한 完全<對像>心理이니 通하는 바다. 灵은 存在物 統率主管性이니 그 原因를 보여준다. > 이곳까지 늘 상 自由로히 <對>할 수 있는 <生活하는 者>에게는 灵과(心理核体) 心理(良心)과 判異한 格으로 授受<通話>하는 直感力를 体感하는 同時에 生覺(思考)치 안은 認識的 知識이 내개 伝하여짐을 늮기는 바이다. 이겄이 完成하면은 灵에 對한 對像的 附体로써 灵에 要求하는 要求實狀를 体得케 하는 作用까지 자아 낼 수 있다. 이 모든 作用은 全部가 對상를 主로 한 창조세계에서 보여 준은 <基本的> 창조원리로 因한 바이다. 그러니 사람을 中心하고 物質界로부터 灵에 世界까지 作用<할 수 있는>存在임을 알 수 있는 바이다. 그러니 사람은 灵에 根本核体(이灵은 하날에 한 附体)로 心理은 한 附<体>로 되여 있다. 이 心理<良心>은 肉身對하여 한 核体으로 肉身은 한 附体<로> 되여 있다. 肉身은 外界物 對하여 한 核体로 外界物은 附体로 되여 있다. 그러니 뗄내야 뗄 수 업는 關係線上에 處하는 바가 全 存在的 關係인 바이다."(p.674)

"그것은 영(靈)을 핵체로 한 완전 대상심리이니 통하는 바다. 영은 존재물 통솔주관성이니 그 원인을 보여준다. 이곳까지 늘 상 자유로이 대할 수 있는 생활하는 자에게는 영(심리핵체)과 심리(양심)와 판이한 격으로 수수통화하는 직감력을 체감하는 동시에 생각(사고)치 않은 인식적 지식이 내게 전하여짐을 느끼는 바이다. 이것이 완성하면 영에 대한 대상적 부체로서 영에 요구하는 요구실상을 체득케 하는 작용까지 자아낼 수 있다. 이 모든 작용은 전부가 대상을 주로 한 창조세계에서 보여 주는 기본적 창조원리로 인한 바이다. 그러니 사람을 중심하고 물질계로부터 영의 세계까지 작용할 수 있는 존재임을 알 수 있는 바이다. 그러니 사람은 영의 근본 핵체(이 영은 하늘의 한 부체)로 심리는 한 부체로 되어 있다. 이 심리(양심)는 육신 대하여 한 핵체로 육신은 한 부체로 되어 있다. 육신은 외계물 대하여 한 핵체로 외물계는 부체로 되어 있다. 그러니 땔래야 땔 수 없는 관계선상에 처하는 바가 전 존재적 관계인 바이다."(674쪽)

"對상目的를 爲한 바니 完全한 附体만 되면은 完全核体을 合하개 할 수 있는 바며 完全 核体은 完全附体를 向하기 爲하여 備準되여있는 바를 알수 있다. 그러니 完全存在란 바는 完全核体와 完全附<体>가 한나로 合하여서 만이 完成的 目的를 完遂하는 창조原理를 보니 우리는 肉<身>이 完成이 큰나 큰 完成要素로 됨도 알 수 있는 바이다. 그러니 對상 目的를 爲한 世界作用이나 動作을 보고도 其 核体나 附体를 갓고야만 始作하는 <바를> 알고 모든 方面애 適用하여 新發明이 잇기를 바라는 바다."(p.675)

"대상목적을 위한 바이니 완전한 부체만 되면 완전핵체를 합하게 할 수 있는 바며 완전핵체는 완전부체를 향하기 위하여 비준되어 있는 바를 알 수 있다. 그러니 완전존재란 바는 완전핵체와 완전부체가 하나로 합하여서 만이 완성적 목적을 완수하는 창조원리를 보니 우리는 육신의 완성이 크나큰 그 완성요소로 됨도 알 수 있는 바이다. 그러니 대상목적을 위한 세계작용이나 동작을 보고도 그 핵체나 부체를 가져야만 시작하는 바를 알고 모든 방면에 적용하여 새발명이 있기를 바라는 바다."(675쪽)

8) 웨 타락케 하고 섭리하는가?

본제목의 내용은 「원리강론」 전편 제2장 타락론의 제6절 인간조상의 타락행위를 간섭치 않으신 이유의 내용과 거의 동일하다. 다만, 크게 살펴볼 때 차이점이 두 가지가 나타난다. 하나는 두 번째 이유인 '인간을 만물의 주관위에 세우기 위하여'의 내용 중 두 가지 이유가 더 첨부되어 있다는 점이다. 즉 「원리원본」에는 사람은 사탄보다 높은 위치에 있는 존재인데 그 사탄이가 유혹한다고 해서 간섭하면 사람은 사탄보다 못하다는 격이 되니 간섭할 수 없었다는 내용과 미완성된 사람을 주관하면 원리완성격을 이루려고 하지 않고 오로지 하나님의 주관만을 바라게 되기 때문에 간섭치 않으셨다는 내용이 있다. 또 하나는 마지막 부분에서 도표를 사용하여 타락된 입장에서 복귀해야하는 이유와 과정 그리고 목적에 대하여 설명하고 있다.

> "萬一 主管한다면 사람은 하나님 主管의 最高이 所望이무로 原理完成軌道를 넘겨두고 하나님이 主管만을 要求하게 됨으로 原理完成格에 사람이 나설 수 업는 바무로 主管못한다. 또 사람은 本來부터 사탄 보담 높은 存在위에 處하는 存在인데 사탄 誘引한다고 하여서 사람들어 사탄을 삼가라하면은 사람은 벌서 사탄보담 못하다는 格으로 되는 바니 干涉할 수 업섰다."(pp. 11-12)
>
> "만일 주관한다면 사람은 하나님 주관의 최고의 소망이므로 원리완성궤도를 남겨두고 하나님의 주관만을 요구하게 됨으로 원리완성격의 사람이 나설 수 없는 바이므로 주관 못한다. 또 사람은 본래부터 사탄 보다 높은 존재 위에 처하는 존재인데 사탄 유인한다고 해서 사람에게 사탄을 삼가라고 하면 사람은 벌써 사탄보다 못하다는 격으로 되는 바니 간섭할 수 없다."(11-12쪽)

"사람 墮落함으로 創造世界은 創造하기 前에 世界와 같은 價値업는 被造世界로 되었다. 그러면 其 價値를 回復하기 爲한 것이 攝理이 始作인 바다. 그겄은 卽 사람을 다시금 創造하여논는 格으로 하나님은 사람을 對하여 찻기 爲한 겄이 攝理目的인 바다."(p.15)

"사람 타락함으로 창조세계는 창조하기 전의 세계와 같은 가치 없는 피조세계로 되었다. 그러면 그 가치를 회복하기 위한 것이 섭리의 시작인 바다. 그것은 즉 사람을 다시금 창조하여 놓는 격으로 하나님은 사람을 대하여 찾기 위한 것이 섭리목적인 바다."(15쪽)

"그리하여 完成原理父母를 못 가진 人類가 其 父母를 地上에서 모시는 時代가 地上天國時代에 完成 成約時代인 바다. 至今까지 人間은 完成的 父母를 通하여야 하무로 하날이나 땅이나 全部가 再臨를 苦待하는 바이다."(p.19)

"그리하여 완성원리부모를 못 가진 인류가 그 부모를 지상에서 모시는 시대가 지상천국시대의 완성 성약시대인 바다. 지금까지 인간은 완성적 부모를 통해야 하므로 하늘이나 땅이나 전부가 재림을 고대하는 바이다."(19쪽)

* 본(8번) 제목의 페이지 번호는 필자가 임의로 붙인 것임. 원래 원본에는 페이지 번호 기록이 없다.

제 5 장

「원리원본」의 전사본과 유실부분

제5장

「원리원본」의 전사본과 유실부분

"통일교회 여러분 전부 다 집을 버리고 매를 맞고 별의별 요사스러운 소문이 나게 될 때 원리 말씀을 들었지, 요즈음의 ≪천성경≫이라는 말씀이 있었나? 원리 말씀도 책도 안 낸 것을, 전해진 말씀 선생님이 피난 때에 그 초를 잡아 놓은 '원리원본'…. 현실이, 그거 갖고 있지?「예.」그거 나한테 갖다 바쳐야 돼. 그거 베껴 가지고도 공부하고 그랬던 거예요."[83]

1. 「원리원본」의 전사본(傳寫本)

원본 문화가 원본의 충실한 베껴 쓰기를 통해서 그 지혜가 양도되었으며, 원본에 담겨 있는 진리와 믿음이 새 세대에게 새롭게 구현되는 방법도 원본을 다시 쓰는 전사의 작업을 통해서이다. 원본을 자기 자신의 육필로 베껴 쓰는 것은 무엇보다도 원본의 의미를 보다 깊이 이해하고자 하는 데에 있다.[84]

「원리원본」을 전사한 초창기 선배식구들도 역시 「원리원본」을 자신의 친필로 베껴 쓰는 전사의 작업을 통해 「원리원본」에 담겨 있는 진리의 말씀을 보다 깊이 이해하고자 하였음을 우리는 짐작할 수 있다. 이러한 사실은 다음과 같은 故이상헌원장의 증언을 통해서도 확인된다.

"100페이지쯤 되는 노우트에다가 펜으로 원리를 필기한 것이 있었다. 그리고 그것을 식구들이 필기해서 경전처럼 가지고 다녔으며 자신도 어느 식구한테 원리노트를 빌려서 열심히 읽고 필기하였다."[85)]

전사(傳寫)의 작업은 전사자들이 직접 원본을 옆에 두고 쓰거나, 아니면 다른 이가 원본을 읽어주고 전사자는 읽어주는 내용을 받아쓰는 두 가지 방법에 의해 진행된다. 이런 과정 중에 전사자들이 의식적 또는 무의식적인 오류를 범하게 되어 전사본의 본문에 오류들이 나타나게 된다. 이러한 오류들이 바로 전사본들이 갖는 한계성이다. 「원리원본」의 전사본들도 위와 같은 오류들이 많이 나타난다. 본인도 「원리원본」을 3회 이상 전사하면서 발견한 사실은 원본과 100% 같게 전사한다는 것이 얼마나 어려운 일인가 하는 것이다.

전사본들이 범하는 오류들을 정리해 보면 다음과 같은 것들이 있다.

1) 무의식적인 오류
  (1) 유사한 글자 모양을 잘못 판단하는 오류
  (2) 보고 베끼는 사이에 나타나는 현상으로 자리 바꾸는 오류
  (3) 줄 건너띠기 현상으로서 본문의 행을 바꾸는 오류
2) 의식적인 오류
  (1) 원본의 철자와 문법이 틀렸다고 판단될 때 수정하는 오류
  (2) 전사자 자신의 신학적인 관심을 본문에 부여하고 싶어 수정하는 오류
  (3) 대본의 의미를 보다 상세히 풀이 하고자 할 때 수정하는 오류 [86)]

「원리원본」의 전사본들에도 위와 같은 오류들이 적지 않게 나타난다. 그러나 어떤 오류들이 의식적인 오류이고, 어떤 오류들이 무의식적인 오류인지를 구분하

기는 쉽지 않다. 다만, 여기서 「원리원본」과 전사본들의 여러 문장들을 대조 비교함으로써 어떠한 오류들이 있는지 살펴보도록 하겠다. 먼저 「원리원본」의 첫 제목의 첫 문장을 예를 들어 살펴보자.

원리원본 : "太初은 卽 하나의시다. 의 하나가 卽 太初의 根本이다. 의 根本의 卽 하나님이시다."(p.1) - "태초는 즉 하나이시다. 이 하나가 즉 태초의 근본이다. 이 근본이 즉 하나님이시다."(1쪽)

김전사본 : "太初는 卽, 하나이시다. 이 하나가 卽, 太初의 根本이다. 이 根本이 卽 하나님이시다."(p.1)

강전사본 : "太初는 卽 하나이시다. 이 하나가 卽 太初의 根本이다. 이 根本이 卽 하나님이시다."(p.1)

유전사본 : "太初는 卽 하나이시다. 이 하나가 卽 太初의 根本이다. 이 根本이 卽 하나님이시다."(p.1)

이것은 의식적인 오류이다. 왜냐 하면, 공통적으로 전사자 본인들이 원본의 철자가 틀렸다고 생각해서 '은'과 '의'를 철자법과 문맥에 맞게 '는'과 '이'로 수정하였기 때문이다. 이런 오류는 세 전사본의 공통적인 오류로서 전사본 전반에서 나타난다.

다음은 "창조성 복귀로 된 이상론"의 첫 문장을 통해서 설펴보도록 하겠다.

원리원본 : "本來 하나님의 天地創造할 때에 어는 *存在物*이라는든지 全部은 相對할 수 있는 *存在*를 對케하여 지으심의였다. 被造物 中에 相對할 수 업는 格 업시 지은 겄은 업다."(p.340) - "본래 하나님의 천지창조할 때에 어느 존재물이라는지 전부는 상대할 수

있는 존재를 대하게 하여 지으심이었다. 피조물 중에 상대할 수 없는 격 없이 지은 것은 없다."(340쪽)

김전사본 : "本來 하나님이 天地創造할 때에 어느 *存在物*이든지 全部는 相對할 수 있는 *存在*를 對케하여 지으심이었다. 被造物 中에 相對할 수 없는 格 없이 지은 것은 없다."(p.157)

강전사본 : "本來 Θ이 天地創造할 때에 어느 *存在物*이든지 全部는 相對할 수 있는 *存在*를 對하케하여 지으심이였다. 被造物 중에 相對할 수 없는 格 없이 지은 것은 없다."(p.156)

유전사본 : "本來 하나님이 天地創造할 때에 어는 *存在物*이라든지 全部는 相對할 수 있는 *存在*를 對케하여 지으심이었다. 被造物 中에서 相對할 수 업는 格 없이 지은 것은 없다."(p.136)

위 문장에서 발견되는 세 전사본들의 공통된 오류들은 크게 4가지 부분이다. 첫째는 철자법 부분이다. 전사자들이 오타로 인식되는 글자들을 철자법에 맞게 수정하여 필사한 오류이다. 둘째는 한자 부분이다. 원본에는 한자인데 전사본에는 한글 또는 한자 뜻풀이로 필사하거나, 원본은 한글인데 전사본에는 한자로 필사한 오류이다. 셋째는 내용 부분에 있다. 즉 빠뜨리고 쓴 부분들이 있거나, 첨가된 부분이 있다는 것이다. 어떤 내용은 두 전사본에서 똑같이 첨가된 특이한 현상도 보이고 있다. 넷째는 글자 판독 부분에서 나타난다. 즉 글자 모양을 잘못 판독한 오류이다.

그리고 이러한 오류들은 세 전사본을 100% 「원리원본」과 세밀하게 비교하지는 않았으나, 대체적으로 살펴본 결과와 세 전사본의 공통된 두 서너 제목을 세밀하게 비교한 결과, 공통적으로 발견된 것이다. 이러한 오류들이 나타나는 부분들은 전사본마다 각기 다르고, 그 양에 있어서도 각기 다르게 나타나는 관계로 세 전사본의 정확도를 측정하여 어느 전사본이 가장 「원리원본」에 가깝다고 판단하기가 매우 어렵다. 향후 전사본에 대한 보다 전문적 연구가 진행되어야 할 것이다. 다만, 「강전사본」의 독특한 특징을 언급해 본다면 '하나님'의 단어를 대부분 'Θ'로 사용하여 전사하였다는 점과 '그런고로'의 단어를 '故로'로 사용하였다는 점이다.

1) 전사본들의 종류들

전사본에는 원본을 직접 베껴 쓴 전사본과 그 전사본을 베껴 쓴 전사본이 있다. 이에 본서에서는 전자를 모전사본(母傳寫本)으로, 후자를 자전사본(子傳寫本)으로 구분하도록 하겠다. 저자가 현재까지 파악한 전사본들을 정리해 보면 다음과 같다.

모전사본에는 「강현실전사본(姜賢實傳寫本)」, 「김원필전사본(金元弼傳寫本)」, 「유효원전사본(劉孝元傳寫本)」 3가지가 입수되었으며, 자전사본(子傳寫本)에는 「정수원전사본」과 전사자 불명의 자전사본 2가지가 있고, 이야기로 들은 전사본들은 「이요한전사본」, 「황환채전사본」, 「김찬균전사본」, 「이수경전사본」, 「이상헌전사본」 등이 있다. 그러나 故이상헌 선생의 증언[87]으로 살펴볼 때 이외에도 더 많은 전사본들이 있을 것으로 판단된다.

실제로 현존하는 「원리원본」의 전사본들이 얼마큼 있는지 그리고 그 계통이 어떠한 지에 대해서는 아직까지 연구가 진행되지 않았다. 만약 연구가 진행되더라도 그 수와 계보를 정확히 파악하기는 결코 쉽지 않을 것이다. 전사본들의 계보를 파악하기 위해서 더욱 많은 시간과 연구가 필요할 것이다.

전사본은 「원리원본」과 비교할 때 문헌 또는 사료적(史料的) 가치가 별로 인정되지 않는 자료들이나 「원리원본」의 일부분이 유실된 현실 속에서 전사본의 가치는 유실된 원본의 본문 복원 작업에 있어서 원자료적 가치를 지니게 된다.[88]

본서에서는 전사본들 중 유실된 「원리원본」의 본문 복원에 필요한 「원리원본」을 직접 전사한 모전사본들만을 개괄적으로 살펴보도록 하겠다.

(1) 「김원필전사본」(이하 김전사본)

본 전사본은 1953년 9월 말경에 전사하기 시작한 것으로 전해진다. 그러나 완료 날짜는 전사자 본인이 정확히 기억하지 못하고 있다. 필사 동기는 1953년 9월 문선명 선생께서 서울로 올라가실 때, 김원필 전사자에게 「원리원본」을 한 부 필사하라고 하신 말씀이 있었기 때문이라고 한다.[89]

「김전사본」의 가장 큰 특징은 전사본의 원본 겉표지에 "天倫의 秘密"이라는 큰 제목과 함께 우측에 묵시록 10장 10-11절의 내용과 좌측에 묵시록 22장 17절의 내용이 쓰여 있다. 또한, 상단에는 반원형으로 "또 진리를 알지니 진리가 너희를 노아주리라"라는 성경구절이 쓰여 있다. 그런데 그 필체를 보면 전사본 내용의 필체와 다르다는 점에서 김원필 전사자 본인의 필체가 아닌 다른 이의 필체임에 틀림없으나 누구의 것인지는 아직 파악하지 못하고 있다.

「김전사본」은 짙은 청색 잉크 펜으로 연파랑색 줄이 쳐져 있는 노트에 쓰여 있다. 「김전사본」의 제본 형태는 3개의 끈으로 묶여 있다. 분량은 총 185쪽 분량이다. 본래 목차는 없었는데 추후 장, 절로 편집 기록된 목차가 첨가되었고, 누구에 의해 본문 전체가 편집, 수정 된 듯 보이나, 그 장본인이 누구인가는 아직 밝혀지지 않고 있다.

「김전사본」의 한계성은 전사의 완료여부 문제와 전사의 완전성 문제이다. 즉 「김전사본」은 「원리원본」의 「제일권」에서 「제삼권」까지밖에 전사되어 있지 않으며, 그리고 그 내용 중 "한국기후은 세계문명에 표본될 상증"과 "한국은 지리적으로 세계의 중심지"그리고 "한국은 제종교에 총결실지" 이 세 부분의 내용이 전사되어 있지 않다. 또한, 「제삼권」의 제목순서가 「원리원본」과 다른 부분이 있다. 「원리원본」은 "원시분별시대인 동시원시공생주의 시대"라는 제목 다음에 "창조성 복귀로 된 이상론"제목이 나오는 데에 비하여 「김전사본」은 "40일 복귀코저 한 섭리노정의 근본의의"제목이 나온다는 사실이다. 그리고 내용 가운데는 김원필 전사자가 직접 첨가한 내용도 있는 듯하다. 이에 대해서 추후 보다 전문적인 연구가 진행되어야 할 것이다.

「김전사본」이 「제삼권」까지만 필사되어 있다는 점은 매우 의아스러운 일이다. 왜냐 하면, 「원리원본」의 「제사권」 맨 마지막 부분을 「원리원본」에 기록된 '주(註)'의 내용[90]에 따라 「제삼권」에 필사한 사실을 근거로 생각해볼 때, 분명 김원필 전사자도 「원리원본」의 「제사권」을 보았다는 결론을 얻을 수 있다. 그런데 어떤 이유에서 나머지 부분에 대한 필사를 하지 않았는가 하는 의문이 간다. 「제오권」까지 필사를 다 안 한 것인지, 아니면 필사는 다 했지만 그 필사본이 발견되지 못한 것인지 등에 대해서 사뭇 의문이 든다.

(2) 「유효원전사본」(이하 유전사본)

본 전사본은 2차에 걸쳐서 전사되었다. 제1차 전사는 1953년 11월 24일 옥세현 할머니로부터 「원리원본」 2권을 전달받아 노트에 옮겨 쓰기 시작하여 12월 10일까지 2권에서 4권까지 완료되었고, 제2차 전사는 그 다음 날 1953년 12월 11일부터에서 시작되어 12월 23일까지 완료되었다.[91]

전사 동기는 진리를 갈망하던 전사자가 「원리원본」의 내용을 통해 진리를 발견한 개인적 감동과 충동의 심정적 동기로 추정된다.[92] 1차 필사는 故이봉운 장로에게 부탁하여 이루어지게 되었고, 2차 전사(傳寫)는 편지로 문선명 선생께 재가 요청한 후 허락을 받아 성사되었다고 한다.

역시 안타까운 점은 현재 입수된 「유전사본」도 「원리원본」의 「제일권」에서 「제삼권」의 "40일복귀코저 한 섭리노정 근본의의"의 중간 부분까지 전사되어 있는 미완전한 내용이라는 것이다. 「원리원본」 전체, 즉 「제일권」에서 「제오권」까지 모두 필사를 완료하였다는 유효원 전사자의 증언[93]을 통해서 살펴볼 때, 「유전사본」은 최소 2권 이상 있어야 하므로 전사본이 한 권 이상 더 있어야 한다. 그러나 그 다른 한 권의 소재는 파악되어 있지 않다. 이런 이유로 해서 현재 「유전사본」은 전사의 완료 여부 문제가 입증될 수 없다.

「유전사본」은 필사된 내용을 중심으로 살펴볼 때, 필사의 완전성 문제에 있어서도 「김전사본」과 똑같이 제목의 순서가 「원리원본」과 틀린 부분이 나타난다. 즉 「제삼권」의 "역사적 실두루마리의 원리적 해결은 한국에서 시작"이라는 제목의 순서인데, 그 제목이 「원리원본」에서는 "한국은 제종교에 총결실지"라는 제목 다음에 나오는 반면에[94] 「유전사본」에는 "역사로 본 악이 선대하여 승한 원리적 변증"이라는 제목 다음에 나온다. 「유전사본」은 필사는 깨끗하게 잘 되어 있으나, 전사본 편집이 페이지 순서가 뒤 바뀐 부분이 적지 않게 발견되어 저자의 복원 작업에는 기본 자료로는 활용되지 않았고 참고 자료로만 활용되었다.

「김전사본」과 「강전사본」의 전사본 원본은 모두 세계평화통일가정협회 역사편찬위원회에 의해 관리되고 있으나, 안타깝게도 「유전사본」의 원본은 소재가 불분명하다. 다만, 「유전사본」의 복사본을 유효원 전사자의 유족이 관리하고 있다고 전해 들었다.

(3) 「강현실전사본」 (이하 강전사본)

본 전사본도 역시 2회에 걸쳐서 전사되었으나, 그 1-2회의 시간 간격은 약 1년 이상이나 된다. 제1차 필사 시기는 1952년 여름(7-9월 경)이고, 장소는 용문산에서

전사를 완료하였다고 한다. 제2차 전사는 1953년 12월 12-20일이라고 한다.[95]

필사 동기는 본인 개인적 신앙 상의 문제를 해결하기 위함이고, 문선명 선생께 직접 전사를 요청하여 허락을 받고 전사하였다고 한다.[96]

본 전사본은 위의 두 전사본에 비해 「제일권」에서 「제오권」까지의 내용이 대부분 전사되어 있다. 제1차 전사 시에는 「제일권」에서 「제삼권」까지의 내용을, 제2차 전사 시에는 「제사권」과 「제오권」의 내용을 전사하였다고 한다. 시기상으로 볼 때 본 전사본이 최초의 전사본으로 추정 된다.

그러나 「강전사본」 역시 전사의 완전성 문제는 있다. 「제삼권」의 맨 마지막 부분과 「제사권」의 첫째, 둘째 제목의 내용이 전사되어 있지 않다. 또한, 제목의 순서문제가 역시 나타난다. 「원리원본」은 "재림주는 이상론 완성의 기본존재"라는 제목이 "창조성 복귀로 된 이상론" 다음에 나오는 데에 「강전사본」은 "역사적 실두루마리의 원리적 해결은 한국에서 시작"이라는 제목 다음에 나온다.

2. 유실부분

저자가 「원리원본」을 전사하는 과정에서 「제삼권」과 「제사권」 중 중간의 몇십 쪽 분량들이 끊긴 현상이 나타났다. 다시 전후 문장을 자세히 전사본들과 대조 비교하며 살펴본 결과, 가슴 아프게도 중간의 일부분이 유실되었다는 사실이 확인되었다.

이 유실된 부분들이 언제, 어떻게 유실되었는지는 아직까지 정확하게 파악할 수 없으며 알고 있는 사람도 없는 상황이다. 심지어 강현실 전사자와 김원필 전사자들도 모르고 있었다. 다만, 그들의 전사본에 유실부분 중 전사되어 있는 부분도 있고 전사되어 있지 않는 부분도 있다는 점을 미루어 볼 때, 전사되지 않은 부분은 전사되기도 전에 아주 일찍 유실되었을 것으로 추론되고, 전사된 부분들은 그 이후 전승과정에서 유실되었을 것으로 추정된다.

그런데 최근에 말씀선집을 탐독하던 중 유실된 부분과 관련된 말씀이 발견 되어 그 내용을 함께 살펴보고자 한다. 다만, 여기서 말씀의 원문 내용 그대로 소개하지 않고 약간의 수정을 하였음을 미리 밝히는 바이다.

> "우리 ≪원리원본≫의 제일 중요한 세 장을 째 가지고, 선생님을 중심삼아 가지고 외교한다고 문제 되고 찾아다니던 대구 사람이 있어요. 그 이름이 뭐이?「조…」 *석인지 무엇이지. 그래 가지고 죽으면서 통일교회 본부에 이 석 장만 있으면 너 재산 하나 없더라도 팔아 가지고 먹고 살 수 있고도 있다 한 거예요. 그 딱 석 장만 떼 가지고 통일교회에 와 가지고 이거 사라는 거예요. 도적놈이 더럽힌 걸 사기는 뭘 사요? 불살라 버려야 돼요."97)
> "내가 이제 통일교회 본부에 들어와 가지고 말이에요, 한 사람이 기성교인도 아니고 경찰 하던 사람이 있었어요. 이 사람이 통일교회 원리원본도 다 알고 중요한 것을 빼서 감추어 가지고, 그걸 팔게 된다면 수십억 원을 받고 팔 수 있다고 해 가지고 원리원본 내가 쓴 것에서 중요한 것을 떼어서 감추고 다 그런 걸 알면서도 먹여 살린 거예요."98)

> "본부에 조*석이라고 경찰서에 있던 정보과장 해 먹던 사람이 - 중략 - 내가 ≪원리원본≫ 쓴 것 가운데 제일 중요한 석 장을 빼 가지고 천만금을 주어도 사지 못할 보물이라고 그래서 아들 앞에 넘겨줘 가지고 아버지가 죽은 데 있어서 트라이(try)가 왔더라구요. '≪원리원본≫ 석 장이 있으니 얼마 주겠느냐?' 그래요."99)

그리고 다음 말씀

> “옛날에 조*석이라고 있었어요. - 중략 - 나중에 자기가 나가면서, 돈 낼 수 없으니까 떠나면서 자기 아들딸한테 ≪원리원본≫ 여섯 페이지 석 장을 떼다가 ‘야야, 네 선물이 이것이니, 통일교회가 잘 되면 이걸 중심삼고 수십억 돈을 받을 수 있는 보물단지다.’ 해서 남긴 거예요.”[100)]

을 보면, 조*석이라는 사람이 훔쳐간 부분의 양이 여섯 페이지, 즉 석 장 분량임이 분명히 명시되어 있다.

「원리원본」의 정확한 전승과정이 파악 되지 못한 상황이라 어떻게 조*석이라는 사람이 그 부분을 가지고 갔는지 자세히 알 수는 없으나 분명한 것은 유실된 부분 가운데 복원할 수 없는 부분이 어떻게, 왜, 누구에 의해서 유실되었는지 정확하게 알 수 있게 되었다는 점이다. 다만, 그 시점이 언제인가가 불분명하다.

1) 유실부분의 복원문제

「원리원본」의 섭리사적 가치를 생각해 본다면, 「원리원본」에 유실부분이 있다는 사실은 매우 큰 충격적 사건이다. 왜, 어떻게 유실되었는지를 정확히 알 수 없는 상황에서 중요한 점은 이 유실부분에 대한 복원 가능성 여부인데 이미 앞에서 언급한 바와 같이 다행스럽게 「원리원본」을 직접 필사한 전사본에 유실부분의 일부를 제외하고는 모두 필사되어 있다는 점이다.

이에 전사본들을 비교 분석하며 유실부분을 복원시켜 보았으나, 「원리원본」을 모두 전사하지 못한 부분이 있다는 점과 전사본들이 갖고 있는 한계성에 의하여

「원리원본」의 복원은 여러 측면에서 한계가 있을 수밖에 없다. 추후 보다 많은 전사본 발굴 작업과 함께 지속적인 복원작업을 통한 보완작업이 필요하다. 매우 안타까운 점은 이러한 복원작업이 끊임없이 진행되더라도 복원된 내용은 「원리원본」의 유실부분의 원문과 100% 동일할 수 없다는 점이다. 이러한 필연적 한계를 가질 수밖에 없는 이유는 전사본들의 필사 오류의 문제점과 「원리원본」 자체 표현의 특징들[101]이 있기 때문이다. 그러므로 근본적으로 유실부분을 찾지 못하는 한, 유실부분의 완전한 복원은 불가능하다. 전승과정을 고증하며 「원리원본」을 관리하였던 사람을 방문하여 탐문을 통해 실마리를 찾는 방법밖에 없으나, 그분들이 모두 돌아가신 현재 이 역시 불가능한 일이다. 다만, 위 말씀에서 언급된 조* 석 가족이 가지고 있는(더 엄밀하게 말한다면, 가지고 있길 바라는) 부분을 되찾는 작업만이 유일하게 남은 희망일 것이다.

이러한 복원상의 한계성이 있지만, 그래도 전사본들을 통해서 유실된 분량 60쪽 가운데에 52쪽 분량을 복원할 수 있고, 그 내용 면에서 볼 때 거의 「원리원본」과 같게 복원할 수 있다는 점이 불행 중 천만다행한 일이 아닐 수 없다.

복원한 내용에 있어서는 「원리원본」의 원문과 표현상의 문제는 전사자들이 범한 오류들만큼 나타날 것이다. 그리고 전사자들이 첨가한 부분이나 빠뜨린 부분도 미미(微微)하나마 있을 가능성이 있어 추후 이 문제에 대한 전문적 연구가 반드시 진행되어야 할 것이다. 복원된 내용들 속에서 복원상의 또 다른 문제가 발견되는데 그것은 복원된 유실부분들의 제목순서 문제이다. 즉 그 복원된 유실부분들의 제목순서가 3개의 전사본마다 다르다. 이에 저자는 유실된 부분에 대한 복원은 다음 두 가지에 대한 부분으로 나누어서 진행하였다. 하나는 내용에 대한 복원이며, 다른 하나는 제목순서에 대한 복원이다.

유실부분의 분량은 「제삼권」의 44쪽 분량과 「제사권」의 16쪽 분량의 총 60쪽 분량이다. 그리고 그 범위는 「제삼권」에서는 349쪽에서 370쪽까지와 423쪽에서 444쪽까지이고, 「제사권」에서는 465쪽에서 468쪽까지와 473쪽에서 476쪽까지, 그리고 545쪽에서 548쪽까지와 553쪽에서 556쪽까지이다.

2) 복원 작업

저자는 유실부분을 찾기 위해 먼저 원본과 전사본을 대조 비교하였다. 노트 한 페이지에 필사한 양이 전사본마다 다르다. 이에 「원리원본」과 전사본을 각각 페이지 분량을 비교하여 그 비율을 살펴보았는데 흥미롭게도 「원리원본」 대 전사본 간에 일정한 비율이 나타났다. 먼저 「원리원본」 대 「김원필전사본」의 비율은 대략 3.5:2(원본 3.5쪽 당 김전사본 2쪽)이고, 「원리원본」 대 「강현실전사본」의 비율은 대략 3:2(원본 3쪽 당 강전사본 2쪽)이다.

그리고 「원리원본」의 제목 전체와 전사본들의 제목 전체를 대조 비교하여 유실부분에 해당되는 제목을 찾아보았다. 생각지도 않은 복원상의 어려운 점이 나타났는데 그것은 유실부분에 해당되는 전사본들의 제목순서가 일치하지 않는다는 것이다. 특히 「제삼권」의 유실부분(pp. 423-444)의 제목순서는 오직 「강전사본」에만 전사되어 있어 현재 수집한 3개의 모전사본만으로는 해결될 수 없다. 이 문제는 추후 보다 많은 모전사본들을 수집하여 연구 보완해야 할 점이다.

유실부분의 첫 부분인 「제삼권」 349쪽에서 370쪽까지의 부분은 「제삼권」의 "창조성 복귀로 된 이상론" 후반부 이후부터임이 어렵지 않게 발견되는 것은 "창조성 복귀로 된 이상론"이 p.340에서 시작되기 때문이다. 그리고 371쪽에서 "40일 복귀코저 한 섭리노정의 근본의의"라는 새로운 제목이 시작된다는 점에서 349쪽에서 370쪽까지의 부분은 "창조성 복귀로 된 이상론"과 "40일 복귀코저 한 섭리노정의 근본의의" 두 제목 사이에 해당되는 부분임이 확인이 된다. 이에 해당되는 부분을 전사본들의 제목들을 확인해 본 결과, 앞에서 언급한 바와 같이 제목순서들이 각각 상이하다는 것이 발견되었다. 구체적으로 살펴보면,

창조성 복귀로 된 이상론 - 40일복귀코저 한 섭리노정의 근본의의 -
한국의 기후는 세계문명에 근본될
상증(「강전사본」)
창조성 복귀로 된 이상론 - 재림주는 이상론 완성의 기본존재 - 역사적
실두루 머리의 원리적 해결은 한국에서
시작(「김전사본」)
창조성 복귀로 된 이상론 - 재림주는 이상론 완성의 기본존재 -
40일복귀코저 한 섭리노정의
근본의의(「유전사본」)

의 순서이다.

이상으로 볼 때, 첫 유실부분(pp.349-370)에 해당되는 내용은 잠정적으로 모전사본들의 제목순서 다수결원칙으로 "창조성 복귀로 된 이상론" 후반부에 이어서 "재림주는 이상론 완성의 기본존재"(「김전사본」과 「유전사본」 제목순서)의 내용으로 정하였다. 그리고 이렇게 정한 제목에 해당되는 전사본들 부분의 필사량을 저자가 「원리원본」과 전사본을 각각 페이지 분량을 비교하여 찾아낸 일정한 비율, 「원리원본」 대 「김원필전사본」의 비율 3.5:2(원본 3.5쪽 당 김전사본 2쪽), 「원리원본」 대 「강현실전사본」의 비율 3:2(원본 3쪽 당 강전사본 2쪽)을 활용하여 그 제목에 해당되는 부분의 글자양의 일치여부를 확인한 결과 거의 일치하였다.

그 다음 유실부분(pp.423-444)은 「원리원본」의 "한국은 지리적으로 세계의 중심지"라는 제목 다음에 나온다. 그리고 유실부분 다음 부분(pp. 445-457)의 내용은 '반작용에 대한 내용'으로 12/17일 기록된 것으로 되어있다. 이 부분에 해당되는 전사본을 찾아본 결과 유일하게 「강전사본」에만 전사되어 있어 부득이 「강전사본」의 제목으로 정할 수밖에 없다. 추후 다른 전사본을 찾아 대조 비교하여 보다 정확한 제목을 복원해야 할 것이다. 「강전사본」에 의하면, "한국은 지리적으로 세계의 중심지"라는 제목 다음에 나오는 두 제목은 "한국은 제종교에 총결실지"와 "역사적 실두루마리의 원리적 해결은 한국에서 시작"이다. 그런데 의외로 이 유실부분의 복원작업이 결코 단순하지 않은 이유는 첫째 두 제목이외에도 다른 제목이 더 있을 것으로 추정된다는 점과 「강현실전사본」의 제목순서가 「김원필전사본」과 「유효원전사본」과 벌써 한 번 차이점이 발생하여 그 신뢰성을 확신할 수 없다는 점에서 그렇다. 그리고 두 제목이외에도 다른 제목이 더 있을 것으로 추정되는 이유는 유실부분 다음에 이어지는 부분의 내용이, '반작용에 대한 내용'이기 때문에 그러하다.

나머지 유실부분(pp. 465-468과 pp.473-476)은 "존재의 기원은 원리 하나에서부터 대상목적으로 하야 시작함"(pp.459-480)이라는 제목에 해당되고, 또 다른 나머지 유실부분(pp.545-548과 pp.553-556)은 "원력으로 본 삼위격 일체"(pp.531-562)에 해당되는 부분으로 명확히 드러난다. 다만, 465쪽에서 468쪽까지와 473쪽에서 476쪽까지의 유실부분이 전사되어 있지 않아 복원하지 못할 뿐이다.

여기서 「강전사본」에 전사되어 있지 않은 것이 단순히 유실부분만이 아니라 "존재의 기원은 원리하나에서부터 대상목적으로 하야 시작함"과 "신앙이 요구본경도 원리를 위하여"라는 두 제목 전체라는 점이 매우 큰 의문이 든다.

3) 복원한 결과

비록 여러 측면에서 한계점이 있는 상황 속에서 진행된 복원작업이었지만, 나름 확보된 모전사본들을 비교분석하면서 복원한 내용들을 정리해본다면 다음과 같다.

유실된 부분들의 제목을 먼저 살펴본다면, 「제삼권」의 "창조성 복귀로 된 이상론"의 후반부와 "재림주는 이상론 완성의 기본존재" 그리고 "한국은 제종교의 총결실지"와 "역사적 실두루마리의 원리적 해결은 한국에서 시작"이라는 4개의 제목들과 「제사권」의 "존재의 기원은 원리 하나에서부터"와 위치상 「제사권」에 있지만 내용으로는 「제삼권」의 "복귀역사로 된 인류발전역사"의 추가 보충 내용으로서 그 뒷부분에 해당되는 내용이다.

이와 같은 내용들을 각 권과 페이지 그리고 분량 및 제목을 함께 정리해 보았다. 이 부분의 번호 기준은 본서와 별도 형식으로 취한다.

가. Ⅲ : 「제삼권」(총 44쪽)

1) Ⅲ - 1 : 「제삼권」 pp. 349-370 (22쪽 분량)

가) Ⅲ-1-가 : pp. 349-357 (9쪽 분량)

* "창조성 복귀로 된 이상론"의 후반부가 확실하며 복구도 가능하다

나) Ⅲ-1-나 : pp. 358-370 (13쪽 분량)

* "재림주는 이상론 완성의 기본존재"의 내용이 확실하며 복구도 가능하다.

2) Ⅲ-2 : pp. 423-444 (22쪽 분량)

* "한국은 제종교의 총결실지"

* "역사적 실두루마리의 원리적 해결은 한국에서 시작"

* 위 두 제목의 내용이 확실하며 복구도 가능하다.

나. Ⅳ : 「제사권」(총 16쪽)

1) Ⅳ-1 : 「제사권」 "존재의 기원은 원리 하나에서부터"(8쪽 분량)

가) Ⅳ-1-가 : pp. 465-468 나) Ⅳ-1-나 : pp. 473-476

* 내용은 확실하나 복구는 불가능하다. 전사본에 필사되어 있지 않기 때문임.

2) Ⅳ-2 : 「제사권」 (8쪽 분량)(제삼권"복귀역사로 된 인류발전역사"의 후반부)

가) Ⅳ-2-가 : pp. 545-548 나) Ⅳ-2-나 : pp. 553-556

* 내용도 확실하며 복구도 가능하다.

총 60쪽 분량이며, 이 중 복원 불가능한 부분이 8쪽 분량이다.

그리고 유실부분의 복원된 내용의 새로운 합리적인 근거도 제시해 본다.

하나. 유실부분 「제삼권」의 pp. 349-357의 내용(9쪽 분량)

이 부분의 내용은 "창조성 복귀로 본 이상론"의 후반부의 내용에 해당된다. 왜냐 하면, "창조성 복귀로 된 이상론"의 범위가 357쪽까지라는 내용이 「제일권(第壹卷)」 겉표지에 기록되어 있는데 "창조성 복귀로 된 이상론"의 내용이 340쪽에서 시작되어 유실부분의 바로 앞 페이지인 348쪽에서 끝나지 않았기 때문이다. 그리고 이 부분의 쪽 분량이 유실된 부분 349쪽에서부터 357쪽까지의 9쪽 분량임을 어렵지 않게 알 수 있는 이유는 이 부분의 마지막 쪽 번호가 이미 「제일권(第壹卷)」 겉 표지 '註'에서 언급되어 있기 때문이다.

둘. 유실부분 「제삼권」의 pp. 358-370의 내용(13쪽 분량)

이 부분의 내용은 "재림주는 이상론 완성의 기본존재"라는 제목의 내용이다. 그 근거는 유실된 부분의 다음 페이지인 원본 371쪽의 맨 위에 있는 첫 문장의 내용이 전사본에 있는 "재림주는 이상론 완성의 기본존재"라는 부분의 맨 마지막 문장과 같기 때문이다. 즉 전사본에 전사되어 있는 "재림주는 이상론 완성의 기본존재"라는 부분의 마지막 문장과 「원리원본」의 유실된 부분(pp. 358-370)의 다음 페이지(p.371) 첫 문장이 일치되기 때문에 그 유실된 부분(pp. 358-370)의 370쪽의 내용은 "재림주는 이상론 완성의 기본존재"라는 제목의 맨 마지막 후반부 내용이 된다는 점이다.

그렇다면 이 부분의 제목순서 문제도 자연히 해결된다. 또한, 「김전사본」과 「유전사본」의 제목순서가 "창조성 복귀로 본 이상론" 다음에 "재림주는 이상론 완성의 기본존재"로 되어 있는 사실을 통해서도 확인이 되는 바다.

셋. 유실부분 「제삼권」의 pp. 423-444의 내용(22쪽 분량)

이 부분의 복원작업이 가장 어려운 듯하다. 이 부분은 「강전사본」에만 완전히 전사되어 있고, 「김전사본」에는 일부분("역사적 실두루마리의 원리적 해결은 한국에서 시작")만 전사되어 있다. 수집된 「유전사본」에는 전사되어 있지 않다.

「강전사본」에 의하면, 이 부분에 해당되는 부분은 "한국은 제종교의 총결실지"와 "역사적 실두루마리의 원리적 해결은 한국에서 시작"이라는 두 제목의 내용이다. 여기서 엄밀하게 따져보면 두 제목의 순서 문제를 제기할 수 있으나 아직 그 문제를 풀 수 있는 전사본들이 없는 관계로 향후 과제로 넘기고자 한다.

넷. 유실부분 「제사권」의 pp. 465-468과 pp. 473-476의 내용(8쪽 분량)

이 부분의 내용은 「제사권」의 첫 번째 제목인 "존재의 기원은 원리 하나에서부터"의 내용이다. 그러나 현재까지는 이 부분에 대한 복원 작업이 불가능하다. 왜냐 하면, 수집된 3개의 모전사본 중 유일하게 「제사권」과 「제오권」을 전사한 「강전사본」에 이 부분이 전사되어 있지 않기 때문이며, 아직까지 이 부분을 전사한 모전사본을 찾지 못했기 때문이다.

앞에서 이미 언급한 바와 같이 이 부분이 문선명 선생의 말씀에서 최근 발견한 조*석이라는 사람이 의도적으로 빼 가지고 간 부분으로 추정된다. 왜냐 하면, 가장 빠른 시일에 전사한 것으로 추정되는 「강전사본」과 「김전사본」 모두에 전사되어 있지 않기 때문이다. 만약 이 부분이 「원리원본」에 있었다면, 분명 두 전사본에 전사가 되었을 것인데 사실은 그렇지 않기 때문이다. 더욱이 이러한 추정으로 볼 때, 이 유실부분의 유실된 시점은 모전사본들이 전사되기 이전으로서 「원리원본」이 집필된 직후의 어느 한 날로 예상된다. 즉 1952년 5월 12일 이후부터 1952년 7-9월(강현실 전사자가 전사한 시점) 사이의 시간으로 예측된다. 그러나 그때보다 더 빠를 시점일 수도 있을 것이다.

다섯. 유실부분 「제사권」의 pp. 545-548과 pp. 553-556의 내용(8쪽 분량)

이 부분의 내용은 위치상으로 볼 때 "원력으로 본 삼위격 일체"의 뒷부분에 있으나 실질적 내용상으로는 이 부분에 해당되지 않고, 「제삼권」의 첫 제목인 "복귀역사로 된 인류발전역사"에 해당되는 부분이다. 왜냐 하면, 「원리원본」에 "원력으로 본 삼위격 일체"의 내용 전체는 544쪽에 "... 그런 發達를 보는 바이다. 끝. 12/20"라고 명시되어 있다는 점에서 명확히 끝났음을 알 수 있기 때문이다. 그리고 유실부분 545쪽에서 548쪽까지는 새로운 별도의 제목을 지닌 부분이 아니고 549쪽에서 560쪽까지의 내용과 연속적으로 이어진다는 사실을 통해서 545쪽에서 560쪽까지는 같은 제목의 내용이라는 결론을 얻을 수 있다. 이와 같은 사실은 「원리원본」 560쪽에 쓰여 있는 "139page 復歸歷史로 된 人類發展史에 繼續이다."라는 문장에서 확인할 수 있다. 실제로 「김전사본」과 「유전사본」이 이 문장의 지시에 따라 이 부분을 "복귀역사로 된 인류발전사"부분에 이어서 전사한 사실을 확인할 수 있다. 그러나 「강전사본」은 전사되어 있지 않다. 이 부분에 대한 복원도 가능하다.

본서에서 저자가 복원할 때 사용한 기본 자료는 「김원필전사본」이다. 3개의 모전사본을 「원리원본」과 대략적으로 대조 비교한 결과, 3개의 모전사본들의 차이는 크게 나타나지 않는다. 다만, 저자가 판단하기에 유실부분의 복원 기본 자료(전사본)로는 「김전사본」이 적합하다는 것이었다. 그 이유는 「김전사본」은 제2차 자료이고, 저자가 보기에 다른 전사본보다 깨끗하게 전사된 것으로 판단되었기 때문이다. 다만, 「김전사본」에 없는 부분 "한국은 제종교에 총결실지"과 기타 부분은 「강전사본」을 기본 자료로 사용했고, 참고 자료로 「유전사본」을 활용하였다.

저자가 활용한 복원 방법에 대해 간략하게 정리해 보면 다음과 같다. 첫째, 원본과 3개의 모전사본(「강현실전사본」, 「김원필전사본」, 「유효원전사본」)을 대조 비교하여 유실부분에 해당되는 모전사본의 부분을 찾았다. 둘째, 원본과 모전사본의 제목들을 대조 비교하여 유실부분에 해당되는 제목들을 모전사본에서 찾았다. 셋째, 원본과 모전사본을 대조 비교하여 원본과 가장 유사한 전사본을 결정한 후 그 전사본과 원본의 동일한 특정부분을 다시 정밀 비교하여 어떤 차이점이 있는지 분석하였다. 넷째, 가장 유사한 전사본에서 「원리원본」의 유실된 부분에 해당되는 부분을 전사하였다. 전사한 내용을 그 차이점들을 중심으로 점검하였다.

결 언

결언

구전으로만 전해 들었던 「원리원본」의 실존성이 사보를 통해 간략하게 우리들 앞에 소개되어질 때, '원리'를 아는 자로서 얼마나 기쁘고 흥분했는지 모른다. 천륜의 비밀을 세상 끝까지 전하시고픈 문선명 선생의 심정이 글자 하나하나에 서려 있는 「원리원본」을 저자가 최초로 직접 연구했다는 사실은 본인과 본인의 가문에 너무나 큰 영광이었다.

큰 기쁨을 안고 「원리원본」을 연구한 결과, 저자의 마음에 강하게 느껴지는 것은 의외로 그 반대의 아픔과 슬픔의 감정이었다. 「원리원본」은 문선명 선생께서 직접 기록하지 않았어야 한다는 생각이 강하게 들었던 이유는 「원리원본」 곳곳에 기독교가 책임을 못하고 있다는 한의 심정이 어려 있다는 것을 느꼈기 때문이다. 심지어 그 한의 심정이 직접적으로 '재림주가 벌써 이 땅에 와 있다'는 내용으로 명시되어 있음을 발견할 때 그 느낌은 더욱 강하게 울렸다. 이에 저자의 마음에는 「원리원본」이 출현된 사건 자체가 섭리적 연장으로서 하나님께 처절한 아픔을 끼쳐드린 또 다른 한의 사건으로 해석된다.

이러한 인식은 「원리원본」이 집필된 지 어느 덧 반세기가 흐른 시점에서 새삼 만약 이 진리의 말씀이 74년 전, 1945년 직후 한국의 기독교가 받아들였다면, 지금의 한국과 세계의 정세는 어떻게 변화되었을까 라는 의문을 강하게 갖게 한다. 재림주 만을 고대하고 갈망하며 신앙하던 기독교인들이 「원리원본」에 담겨 있던 새로운 진리(종교와 과학의 진리를 통일시킬 수 있는 진리, 성경의 근본문제를 해결해 준 진리)를 통해서 재림주로 오신 문선명 선생을 받아들여졌다면, 이 세상은 급속도로 선의 판도가 전개되어 하나님과 온 인류가 원하는 이상세계가 현실세계에 현현 되었을 것이라는 확신은 「원리원본」의 내용을 이해하면서 더욱 강하게 든다. 「원리원본」에 기록된 "재림주를 중심으로 온 기독교인이 하나 되어 UN을 중심하고 국경을 넘어 종교와 과학을 통일시켜 하나님을 중심한 하나의 이상세계를 건설해야 한다."는 내용처럼 말이다. 너무나도 늦었지만 「원리원본」을 세상 앞에 소개하며 그 뜻을 알려 본다.

본서는 개론적 차원에서 「원리원본」에 대한 기초적 자료 정리와 분석연구를 통해 총론적으로 그 특성들을 살펴보았다.

'원리'의 말씀은 문선명 선생께서 16세 때 하나님으로부터 소명을 받으신 후 재림주로서 공식노정을 출발하시기 전 10년의 기간을 통해 홀로 역사의 배후에 숨겨져 있던 천륜의 비밀을 밝히시고 체계화시키신 것이다. 그 말씀을 중심하고 준비된 기독교의 기반 위에서 최고의 자리로부터 새로운 제3차 세계적 가나안 복귀의 섭리를 계획하셨던 하나님의 뜻은 기독교의 반대로 말미암아 최하의 자리로 떨어지게 되었다. 이렇듯 섭리의 중심 기대가 변하면서 문선명 선생은 새로운 섭리의 출발을 위한 조건인 '원리'의 말씀을 문헌화시킨 노력이 몇 번 있었으나 섭리의 책임자들이 책임을 다 못함으로 그 말씀의 사료들은 온전히 전승되어 내려오고 있지 못했다. 문선명 선생께서는 하나님이 준비하신 메시아를 위한 모든 기대를 잃어버리신 후, 지옥의 지옥인 흥남감옥까지 갔다 오시며 잃어버린 기대를 탕감하시고, 몇 몇 제자들을 이끌고 이북(사탄세계)에서 이남(하늘편 세계)으로 사선을 넘어 1951년 1월 27일 부산에 도착하셨다. 문선명 선생께서는 피난민의 비참하고 처량한 생활 속에서도 연장된 섭리를 부산을 중심으로 새롭게 출발하시기 위해 '출발을 위한 섭리'를 위한 「원리원본」을 1년의 시간을 투입하시어 집필하셨다. 이렇게 집필된 「원리원본」에 대한 개괄적 연구 결과들은 다음과 같다.

첫째, 「원리원본」의 명칭은 문선명 선생의 구두 말씀으로 명명하신 것이고, 문헌상으로는 「記錄 第壹卷」, 「記錄 第貳卷」, 「記錄 第參卷」, 「記錄 第四卷」, 「記錄 第五卷」이다. 즉 「원리원본」은 총 다섯 권으로서 각 권별로 「記錄 第壹卷(기록 제일권)」, 「記錄 第貳卷(기록 제이권)」, 「記錄 第參卷(기록 제삼권)」, 「記錄 第四卷(기록 제사권)」, 「記錄 第五卷(기록 제오권)」으로 구성되어 있다.

둘째, 「원리원본」은 1951년 5월 11일에서부터 1952년 5월 10일에 기록되었다. 여기서 기록상의 최초시기와 실질적인 최초시기에는 약간의 차이가 발견된다. 즉 문헌상 「원리원본」의 첫 권, 「記錄 第壹卷(기록 제일권)」 겉 표지의 '註'내용에 기록된 날짜는 1951년 5월 11일인 반면에, 문선명 선생의 말씀에서 언급된 집필 장소를 근거로 산출한 실질적인 집필 시기는 1951년 4월경이 되는 관계로 문헌상과 말씀과의 차이가 나타난다.

셋째, 「원리원본」의 실질적인 총 분량은 「記錄 第五卷(기록 제오권)」의 마지막 쪽 번호인 675쪽 분량이 아니고 691쪽 분량이다. 제본형태는 선장의 형태로서 8절지 접어 그 가운데에 두 군데 구멍을 내어 제본한 흔적이 있다. 전체 목차와 각 권 목차도 없이 총 다섯 권으로 분류되어 있다. 다만, 「記錄 第五卷(기록 제오권)」에서만 목차가 기록되어 있다.

넷째, 「원리원본」의 기록매체는 불투명한 갱지와 투명한 기름종이가 사용되었고, 기록도구는 연필과 펜(검정색, 파랑색, 갈색 잉크 사용) 및 빨강 색연필이 사용되었다. 연필은 주로 본문내용을 기록하는 데에 사용되었고, 펜은 주로 교정과 교열작업에 사용되었으며 빨강 색연필은 극히 미미하게 밑줄 치는 데에 사용되었다. 특이한 점은 중간 부분(pp. 291-300) 10쪽 분량의 본문이 파랑색 잉크 펜으로 써졌다는 것이다.

다섯째, 현재 보관 중에 있는 「원리원본」에 60쪽 분량이 유실되어있다는 점이다. 그 부분들은 먼저 349쪽에서 370쪽까지, 423쪽에서 444쪽까지, 465쪽에서 468쪽까지, 473쪽에서 476쪽까지, 545쪽에서 548쪽까지, 553쪽에서 556쪽까지이다. 이 중 52쪽 분량은 복원이 가능하지만 나머지 8쪽 분량(465쪽에서 468쪽까지, 473쪽에서 476쪽까지)은 현재로서 복원이 불가능하다. 그 8쪽 분량은 수집된 전사본들에도 전사되어 있지 않은 부분의 내용이기 때문이다.

여섯째, 유실부분을 복원하는 데에 필요한 전사본, 특히 「원리원본」을 직접 전사한 모전사본 3종류, 「강현실전사본」, 「김원필전사본」, 「유효원전사본」이 있다. 이 전사본들은 본서에서 복원작업을 진행하는 데에 사용한 전사본들이다.

일곱째, 「원리원본」의 일반적인 구성기준은 기록한 날짜순으로 되어 있다. 그러나 특별한 곳("역사적 실두루마리의 원리적 해결은 한국에서 시작")은 내용상의 논리적 방법을 기준으로 하여 구성하였다.

여덟째, 날짜 기록을 통해 발견된 사실은 「원리원본」 기록이 최소한 2-3단계 과정과 2단계 교열·교정 작업과정으로 나누어 전개된 것으로 추정된다. 즉 1951년 4월경이나 5월 11일부터 1951년 6월 30일까지의 1차 기록과 1951년 7월부터 동년 10월까지 1차 교정·교열 작업, 그리고 1951년 10월 19일부터 1952년 1월 12일(또는 30일)까지 2차 기록과 1952년 2월부터 5월까지 3차 기록과 2단계 교정·교열 작업이 이루어진 것으로 추정된다.

아홉째, 「원리원본」은 종교와 과학의 통일을 지향하는 진리로서 종교와 과학, 그리고 철학, 수학 등 다양한 학문의 관점에서 인생과 우주의 근본문제들의 해결책을 제시해 주는 새로운 진리의 성격을 가지고 있다. 또한, 기독교를 중심한 하나님의 구원섭리역사의 중요한 문제에 대해서 성경의 내용을 근거로 명쾌하게 해석해 주고 있으면서 그 복귀섭리역사 가운데 하나님의 맺히신 통분의 심정과 한(恨)의 심정을 함께 소개해 주고 있다. 더 나아가 인류가 나아가야 할 미래의 방향성을 구체적으로 제시하며 그 이상세계를 현실의 세계에서 구체적으로 실현시켜 나아갈 방도를 종교와 정치의 통합적 관점으로 제시하며 권면하고 있다.

「원리원본」이 갖는 특성(비공개자료, 원문판독난해, 관련자료 미흡 등)상 한 개인이 일정한 제한된 시간을 통해 연구하여 도출된 결과에 있어 여러 부분에서 많은 한계성을 느끼게 된다. 몇 가지를 논한다면, 그 첫째는 무엇보다 개인적인 능력의 한계와 시간상의 한계점이다. 「원리원본」이 집필된 시간만도 1년이라는 시간이 소요되었는데 후학(後學)으로서 그 내용을 연구함에 있어서 최소한 세 네 배 이상의 노력과 시간이 필요한 것은 당연한 일일 것이다. 그러나 실제는 그렇지 못했다. 무엇보다도 필요한 것은 여러 학문 분야의 전문가의 보충 연구의 절실함이다. 본서는 「원리원본」을 한 개인이 개론적이고 총론적 입장에서 그 특성들만을 다루었기 때문에 연구 결과들의 전문성과 세밀성이 많이 부족하다는 점을 재삼 강조하며 추후 이에 대한 보완이 반드시 이루어지길 고대한다. 그리고 또 다른 한계성은 유실부분에 대한 복원작업에 있다. 본서에서 저자가 나름 유실부분에 대한 복원 작업을 진행하였으나 그 한계성이 있다. 하나는 외적인 요인으로서 3개의 모전사본 모두 전사하지 않은 부분이 8쪽 분량이 있다는 것이고, 다른 하나는 「원리원본」 자체 내에 갖고 있는 요인으로서 문선명 선생의 단어 사용, 즉 한글 사용과 한자 사용, 그리고 한자와 한글 혼용, 등의 불규칙성이 매우 크다는 것이다. 이로 인해 「원리원본」의 100% 똑같은 복원은 불가능할 것으로 추정된다. 마지막 한계성은 관련된 증언자들과의 인터뷰와 자료 수집의 어려움이다. 증언자들의 고령화로 인한 기억력 감퇴로 증언의 확실성 문제가 없지 않게 나타난다. 또한, 「원리원본」의 귀한 가치적 내용에 의해 전사본들의 수집에 어려움이 있다.

- 향후 연구를 위한 제언

성경연구비평학에서 '비평'의 의미는 성경에 대한 보다 깊은 이해를 위한 지적 충동의 활동 결과이다. 조지 래드(George Eldon Ladd)는 "비평이란 성경을 대할 때에 반드시 대면하게 되는 역사적·문학적·사본적·언어학적 문제들에 대해서 유용한 모든 증거를 동원하여 지적인 판단을 내리는 것을 의미한다."[102)]라고 정의했다. 성경비평의 역할은 하나님의 말씀을 비판하는 것이 아니라, 그것을 이해하는데 있다는 것이다. 그렇다면, 통일신학에서도 역시 '원리'와 '말씀'에 대한 연구가 비평적 차원에서, 즉 보다 적극적으로 하나님의 심정과 뜻을 깊이 이해하기 위한 전문적이고 학문적으로 연구가 진행되어야 할 것이다.

문선명 선생 말씀에도 "여러분은 원리공부를 얼마나 했고, 또 명상하고 실천하고 비판해가며 얼마나 연구해봤습니까?"(73.4.15)라는 내용이 있다. 이제 성약 말씀의 효시인 「원리원본」에 대한 우리의 자세는 결코 단순히 형상적 차원의 역사적 사료를 관리하는 차원에서 머무르는 것이 아니라, 성상적 차원의 '원리'와 '말씀' 연구 차원으로 승화되어야 한다고 제언하며 향후 연구를 위한 방향성을 정리해 본다면 다음과 같다.

먼저 개론적인 연구가 아닌 보다 세부적이고 전문적인 각론적 연구가 전개되어야 할 것이다. 유실된 부분에 대한 복원 작업의 경우를 예로 든다면, 성경의 본문비평의 전문적 지식 등을 적극 활용하여 원본과 전사본과의 대조비교 및 전사본들 간의 세밀한 대조비교를 통해 보다 정밀하게 복원작업이 전개되어야 한다는 점이다. 이와 같이 각 부분들에 대한 전문적인 연구 작업(서지학적·언어학적·신학적·과학적 연구 작업)이 필요하다.

그리고 고증되어야 할 부분들에 대한 실질적인 역사학적 고증작업이다. 「원리원본」의 전승과정에 대한 탐구와 그를 통한 유실된 원본을 찾는 작업 그리고 「원리원본」의 전사본들에 대한 수집과 같은 실질적인 역사적 사건에 대한 고찰 작업 등이 적극적으로 전개되어야 할 것이다.

마지막으로 「원리원본」의 내용과 「원리해설」과 「원리강론」 등의 비교분석 연구 작업이 필요하다. 이러한 작업을 통해 섭리 연장과 더불어 말씀 선포의 내용이 어떻게 연장되었는지에 대한 연구가 전개된다면 섭리발전과 말씀과의 관계를 보다 정확히 이해할 수 있게 될 것이다.

이와 함께 저자가 발견한 연구거리들을 향후 과제로서 보다 구체적으로 제시해 보고자 한다. 그 이유는 「원리원본」에 대한 독자들의 관심이 많아지길 바라는 마음과 후학들의 연구의욕이 더욱 커지길 바라는 마음에서이다. 더 큰 바람이라면, 통일원리 연구의 활성화를 통해 통일신학의 발전을 기대해 보기 위함이다. 저자가 연구하며 발견하고 풀지 못한 구체적인 과제들을 정리해 보면, 집필 완료하신 날짜 기록이 없는 이유와 마지막 두 제목의 기록완료 날짜 기록을 하시지 않은 이유, 유실된 시기와 유실된 경위 그리고 "역사적 실두루마리의 원리적 해결은 한국에서 시작" 제목의 부분의 편집문제와 그 부분은 누구의 필적으로 「원리원본」에 포함되어 있는가와 집필 과정의 세부적인 내용들 및 전승과정의 경로 그리고 「원리원본」의 구성 원리와 관련된 문제들, 즉 왜 꼭 다섯 권으로 구성되어야 하고, 각 권별의 분류기준은 무엇이며, 그 제목들의 순서 기준은 무엇인지 등의 문제들이다. 이외에도 그 내용에 대한 심화 연구문제, 예를 들면, 표현의 특징과 특별한 부분의 구성에 대한 연구와 필적 감정을 통한 제3자의 가필여부 문제, 유실부분과 전사본들의 목차 순서 차이 문제 등의 연구과제들이다.

본서를 출판하기 위해 약 18년 전에 연구한 학위논문을 수정 보완작업을 하면서 느끼는 바는 더 늦기 전에 「원리원본」에 대한 전문적인 연구가 본격적으로 시작되어야 한다는 점이다. 이에 추후 그간 소홀히 했던 「원리원본」 연구에 심혈을 기울여 보다 전문적 연구를 기울이겠다는 연구의욕이 생겨 감사하다. 아울러 「원리원본」 에 대한 독자들의 관심이 더 커지길 바라며 많은 학자들의 전문적 연구가 이루어져 「원리원본」의 가치가 온전히 세상 앞에 드러나길 고대하면서 미흡한 본 연구를 마치고자 한다.

"선생님의 원본 책은 하나밖에 없습니다. 「원리원본」 쓴 것이 5권으로 7백 페이지에 가까운 것인데, 은행에 두어둔 것을 어제 찾아왔어요. 여기 박물관에 보관해야 되는 거예요. 선생님이 남기신 귀한 말씀은 이와 더불어 연결돼 있으니까 관계돼 있는데, 한 데 모아 가지고 세계 최고의 학자들이 집중적인 연구를 해야 된다구요."[103]

부 록

「원리원본」과 3개의 모전사본 전체 제목 대조비교표

부록

「원리원본」과 3개의 모전사본 전체 제목 대조비교표

원본	강현실전사본	김원필전사본	유효원전사본
1. 하나에서부터 전 존재로(p1)	1. 하나에서부터 전 존재로(p1)	1. 하나에서부터 전 존재로(p1)	1. 하나에서부터 전 존재로(p1)
2. 생의 발원은 선유에서부터(p10)	2. 생의 발원은 선유에서부터(p5)	2. 생의 발원은 선유에서부터(p5)	2. 생의 발원은 선유에서부터(p5)
3. 무형세계와 유형세계의 동화적 근본의의(p22)	3. 무형세계와 유형세계의 동화적 근본의의(p11)	3. 무형세계와 유형세계의 동화적 근본의의(p10)	3. 무형세계와 유형세계의 동화적 근본의의(p9)
4. 영인세계와 실체인세계와의 상대성 창조원리 (p26)	4. 영인세계와 실체인세계와의 상대성 창조원리 (p13)	4. 영인세계와 실체인세계와의 상대성 창조원리 (p12)	4. 영인세계와 실체인세계와의 상대성 창조원리 (p11)
5. 창조원리와 타락원리은 사랑에서 시작 (p36)	5. 창조원리와 타락원리는 사랑에서 시작 (p18)	5. 창조원리와 타락원리는 사랑에서 시작 (p17)	5. 창조원리와 타락원리는 사랑에서 시작 (p16)
6. 얻더케 지으셨나 (p45)	6. 엇덯에 지으섯나 (p22)	6. 어떻게 지으셨나 (p21)	6. 어떻게 지으셨나? (p19)
7. 그러하면 타락의 시작을 알어보자 (p50)	7. 타락의 시작을 알어보짜(p24)	7. 그렇다면 타락이 시작을 아러보자 (p24)	7. 타락시작에 관한 고찰(p21)-원본과 제목이 다름
8. 웨 타락케 하였는가(p56)	8. 웨 타락케 하엿나(p27)	8. 웨 타락케 하고 셥리하시는가(p28)	8. 웨 타락케하고 셥리하시는가(p24)
9. 하나님은 나를 알므로 알 수 있음 (p66)	9. 하나님은 나를 알므로 알 수 있다 (p31)	9. 하나님은 나를 알므로 알 수 있음 (p32)	9. 하나님은 나를 앎으로 알 수 있음 (p31)

원본	강현실전사본	김원필전사본	유효원전사본
10. 한나와 영은 경계를 정치 못함 (p72)	10. 하나와 영은 경계를 정치 못함 (p34)-제목으로 분류 안되었음	10. 하나와 영은 경계를 정치 못함 (p35)	10. 하나와 영은 경계를 정치 못함 (p33)
11. 원리로 찾즈러니 성경은 직접 교시치 못함(p89)	11. 원리로 찾으려니 성경은 직접 교시치 못함(p41)	11. 원리로 찾으려니 성경은 직접 교시치 못함(p43)	11. 원리로 찾으려니 성경은 직접 교시치 못함(p39)
12. 그러면 웨 모세 부턴 직접 뜻 공작 못하였는가 (p91)	12. 그러면 웨 모세 부터 직접 뜻 공작 못하였는가(p42)	12. 그러면 웨 모세 부터 직접 뜻 공작 못하였는가(p45)	12. 그러면 웨 모세 부터 직접 뜻 공작을 못하였는가(p40)
13. 생명수에 대한 근본 뜻(p93)	13. 생명수의 대한 근본의의(p43)	13. 생명수에 대한 근본의의(p46)	13. 생명수에 대한 근본의의(p41)
14. 하나님은 아담부터 찾는 공작 못하고 아벨로부터 노아까지 사탄 대한 근본의의 (p95)	14. 하나님은 아담부터 찾는 공작 못하고 아벨로부터 노아까지 사탄 대한 근본의의(p44)	14. 하나님은 아담부터 찾는 공작 못하시고 아벨로부터 노아부터까지 사탄 대한 근본의의 (p47)	14. 하나님이 아담부터 찾는 공작 못하고 아벨로부터 노아까지 사탄 대한 근본의의(p43)
15. 심판하고 나니 하나님은 통분 (p106)	15. 심판하고 나니 하나님은 통분 (p49)	15. 심판하고 나니 하나님은 통분 (p50)	15. 심판하고 나니 하나님은 통분 (p46)
16. 하나님적 분담 섭리기간(p110) -노아부터 아부라함까지 섭리노정에 근본의의(p110)	16. 하나님적 분담 섭기기간(p50) -노아부터 아부라함까지 섭리노정에 근본의의(p50)	16. 하나님적 책임분담 섭리기간은 노아부터예수까지-노아부터 아부라함 까지의 섭리노정의 근본의의(p52)	16. 하나님적 분담섭리기간(p47) -노아부터 아부라함까지 섭리노정에 근본의의(p47)
17. 아부라함부터 예수까지 섭리하신 근본의의(p119)	17. 아부라함부터 예수까지 섭리하신 근본의의(p54)	17. 아부라함부터 예수까지 섭리하신 근본의의(p55)	17. 아부라함부터 예수까지 섭리하신 근본의의(p50)
18. 모세에게 대한 하나님의 역사의 노정 웨 예수의 노정 전모되는 이유 (p148)	18. 모세에게 대한 하나님의 역사의 노정이 웨 예수의 노정 전모되는 이유 (p65)	18. 모세에게 대한 하나님의 역사의 노정이 웨 예수의 노정 전모되는 이유 (p65)	18. 모세에게 대한 하나님의역사의 노정이 예수의 노정 전모가 되는 이유 (p60)

원본	강현실전사본	김원필전사본	유효원전사본
19. 제2차 하날 뜻 성사 책임사명자로 오신 예수(p183) - 제2권시작	19. 제2차 하날 뜻 성사 책임사명자로 오신 예수(p80)	19. 제2차 하날 뜻 성사 책임사명자로 오신 예수(p78)	19. 제2차 하날 뜻 성사 책임사명자로 오신 예수(p73)
20. 예수적 책임분담 섭리기간에 대한 근본의의(p183)	20. 예수적 책임분담 섭리기간에 대한 근본의의(p80)	20. 예수의 책임분담 섭리기간에 대한 근본의의(p78)	20. 예수적 책임분담 섭리기간에 대한 근본의의(p73)
21. 지상섭리노정에 대한 근본의의(p183)	21. 지상섭리노정에 대한 근본의의(p80)	21. 지상섭리 노정에 대한 근본의의(p78)	21. 지상섭리 노정에 대한 근본의의(p73)
22. 세례요한의 엘니야 되는 근본의의 (p192)	22. 세례요한이 엘리야 되는 근본의의 (p84)	22. 세례요한이 엘리야 되는 근본의의 (p81)	22. 세례요한이 엘리야 되는 근본의의 (p75)
23. 세례요한 인간성 표준으로 예수를 대함(p204)	23. 세례요한이 인간성 표준하고 예수를 대접함(p90)	23. 세례요한 인간성 표준으로 예수를 대함(p86)	23. 세례요한 인간성 표준으로 예수를 대함(p79)
24. 복귀섭리표시로 된 예수 조상에 혈통 (p221)	24. 삭제시킴	24. 복귀섭리표시로 된 예수 조상의 근본혈통 (p92)	24. 복귀섭리표시로 된 예수 조상 근본혈통 (p84)
25. 예수 삼년 공생애의 노정은 뜻 성사의 터를 찾기 위함 (p231)	25. 예수 삼년 공생애의 노정은 뜻 성사의 터를 찾기 위함 (p	25. 공생애 노정의 근본의의(p96)	25. 공생애 노정의 근본의의(p87)
26. 예수 십자가이 승리적 근본의의와 승리적 신앙자(p262)	26. 예수 십자가 승리적 근본의의와 승리적 (p116)	26. 예수 십자가의 승리적 근본의의와 승리적 신앙자(p109)	26. 예수십자가의 승리적 근본의의와 승리적 신앙자(p98)
27. 나를 더 사랑하라는 근본의의 (p267)	27. 나를 더 사랑하라는 근본의의 (p118)	27. 나를 더 사랑하라는 근본의의 (p111)	27. 나를 더 사랑하라는 근본의의 (p101)
28. 지옥가서 전도하는 예수의 근본의의(p270)	28. 지옥가서 전도하는 예수의 근본의의(p120)	28. 지옥가서 전도하는 예수의 근본의의(p113)	28. 지옥가서 전도하는 예수의 근본의의(p103)
29. 예수 승천 후도 섭리하는 책임적 근본의의(p274)	29. 예수 승천 후은 섭리하는 책임적 근본의의(p122)	29. 예수 승천 후도 섭리하는 책임적 근본의의(p114)	29. 예수 승천 후도 섭리하시는 책임적 근본의의(p103)

원본	강현실전사본	김원필전사본	유효원전사본
30. 부활에 근본의의 (p282)	30. 부활의 근본의의 (p125)	30. 부활의 근본의의 (p117)	30. 부활에 근본의의 (p106)
31. 천사장에 나팔솔리와 재림과 이 근본의의(p289)	31. 천사 나팔소리와 재림과의 근본의의(p128)	31. 천사장의 나팔소리와 재림과의 근본의의(p121)	31. 천사장에 나팔소리와 재림과의 근본의의(p107)
32. 심판에 대한 근본의의(p291)	32. 심판의 대한 근본의의(p129)	32. 심판에 대한 근본의의(p121)	32. 심판에 대한 근본의의(p107)
33. 인류역사발전과 하나님의 섭리로 본 변증(p301)	33. 인류역사발전과 하나님의 섭리로 본 변증(p134)	33. 인류역사발전과 하나님의 섭리로 본 변증(p126)	33. 인류역사발전과 하나님의 섭리로 본 변증(p113)
34. 역사발전한계를 복귀로 본 변증(p312)	34. 역사발전 한계를 복귀로 본 변증(p139)	34. 역사발전 한계를 복귀로 본 변증(p130)	34. 역사발전 한계를 복귀로 변증(p118)
35. 역사로 본 악이 선 대하여 승한 원리적 변증(p326)	35. 역사로 본 악이 선 대하여 승한 원리적 변증(p146)	35. 역사로 본 악이 선 대하여 승한 원리적 변증(p136)	35. 역사로 본 악이 선에 대하여 승리한 원리적 변증(p124)
36. 복귀역사로 된 인류발전역사(p329) -제삼권-	36. 복귀역사로 된 인류발전역사(p148)	36. 복귀역사로 된 인류발전역사(p139)	36. 역사적 실두루 마리의 원리적 해결은 한국에서 시작(p126)
37. 아담-노아-아부라함 시대(p333)	37. 아담-노아-아부라함시대(p151)	37. 아담-노아-아브라함시대은 원시분별 시대인 동시에 원시 공산주의시대(p141)	37. 복귀역사로 된 인류발전사(p131)
38. 원시분별시대인 동시원시공생주의 시대(p333)	38. 원리분별시대인 동시원시공산주의 시대(p151)		38. 아담-노아-아부라함시대(p133)
39. 창조성 복귀로 된 이상론(p340) *pp 349-357 유실 (이상론 후반)	39. 창조성 복귀로 된 이상론(p156)	38. 40일 복귀코저 한 섭리노정의근본의의 (p151)	39. 원시분별시대인 동시에 원시공산 주의시대(p133)
40. **pp 358-370 유실 재림주는 이상론 완성의 기본존재**	40. 40일 복귀코저 한 섭리노정의근본의의 (p167)	39. 창조성 복귀로 된 이상론(p163)	40. 창조성복귀로 된 이상론(p144)

원본	강현실전사본	김원필전사본	유효원전사본
41. 40일 복귀코저 한 섭리노정의 근본의의(p371)	41. 한국의 기후는 세계문명에 근본될 상증(p181)	40. 재림주는 이상론 완성의 기본존재 (p173)	41. 재림주는 이상론 완성의 기본존재 (p153)
42. 한국기후은 세계문명에 표본될 상증(p399)	42. 한국은 지리적으로도 세계에 중심지(p186)	41. 역사적 실두루머리의 원리적 해결은 한국에서 시작(p180)	42. 40일 복귀코저 한 섭리노정의 근본의의 (p159)
43. 한국은 지리적으로 세계의 중심지(p 413)	43. 한국은 제종교에 총결실지(제2권 p1)		
44. **pp 423 - 444 유실 (22쪽) 한국은 제종교의 총결실지 역사적 실두루마리의 원리적 해결은 한국에서 시작**	44. 역사적 실두루마리의 원리적 해결은 한국에서 시작(p8)		
45. pp 445 - 457 : (반작용에 대한 내용) (무슨 제목인가?) 12/17기록	45. 재림주는 이상론 완성의 기본존재 (p15)		
46. 존재의 기원은 원리하나에서부터 대상목적으로 하야 시작함(p459) pp. 465-468 /473-476 유실. -제사권-	46. 없음(미필사)		
47. 신앙이 요구본경도 원리를 위하여(p481)	47. 없음(미필사)		
48. 만유인력은 만유원력으로 하여만 그 원력은 전부에 작용한다(p497)	48. 만유인력은 만유원력으로 하여만 그 원력은 전부에 적용(제2권-1p1)		
49. 존재물에 원력과 중심에 대하여(p515)	49. 존재물의 원력과 중심의 대하여(p7)		

원본	강현실전사본	김원필전사본	유효원전사본
50. 원력으로 본 삼위격일체(p531) pp. 545-548 / pp. 553-556 유실.	50. 원력으로 본 삼위격 일체(p13)		
51. 삼권분립과 당에 대한 원리적 기원 (p563) -제오권-	51. 삼권분립과 당에 대한 원리적 기원 (p20)		
52. 원리복귀세계란 기본자아완성세계 (p575)	52. 원리복귀세계란 창조기본 자아완성 세계(p26)		
53. 창조세계가 진화적 논리에 적용된은 근본의의 (p587)	53. 창조세계가 진화적 논리에 적용되는 근본의의 (p34)		
54. 반대성 작용은 각자가 원리완성를 위하여 존재함(p603)	54. 반대성 작용은 각자가 원리완성을 위하여 존재함(p41)		
55. 분립과 합체은 원리완성 위하여 시작함(p627)	55. 분립과 합체는 기본원리완성을 위하여 시작함(p53)		
56. 하나님 아바지만으로 모시는 영인은 미완전생 (p645)	56. 하나님 아바지만으로 모시는 영인은 미완전생 (p69)		
57. 존재구성과 대상원력에 범위 (p661)	57. 존재구성과 대상원력의 범위 (p69)		
58. 웨 타락케 하고 섭리하는가(p687)	58. 웨 타락케하고 섭리하는가(p77)		

참고문헌

참고문헌

1. 원리원본에 관련된 1차 문헌

문선명. '회계책'(원리원본의 전신)[김원필 전사자에 따르면 문선명 선생은 그렇게 불렀음], 1945.8 이전. (소실)

문선명. 「원리원본(記錄 第 1-5卷). 부산 : 필사본, 1952. (미출판)

문선명선생말씀편찬위원회. 「문선명선생말씀선집」 1-615권. 성화사, 2001.

세계평화통일가정연합 말씀연구원&세계전산원 센터, TP Speech 300, 2000.

세계기독교통일신령협회. 「원리해설」. 서울 : 성화사, 1957.

세계기독교통일신령협회. 「원리강론」. 서울 : 성화사, 1966.

세계평화통일가정연합 역사편찬위원회. 「참부모님 생애노정」 1-9권. 서울 : 성화사, 2001.

세계기독교통일신령협회 역사편찬위원회. 「사보」 통권 159호. 서울 : 성화사, 2000.

세계기독교통일신령협회 편. 「통일교회사」 상권. 서울 : 성화사, 1978.

세계기독교통일신령협회 역사편찬위원회. 「통일교회 실록」. 증보판. 서울 : 성화사, 1985.

2000 세계문화체육대전 조직위원회. 「참사랑이상의 실현 : 문선명 선생의 생애와 업적들」. 서울 : 성화사, 2000.

2. 원리원본에 관련된 2차 문헌

세계기독교통일신령협회 역사편찬위원회. 「사보」, 통권 152호-161호. 서울 : 1997-2001.

세계기독교통일신령협회 역사편찬위원회. 「증언」, 제1-3집. 서울 : 성화사, 1982-1986.

김진춘. 「통일원리 제1부 총론」(선문대학교신학부 교재). 2001.

김진춘, "통일원리의 형성과 그 역사에 관한 고찰", 「통일신학연구」 제4집 (1999),

김선욱, "문선명선생 청년시절의 사회종교적 배경 : 1940년대 전반," 「사보」 통권 제152호(1997.6.), pp. 110-120

성화사 편집부. 「통일원리연구」. 서울 : 성화사, 1981.

이상헌. "통일원리의 철학적 가치", 「통일교회와 문선명」. 서울 : 성화사, 1981.

3. 원리원본에 관련된 간접 문헌

김철손·박창환·안병무. 「신약성서개론」. 서울 : 대한기독교서회, 1995.

박수암. 「신약연구개론」. 서울 : 장로회신학대학교출판부, 1999.

이한수. 「불트만의 신약해석학」. 서울 : 총신대학교출판부, 1990.

이희재. 「서지학신론」. 서울 : 한국도서관협회, 1998.

천혜봉. 「한국서지학」. 서울 : 민음사, 1996.

Claire Kramsch. *Langue and culture*. Oxford : Oxford University press, 1996. 장복명·강혜순·김정희 역.「언어와 문화」. 서울 : 박이정, 2001.

미즈노 고겐.「經典의 成立과 展開」. 東京 : 佼成出版社, 1980. 이미령 역.「경전의 성립과 전개」. 서울 : 시공사, 1996.

William Sanford LaSor, David Allan Hubbard, Frederic William bush. *OLD TESTMENT SURVEY*. Grand Rapids, Michigan : Eerdmans, 1982. 박철현 역.「구약개관」. 경기도 고양시 : 크리스챤 다이제스트, 2000.

Stephen R. Haynes, Steven L. mcKenzie 편.「성서비평방법론과 그 적용」. 김은규· 김수남 역. 서울 : 대한기독교서회, 1998.

Richard E. Palmer.「해석학이란 무엇인가」. 이한우 역. 서울 : 문예출판사, 1988.

Robert M. Grant.「성서해석의 역사」, 증보판. 이상훈 역. 서울 : 대한기독교서회, 1969-1991.

Dan.O. Via 외 3명.「성서연구방법론」. 황성규 역. 서울 : 한국신학연구소, 1999.

George Eldon Ladd.「신약과 비평 : 종말론, 복스러운 소망」. 원광연 역. 서울 : 크리스챤다이제스트, 1997.

Hans Ineichen.「철학적 해석학」. 문성화 역. 서울 : 문예출판사, 1998.

Hendrikus Boers.「신약성경신학이란 무엇인가」. 김제홍 역. 서울 : 새순출판사, 1992.

미주

미주

1) 「문선명선생말씀선집」은 1985년 '문선명선생말씀편찬위원회'가 구성되어 1956년 4월 8일부터 말씀하신 내용부터 2000년 1월 1일 미국 뉴욕에서 말씀하신 내용까지의 말씀을 약 340여 쪽 분량의 단행본으로 304권까지 2001년 1월 25일 완간하였으며 지금까지 지속적으로 발간되어 615권에 이르고 있다. 이 말씀선집은 다른 외국어로 번역을 하지 못하게 되어 있다.

2) 하나님이 타락한 인간을 구원하시기 위한 모든 활동과 내용을 의미하며 「원리강론」에서는 이것을 탕감복귀원칙을 통해서 먼저 사탄을 분립하고 메시아를 맞이할 준비를 믿음의 기대와 실체기대를 통해 세우게 하여 그 기대위에 메시아를 보내 온 인류가 메시아를 통해 거듭 태어난 후 메시아를 따라 완성하여 지상의 천국을 건설하여야 한다는 탕감복귀섭리관으로 설명하고 있다. 보다 자세한 내용은 「원리강론」(서울 : 성화사, 1966)의 후편 pp. 241-259의 내용을 참고하기 바란다.

3) 문선명 선생이 선포하신 새 진리의 말씀을 문선명 선생의 철저한 지도 아래에 유효원 전 초대 세계기독교통일신령협회장이 체계적으로 정리한 경서이다. 1966년 5월 1일 처음 출간된 이후 줄곧 지금까지 세계평화통일가정연합(세계기독교통일신령협회 후신)의 경서로서 사용되고 있다. 이에 대해서는 선문대학교 신학부 김진춘교수가 쓴 「통일원리 연구」 : 제4부 원리강론 연구 교재에 자세히 설명되어 있다. 참고하기 바란다.

4) 세계기독교통일신령협회(1954년 5월 1일 창립한 종교단체. 이후 1994년 5월 1일 세계평화통일가정연합으로 단체명을 변경함)의 창시자이신 문선명 선생에 의해 선포된 하나님의 완성된 계시로서 새로운 진리의 말씀을 의미하며 그 내용은 615권의 「문선명선생말씀선집」과 「원리강론」에 요약 설명되어 있으며, 「통일사상요강」과 「승공사상」에도 잘 나타나 있다. 통일원리는 계속적으로 선포되고 있다.

5) 박수암, 「신약연구개론」(서울 : 장로회신학대학교출판부, 1999), p. 103.

6) 미즈노 고겐, 「경전의 성립과 전개」, 이미령 역 (서울 : 시공사, 1996), p. 31.

7) 세계기독교통일신령협회(세계평화통일가정연합의 전신)의 창시자인 문선명 선생에 의해 선포되고 있는 새로운 진리의 말씀이며 하나님 섭리의 최종적 계시인 통일원리의 입장에서 정립하는 하나님에 대한 학문을 일컫는 말이다. 즉, 세계평화통일가정연합에서 새롭게 주창하는 신학을 말하는 것이다.

8) 세계평화통일가정연합 역사편찬위원회, 「사보」 통권 제159호(서울 : 천지성지사, 2000. 11), pp. 75-80./현재 역사편찬위원회는 선학역사편찬원으로 개편되었음.

9) 이 부분은 「원리강론」에서 설명하고 있는 구원섭리의 주요 일부 내용을 저자의 임의로 요점 정리하거나 종합 정리 및 편집 정리한 내용이다.

10) 세계기독교통일신령협회, 「원리강론」(서울 : 성화출판사, 1966), p. 394.

11) 세계기독교통일신령협회, 「원리강론」(서울: 성화사, 1966), p. 147.

12) 문선명선생말씀편찬위원회, 「문선명선생말씀선집」, 122권 p. 94.

13) 김선욱, "문선명선생 청년시절의 사회종교적 배경 : 1940년대 전반", 「사보」 통권 제152호(1997.6), pp. 116-117.

14) 평안북도 정주군에 있는 산.

15) 세계평화통일가정연합 역사편찬위원회, 「참부모님생애노정」 1권(서울: 성화출판사, 1999), pp. 119-126.

16) 세계평화통일가정연합 역사편찬위원회, 「참부모님생애노정」 1권, pp. 199-200.

17) 세계평화통일가정연합 역사편찬위원회, 「참부모님생애노정」 1권, p. 204.

18) 세계기독교통일신령협회, 「통일교회사」 상권 (서울 : 성화사, 1978), p. 24.

19) 세계평화통일가정연합 역사편찬위원회, 「참부모님생애노정」 2권, pp. 201-202.

20) 세계평화통일가정연합 역사편찬위원회, 「참부모님생애노정」 1권, pp. 138-247.

21) 문선명선생말씀편찬위원회, 「문선명선생말씀선집」 122권, p. 94.

22) 문선명선생말씀편찬위원회, 「문선명선생말씀선집」 198권, p. 321.

23) 세계평화통일가정연합 역사편찬위원회, 「참부모님생애노정」 2권, p. 62; p. 74.

24) 문선명선생말씀편찬위원회, 「문선명선생말씀선집」 113권 p. 129.

25) 김진춘, 「통일원리연구 제1부 총론」 (선문대학교 신학부·신학대학원 교재), 2001, p. 83.

26) 김진춘, 「통일원리연구 제1부 총론」, p. 83.

27) 참아버님께서 원리의 내용을 적어둔 노트를 일컫던 명칭이라고 김원필 전사자가 증언하였다.

28) 세계평화통일가정연합 역사편찬위원회, 「사보」 통권 제157호(1999.12), p. 83.

29) 세계평화통일가정연합 역사편찬위원회, 「사보」 통권 제157호(1999.12), p. 83.

30) 세계평화통일가정연합 역사편찬위원회, 「사보」 통권 제157호(1999.12), p. 83.

31) 세계평화통일가정연합 역사편찬위원회, 「참부모님생애노정」 2권 (서울 : 성화출판사, 1999), pp. 201-242.

32) 문선명선생말씀편찬위원회, 「문선명선생말씀선집」 91권, p. 124.

33) 문선명 선생은 1992년 7월 6일부터 9일까지 전국 4대 도시(청주 부산 광주 서울)에서 개최된 세계평화여성연합 전국지도자대회에서 친히 참부모요, 메시아요 재림주임을 선포하셨다. 자세한 내용은 세계평화통일가정연합 역사편찬위원회, 「참부모님생애노정」 9권 (서울 : 성화사, 2001), pp. 352-361. 을 참고하기 바란다.

34) 문선명선생말씀편찬위원회, 「문선명선생말씀선집」 26권 70페이지, 1969년 10월 18일)

35) 세계기독교통일신령협회, 「원리강론」, p. 328.

36) 소생급 진리의 말씀은 구약을 장성급 진리의 말씀은 신약을 완성급 진리의 말씀을 성약이라고 한다. 「원리강론」 p. 254 참조하기 바란다.

37) 세계평화통일가정연합 역사편찬위원회, 「사보」 통권 제156호(1998.9), pp. 10-12.

38) 세계기독교통일신령협회, 「원리강론」 p. 22.

39) 세계평화통일가정연합 역사편찬위원회, 「사보」 통권 제152호(1997.6), p. 19.

40) 문선명선생말씀편찬위원회, 「문선명선생말씀선집」 91권, p. 125.

41) 천혜봉, 「한국서지학」 (서울 : 민음사, 1996), p. 112.

42) 문선명선생말씀편찬위원회, 「문선명선생말씀선집」 191권, p. 9.

43) 천혜봉, 「한국서지학」, p. 105.

44) 세계평화통일가정연합 역사편찬위원회, 「사보」 통권 제159호(2000.11), p. 75.

45) 유실된 부분을 포함한 분량이다.

46) 2000 세계문화체육대전 조직위원회, 「참사랑 이상의 실현 : 문선명선생의 생애와 업적들」 (서울 : 성화출판사, 2000), p. 1.

47) 세계평화통일가정연합 역사편찬위원회, 「증언」 제1집 (서울 : 성화사, 1982), p. 29.

48) 세계기독교통일신령협회 편, 「통일교회사」 상권, p. 97.

49) 세계평화통일가정연합 역사편찬위원회, 「참부모님생애노정」 2권, p. 216.

50) 세계기독교통일신령협회 편, 「통일교회사」 상권, pp. 94-98.

51) 세계기독교통일신령협회 편, 「통일교회사」 상권, p. 95.

52) 문선명선생말씀편찬위원회, 「문선명선생말씀선집」 143권, p. 171.

53) "執筆은 一九五一年 5月 11日서부터 始作하여 第一卷~ 第三卷 理想論까지 6月 30日에 終함 (page로는 1 ~ 357)"이라고 「제일권(第壹卷)」 겉표지 아래에 기록되어 있다.

54) 일제 당시의 일본 전기회사의 직원기숙사를 일컫는 말이다.

55) " " 안의 제목과 ( )의 쪽 번호는 참아버님이 직접 쓰신 「원리원본」의 제목과 쪽 번호이다. 이하 동일.

56) 강현실 전사자와 서울에 있는 세계평화통일가정연합 역사편찬위원회사무실에서 2001년 5월 24일에 실시한 제 1차 인터뷰에서 밝힌 내용이다.

57) 강현실 전사자와 서울에 있는 강현실 전사자 사택에서 2001년 6월에 이루어진 제 2차 인터뷰에서 밝혀진 내용이다.

58) 세계평화통일가정연합 역사편찬위원회, 「사보」 통권 제59호(1986.10), p. 20.

59) 이봉운, 「知足者常樂」(故이봉운장로 회고록), 1986, pp. 197-198.

60) 故유광렬 前역사편찬위원장과 세계평화통일가정연합의 역사편찬위원회 사무실에서 2001년 4월에 이루졌던 인터뷰에서 밝혀진 내용이다.

61) 문선명선생말씀편찬위원회, 「문선명선생말씀선집」 590권, p. 247. 2008.5.22.

62) 제1차 인터뷰에서 증언한 내용이다.

63) 이봉운, 「知足者常樂」(故이봉운장로 회고록), pp. 197-198.

64) 이것은 「제일권」과 「제삼권」은 약 50일 동안에 기록되었음을 의미함.

65) "한국기후은 세계문명에 표본될 상증", "한국은 지리적으로 세계의 중심지", "한국은 제종교에 총결실지"

66) 餟(체)자는 원리원본에는 실사변 자로 쓰여져 있음.

67) 제목도 한자와 한글이 혼용되었으나 본서에서는 모두 한글로 표시하도록 하겠다. 그리고 다음에 나오는 제목들은 저자가 정리한 것임.

68) 「김전사본」 146쪽의 중간과 「유전사본」 138쪽의 중간에 있다.

69) 문선명선생말씀편찬위원회, 「문선명선생말씀선집」 60권, p. 146.

70) 문선명선생말씀편찬위원회, 「문선명선생말씀선집」, 415-182.

71) 문선명선생말씀편찬위원회, 「문선명선생말씀선집」, 292-318.

72) 문선명선생말씀편찬위원회, 「문선명선생말씀선집」, 233-21.

73) 문선명선생말씀편찬위원회, 「문선명선생말씀선집」, 510-256.

74) Richard E, Palmer,「해석학이란 무엇인가」, 이한우 역 (서울 : 문예출판사, 1988), p. 41.

75) George Eldon Ladd,「신약과 비평외」, 원광연 역 (서울 : 크리스챤다이제스트, 1997), p. 74.

76) 문선명선생말씀편찬위원회,「문선명선생말씀선집」292권, p. 269.

77) 문선명선생말씀편찬위원회,「문선명선생말씀선집」233권, p. 269.

78) 세계평화통일가정연합 역사편찬위원회,「사보」통권 제160호(2001.3), pp. 108- 128, 제161호(2001.7), pp. 79-140.

79) George Eldon Ladd, 「신약과 비평외」, pp. 99-101.

80) 여기서 1,2,3의 숫자는 필자가 임의로 첨가한 것이다.

81) '의'자는 원리원본에서 세 가지 기능이 있다. 하나는 본래의 소유격조사인'의'자의 기능과 두 번째 기능은 연결조사 '이'의 기능과 마지막 기능은 대명사 '이'자의 기능으로 쓰인다. 그 기능은 문맥의 흐름 속에서 판단해야 한다. 여기서는 연결조사 '이'의 기능.

82) 대명사 '이'의 기능으로 보아야 한다.

83) 문선명선생말씀편찬위원회, 「문선명선생말씀선집」, 471-150.

84) Claire Kramsch,「언어와 문화」, 장봉명·강혜순·김정희 역(서울 : 박이정, 2001), p. 70.

85) 세계평화통일가정연합 역사편찬위원회,「증언」제3집 (서울 : 성화사, 1986), p. 58 참조.

86) 박수암,「신약연구개론」(서울 : 장로회신학대학교출판부, 1999), p. 120.

87) 세계평화통일가정연합 역사편찬위원회,「증언」제3집, p. 58.

88) 천혜봉, 「한국의 서직학」, p. 120.

89) 김진춘, 「통일원리연구 제1부 총론」, p. 89.

90) 다음과 같은 주(註)의 내용이 네모 안에 쓰여 있다. "139page 복귀역사로 된 인류발역사에 계속이다." 본 각주의 내용에 있어서도 쪽 번호의 의문점이 제기된다. 「원리원본」의 쪽 번호는 339page이기 때문이다.

91) 세계평화통일가정연합 역사편찬위원회, 「사보」 통권 제59호(1986.10), p. 20.

92) 세계평화통일가정연합 역사편찬위원회, 「사보」, 통권 제36호, p. 25.

93) 세계평화통일가정연합 역사편찬위원회, 「사보」, 통권 제59호(1986.10), p. 20.

94) 이 제목은 사실 「원리원본」에서는 유실된 부분에 속하기 때문에 「김전사본」과 「강현실전사본」을 근거로 하여 「원리원본」의 제목 순서로 본 필자가 추정한 것이다.

95) 강전사자와의 2001년 5월 24일 역편사무실에서 이루어진 제1차 인터뷰에서 증언한 내용이다.

96) 강전사자의 제1차 인터뷰 내용에서 밝혀진 내용이다.

97) 문선명선생말씀편찬위원회, 「문선명선생말씀선집」 473권 53쪽. 원문에는 실명으로 거론되어 있으나 본서에서는 저자의 임의로 실명 전체를 사용하지 않기로 하였음을 독자는 양해 바란다.

98) 문선명선생말씀편찬위원회, 「문선명선생말씀선집」 393-19.

99) 문선명선생말씀편찬위원회,「문선명선생말씀선집」 415-35.

100) 문선명선생말씀편찬위원회, 「문선명선생말씀선집」 491-200.

101) 같은 단어의 한글/한자의 불규칙적인 혼용과 철자법의 불규칙성 등 표현의 특징을 말한다.

102) 조지 랜드, 「신약과 비평외」, 원광연 역 (서울 : 크리스챤 다이제스트, 1997), p.72.

103) 문선명선생말씀편찬위원회, 「문선명선생말씀선집」 590권, p. 247.

찾아보기

찾아보기

원리원본 이해

초판1쇄 발행 2020년 2월 13일

지은이 | 정진완

발행인 | 황선조

발행처 | 선문대학교 출판부

등록번호 | 제9호

등록일 | 1998년 9월 25일

주소 | 충남 아산시 탕정면 선문로221번길 70(31460)

전화 | 041-530-2827 팩스 | 041-530-2979

표지디자인 | 성 해 원

디자인·인쇄 | 우리시스템 041-541-2742

판매가 | 15,000원

ISBN 978-89-8423-885-5 93230